As mentiras que eles contam

Tuvia Tenenbom

As mentiras que eles contam

Um passeio pelos Estados Unidos

Tradução
Vera Ribeiro

martins Fontes
selo martins

Esta obra foi originalmente publicada em inglês sob o título *The Lies They Tell: A Journey Through America*, em 2017.

Publisher	Evandro Mendonça Martins Fontes
Coordenação editorial	Vanessa Faleck
Produção editorial	Carolina Cordeiro Lopes
Preparação	Lucas Torrisi
Revisão	Bárbara Parente
Capa	Shay Charka
Fotos	Isi Tenenbom
Diagramação	Renato Carbone

Dados Internacionais de Catalogação na Publicação (CIP)
(Andreia de Almeida CRB-8/7889)

Tenenbom, Tuvia
As mentiras que eles contam : um passeio pelos Estados Unidos / Tuvia Tenenbom ; tradução de Vera Ribeiro. – São Paulo : Martins Fontes – selo Martins, 2020.
392 p.

ISBN: 978-85-8063-387-0
Título original: The Lies They Tell

1. Comunicação de massa e opinião pública – Estados Unidos 2. Jornalismo 3. Opinião pública – Estados Unidos 3. Norte-americanos – Entrevistas 4. Estados Unidos – Relações étnicas I. Título

19-1855 CDD 917.30493

Índice para catálogo sistemático:
1. Estados Unidos – Opiniões públicas

Av. Dr. Arnaldo, 2076
01255-000 São Paulo SP Brasil
Tel.: (11) 3116 0000
info@emartinsfontes.com.br
www.emartinsfontes.com.br

Para Isi, minha Mulher de Coragem

Por embelezar cada momento ao longo da jornada com sua voz amorosa

Por captar todas as imagens com sua lente brilhante

Por buscar fervorosamente o desconhecido

Por ser quem é.

O *best-seller* israelense

✧ ✧ ✧

"Selvagem, perturbador, cômico... Tenenbom tornou a escrever um livro que não se consegue largar."

– *The Jerusalem Post*

"*As mentiras que eles contam* expõe a face verdadeira dos Estados Unidos da América, o país em que o racismo e o antissemitismo espreitam logo abaixo da superfície. [...] Não há com que nos preocuparmos: Tenenbom sabe servir seus pratos de maneira desenvolta e palatável, o que não nos deixa baixar o livro até terminarmos."

– *Israel Hayom*

"Especial e único."

– Channel 1 TV

"Um livro excelente!"

– Channel 2 TV

"Um livro excelente, maravilhoso!"

– Channel 20 TV

"Agudo em suas observações, marcantemente direto, sumamente divertido e muito legível, o livro [...] fará você dar altas gargalhadas, ao mesmo tempo que retratará as histórias mais tristes dos Estados Unidos."

– *Makor Rishon*

✧ ✧ ✧

Um *best-seller* do *Spiegel*

"Um nova-iorquino viaja pela Trumplândia [...] [e] dá voz a pessoas de todas as classes sociais, dos sem-teto aos magnatas do petróleo; a todos os credos e minorias [...] sua descrição dos guetos e das colônias de sem-teto dos Estados Unidos é impressionante [...]"

– *Spiegel Online*

"Um livro ótimo e incisivo, com um profundo discernimento, sem dourar a pílula, da realidade de um país dividido. Tenenbom entremeia os diálogos com o texto, e o resultado é um livro cativante e autêntico. Detalhado e chocante, é o melhor dos livros de Tenenbom."

– *Deutschlandradio*

"Depois de lermos este livro, não nos surpreende que Donald Trump tenha vencido a eleição."

– *Stuttgarter Zeitung*

"Carregado de humor judaico [...]. Ler esse livro é um prazer [...]. Tenenbom é franco, livre do politicamente correto, e não se furta a relatar experiências embaraçosas."

– *Titel-Kulturmagazin*

"Tenenbom não está interessado no que fica na superfície, mas no que há por baixo dela, e escava cada vez mais fundo. No que a princípio se diria serem bate-papos inofensivos, ele desvenda uma face dos Estados Unidos que você não encontrará nos noticiários: o lado obscuro do Sonho Americano. Ele não julga as pessoas que lhe revelam os cantos mais escuros de seu coração, mas as cita de forma implacável."

– *Mitteldeutsche Zeitung*

"Divertido e assustador."

– *Hamburger Abendblatt*

"Uma viagem de descoberta terrivelmente engraçada por uma versão rasa dos Estados Unidos da América. [...] O livro de Tenenbom diverte e choca, ao mesmo tempo."

– *Die Welt*

Elogios internacionais ao trabalho anterior de Tuvia Tenenbom

"Altamente cativante e afetivo, eminentemente legível, brutalmente franco."
– *Publishers Weekly*

"Irresistivelmente fascinante [...] sedutor e cativante."
– *New York Times*

"Esclarecedor e alarmante."
– *Wall Street Journal*

"Leia sem ideias preconcebidas o que Tenenbom tem a nos dizer. Não temos o privilégio de não saber."
– *Haaretz* (Israel)

"A risada de Tenenbom nos toca a alma em lugares a que o mero intelecto nunca poderia chegar."
– *Die Zeit* (Alemanha)

"Um dos mais iconoclastas e inovadores dentre os dramaturgos contemporâneos."
– *Corriere della Sera* (Itália)

"Tuvia Tenenbom é Michael Moore e Borat num só."
– *Die Welt* (Alemanha)

"Uma força da natureza [...] provocador, satírico, intelectual."
– *La Repubblica* (Itália)

"Um artista livre, que luta pela verdade e pela tolerância."
– *Le Vif / L'Express* (Bélgica)

"Um provocador místico."
– *Le Monde* (França)

"Brilhante."
– *Deutschlandradio* (Alemanha)

"Tuvia é curioso como um gato, matreiro como uma raposa, amistoso como um cão labrador e também um homem de sensibilidades sismográficas."

– *Mida* (Israel)

"Tenenbom caminha no fio da navalha... e vai até o fim."

– *Amsterdam News* (Holanda)

"Imensamente divertido, terrivelmente engraçado, sarcástico, cativante, poderoso, acusatório, crítico, ótimo!"

– *National Review*

"Tenenbom ousa."

– *La Razon* (Espanha)

"Ele vê e ouve. Exatamente como a coisa é."

– *Frankfurter Rundschau* (Alemanha)

"A miscelânea de política, fanatismo e gêneros literários em Tenenbom é inédita e audaciosa."

– *The Village Voice*

"Um novo judeu."

– *Maariv* (Israel)

"Um anarquista."

– *Stern* (Alemanha)

SUMÁRIO

AGRADECIMENTOS

Meu mais caloroso agradecimento a cada americano que me concedeu seu precioso tempo para satisfazer minha curiosidade sobre as profundezas de sua alma. Obrigado também aos que revelaram os recônditos de seu coração, desde que eu não os citasse por seus nomes completos.

Sou grato às seguintes organizações profissionais que se prontificaram a me ajudar, quando necessário: Philadelphia Convention & Visitors Bureau, Destination Gettysburg, Laurel Highlands Visitors Bureau, Visit Pittsburgh, Destination Cleveland, Circle Michigan, Visit Milwaukee, Circle Wisconsin, Meet Minneapolis, Visit North Idaho, Rust's Flying Service in Alaska, Hawaii Tourism Authority, Visit Denver – Convention & Visitors Bureau, Colorado Tourism Office, Kansas/Oklahoma Travel & Tourism, Dallas Convention & Visitors Bureau, Jekyll Island Club Hotel.

Agradeço a Lori Lowenthal Marcus e a David Mills por relerem o manuscrito e fazerem a gentileza de compartilhar comigo seus comentários, observações e correções.

A meus irmãos espirituais, Dr. Jonathan Landgrebe, diretor da editora Suhrkamp, e Winfried Hörning, meu editor: serei eternamente grato por sua confiança.

A meu caríssimo amigo Rotem Sella, sou grato por me abrir os olhos com sua personalidade sumamente afetuosa e por estar disponível para me apoiar todas as vezes que precisei.

Por último, sou grato a Isa Lowy, minha sogra, que me trata como seu filho único: amo você, Mama.

Prólogo

Desembarquei nos Estados Unidos há trinta e cinco anos, com quatrocentos dólares no bolso, e desde então o país tem sido bom para mim. Acreditei desde o começo no Sonho Americano e vivi para vê-lo realizar-se, no meu caso. Tenho uma dívida para com este país, uma dívida de gratidão.

Nasci em Israel, terra em que passei os primeiros anos de minha vida, e onde fui preparado para me tornar rabino, como meu pai. Deixei Israel, mudei-me para os Estados Unidos da América – para a cidade de Nova York, mais exatamente – e, em vez de me tornar rabino, passei quinze anos em várias universidades nova-iorquinas, em que colecionei diplomas de graduaçao e pós-graduação e deixei o rabinato para outras pessoas. Atualmente, ainda moro em Nova York, mas também na Europa, principalmente na Alemanha, e em outras partes do globo. A partir de algumas semanas, entretanto, planejo permanecer apenas nos Estados Unidos durante seis meses e passar o tempo viajando pelo país.

Sou diretor artístico do Teatro Judaico de Nova York, que fundei há cerca de duas décadas, e no qual quase vinte dos meus dramas foram produzidos. Sou também jornalista, escrevendo para o jornal erudito alemão *Die Zeit* e para sua edição *on-line*, o *Zeit Online*, já há sete anos. Além disso, sou escritor da prestigiosa editora alemã Suhrkamp, pela qual meus dois livros anteriores, *I Sleep in Hitler's Room* e *Catch the Jew!* (títulos das edições americanas), foram *best-sellers* na lista do *Spiegel*. Também contribuo como colunista para um jornal liberal judaico de Nova York, intitulado *Forward*.

Após o sucesso dos dois livros, meu dedicado editor, Winfried Hörning, pediu que eu acrescentasse mais um à série. O primeiro livro foi sobre a Alemanha; o segundo, sobre Israel; e Winfried achou que era hora de também ter um livro sobre os Estados Unidos.

Agora você sabe por que logo estarei viajando pelos EUA.

A ideia desta série é bem simples: passar seis meses viajando por um país, conhecer todas as pessoas possíveis e retratar o caráter do país e de seu povo. Embora a ideia seja realmente simples, sua execução é exaustiva. Ela requer uma carga de trabalho diária de mais de dezesseis horas, todos os dias, ininterruptamente. Mas as recompensas são enormes. Adoro conhecer pessoas, e, quanto mais as conheço, melhor me sinto.

Sei que circular pelos EUA será diferente da Alemanha e de Israel. Naqueles países, usei o transporte público, o que me permitiu chegar mais perto das pessoas, mas os Estados Unidos são imensos, e a maioria das pessoas anda de carro, não de ônibus. Se eu quiser misturar-me com as pessoas e conhecê-las, é melhor dirigir com elas e em direção a elas. Há apenas um probleminha nisso: faz décadas que não dirijo um carro, e agora terei que fazê-lo dia sim e outro também. Tomara que não me meta num acidente, ou em três.

O que encontrarei nos Estados Unidos da América? Não sei, mas primeiro me permita fazer um comentário. O que quer que eu encontre, o que quer que descubra, sem dúvida será influenciado pela educação que recebi: pelos anos que passei estudando o Talmude, matemática, literatura, religião, teatro, jornalismo e informática. Outras pessoas, com uma formação diferente, poderiam chegar a conclusões diferentes – e respeito isso.

Como muitos nova-iorquinos, não sei grande coisa sobre os outros quarenta e nove estados que compõem os EUA. É claro que, como pessoa que reside não apenas em Nova York, mas também na Europa, adquiri um ou outro preconceito em relação aos americanos. Os americanos – você não sabia? – são superficiais e burros. Seria verdade? Logo descobrirei, espero.

E há outras coisas que eu gostaria de descobrir.

Nos últimos anos, especialmente durante os reinados presidenciais de George W. Bush e Barack Obama, os EUA experimentaram surtos contínuos de polarização que desafiam a lógica, sobretudo para um país como este, que comumente se define como um caldeirão de culturas. Agora, os americanos parecem querer derreter uns aos outros (mas não a si mesmos, é claro) num caldeirão fervente. Quem são, exatamente, as facções em guerra? Quem são os conservadores americanos? Quem são os liberais americanos? O que eles defendem? Por que brigam?

Como judeu, não posso deixar de notar uma grande diferença política entre os Estados Unidos e a Europa. Os países europeus tendem, em geral, a ser mais pró-Palestina do que pró-Israel. Os EUA, por outro lado, não raro são a única voz solitária, nos foros internacionais, que ainda apoia o Estado judaico, e me intriga saber se o povo americano como um todo também apoia Israel.

Como morador da Alemanha em tempo parcial, há outra coisa que eu gostaria de descobrir. Li em algum lugar, não me pergunte onde, que cinquenta milhões de americanos indicam a Alemanha como a terra de seus ancestrais, superando a lista de todos os outros países de origem. Seria verdade? Se for, quem são os "germano-americanos" e que influência exercem nos Estados Unidos, se é que ela existe?

Este país, fora de Nova York, é um grande quebra-cabeça para mim. Sei que a grande maioria de sua população é composta de pessoas de fé, quase todas cristãs, mas, pelo amor de Deus, quem são elas, de verdade? Há muitas megaigrejas nos EUA, como pode notar qualquer um que faça um giro com o controle remoto pelos canais de televisão num domingo, mas nunca vi uma única megaigreja com meus próprios olhos. Adoraria conhecê-las. Ficar cercado por múltiplos milhares de fiéis que acreditam num único judeu da Antiguidade será, suponho, uma experiência e tanto.

E há os nativos americanos. Em Nova York, muitas vezes ouvi falar da grande espiritualidade dos nativos americanos, também conhecidos como índios, mas nunca tive a oportunidade de conhecer em pessoa um único índio, muito menos de visitar uma reserva. Nos próximos meses, espero vir a conhecer essas pessoas e a ser inspirado igualmente por elas.

É claro que também quero conhecer muçulmanos, judeus, mórmons, testemunhas de Jeová e quaisquer outras testemunhas que vivam fora de Nova York. Acaso serão diferentes das pessoas desta cidade? Não ria de mim, mas eu também gostaria de conhecer uns *rednecks*. Ouvi dizer que são uma gente horrível e quero estar em sua companhia. Como homem de teatro, sei que não há personagem mais empolgante que o vilão, e mal posso esperar para conhecê-los.

Minha lista de desejos não termina aqui, bem entendido, porque há muitos outros que eu gostaria de conhecer: membros brincalhões da Ku Klux Klan, ambientalistas religiosos, bandidos bonitões de quadrilhas, conservadores armados, bons samaritanos liberais, capitalistas desalmados, antitabagistas furiosos, entusiastas da maconha, ateus fanáticos – e todo mundo que estiver no meio.

Será que vou conhecer todos? Não sei.

Irei a todos os cinquenta estados? Não. O dia só tem vinte e quatro horas, e não poderei conhecer todos, mas vou tentar visitar mais da metade. Além disso, e com base no tamanho deste país e no número de estados que eu gostaria de visitar, sei que não vou conseguir falar de todas as experiências por que passarei, de todas as pessoas que vou conhecer e de todos os lugares a que pretendo ir. Dito isto, farei o melhor possível para compartilhar uma amostra representativa.

Adoro os Estados Unidos, mas não deixarei que este preconceito tolde o meu julgamento.

Para traçar o retrato mais justo do país, não faço planos específicos quanto aos lugares a serem visitados e às pessoas a conhecer. Deixarei que os ventos me levem aonde quiserem.

Portão 1

Mil pessoas vêm dizer "eu te amo".

O número de pessoas que circulam nos trens do metrô de Nova York totaliza 5.597.551 em um dia de semana médio, de acordo com a MTA – Metropolitan Transportation Authority [Superintendência de Transporte Metropolitano].

O "1" no fim do número sou eu.

Estou num trem de metrô, a caminho da Penn Station, e me dedico a uma atividade que nenhum nova-iorquino jamais sonharia praticar: olho para as pessoas a minha volta. Os nova-iorquinos não fazem isso. Não importa onde seus corpos se encontrem – em elevadores, trens, cafés, na Macy's –, seus olhares não se cruzam. A regra inflexível é esta: a menos que você conheça a outra pessoa, nem pense em olhá-la nos olhos. É a Regra nº 1 da cidade de Nova York. Eu não a sigo.

Faz trinta e cinco anos que cheguei de Israel a Nova York, e ainda me comporto como um estrangeiro mal-educado. Anos atrás, verdade seja dita, tentei seguir parcialmente a regra do contato visual. Olhava para as mulheres, em especial quando eram atraentes, mas não para os homens. Tipo semieducado. Mas os tempos mudaram. Hoje, se você olhar para uma mulher, atraente ou não, pode ser que os policiais o acusem de assédio sexual, e você acabe na cadeia. Assim, para ter algum tipo de álibi para essa eventualidade, também olho para os homens.

Aos poucos, o trem chega à Penn Station, um grande eixo dos transportes, e salto. Lá fora, vejo um homem que, por uma ou outra razão, está usando um sutiã. Ele grita uma frase que não poderia ser mais elegante: "Tira essa porra desse seu rabo de merda daqui!" Ninguém lhe dá a menor atenção.

E essa é a Regra nº 2 em Nova York: ninguém se mete nos assuntos alheios. Se uma pessoa urina na sua frente, criando uma poça de líquido desagradável em seu caminho, você não a vê. Não olha para o sujeito. Continua andando. Assim é a vida, estilo Nova York.

Ao cair da noite, na área da Penn Station, chegam os sem-teto, enchendo as calçadas das ruas vizinhas. Deitam-se nesta cidade que nunca dorme e adormecem nas calçadas. Uns trazem consigo caixas de papelão com que criam simulacros de casas, enquanto outros trazem apenas grandes sacos plásticos para se proteger dos ratos, da luz dos postes de iluminação e dos ventos. Conheço esse lugar. Meu escritório fica logo do outro lado da rua.

Em Israel, vi gatos vadios pelas calçadas; aqui, vejo pessoas.

Gosto de Nova York. Em especial, gosto daqui por causa da previsibilidade das pessoas. Há milhões aqui: algumas são pretas, algumas são *chicanas*, algumas são brancas, algumas são asiáticas, algumas são judias, algumas são árabes, algumas são russas, e há também uns mórmons. Sejam elas quem forem, você pode ter certeza de que, diga o que lhes disser, elas responderão com "Incrível!", "Ai, meu Deus!", "É mesmo?", "Ótimo!", "Oi!", "E aí, cara?", "Com certeza!", "Adorei!" e "Que merda, seu filho da puta!".

Previsíveis.

É claro que você não pode realmente dizer "preto", "*chicano*", "judeu", "asiático" nem "árabe", porque essas palavras não são PC – politicamente corretas. Já não se pode nem dizer "sem-teto". Você tem que dizer afro-americanos, hispânicos (ou "latinos"), judeus americanos, asiático-americanos, muçulmanos americanos e "pessoas de recursos diferentes", que são os sem-teto. "Brancos" pode vir sem adjetivação, porque foram eles que inventaram essa regra, e "mórmons" também pode aparecer sozinho, porque os mórmons não contam, de acordo com o PC de hoje. Por quê? Porque sim.

Também temos pessoas superpoliticamente corretas – aquelas que dizem "caucasianos" ao falarem dos brancos, desejam Feliz Kwanzaa a todo mundo no Natal (é uma longa história), e nunca me dirão que sou gordo, o que eu sou. No jargão super-PC, você pode me chamar de "magro diferente", se isso lhe trouxer mais bem-estar.

Opa. Esqueci outro grande grupo, desculpe: os *gays* e amigos, que incluem lésbicas, bissexuais e transexuais. Esse grupo, conhecido como LGBT (ou LGBTQ), é um dos mais sagrados do mundo, e, se você zombar dele, será lançado no ostracismo, perderá seu emprego, e seu cônjuge pedirá o divórcio. Por quê? Porque sim. Há também pessoas assexuadas em Nova York, mas elas não contam. Porque sim.

Essas regras, parte de uma longa lista de mais regras, são o que impulsiona Nova York, bem como a razão de um apartamento do tamanho de um banheiro pequeno custar cinco mil dólares por mês.

Os nova-iorquinos também são conhecidos por seu atarefamento. Na verdade, todo nova-iorquino que conheço é extremamente ocupado, mesmo que não tenha nada para fazer e esteja desempregado há cinco anos.

✧ ✧ ✧

Devo me atarefar também? Talvez, digo a mim mesmo, eu só deva entrevistar umas duas pessoas em Nova York antes de iniciar minha longa jornada. Uma espécie de aquecimento. Bem, por que não?

Há um *pub* irlandês do outro lado da rua, em frente a meu escritório, e é lá que entro, em busca de meu primeiro entrevistado. Encontro-o sob a imagem de um oficial da Aeronáutica, um belo jovem negro que parece estar passando horas maravilhosas com uma linda moça, tomando alegremente sua cerveja e caindo de boca num peixe com fritas. Eu o abordo.

O hino nacional, digo-lhe, descreve os Estados Unidos como o Lar dos Valentes. O que quer dizer isso?

– Que nós arrasamos qualquer um.

Por quê?

– Porque nós podemos.

Só para ficar registrado: ele está sóbrio. Só Deus sabe o que dirá quando o álcool começar a fazer efeito.

Vou para meu escritório. Não é bom começar uma viagem com uma nota dessas, digo a mim mesmo.

Brandy, uma moça inteligente que sonha tornar-se escritora, chega a meu escritório, e eu lhe peço que me empreste um pouco de sua sabedoria e responda a uma ou duas perguntas. Ela concorda, alegremente.

Por que os Estados Unidos invadiram o Iraque em 2003?, é o que indago.

– Nos Estados Unidos, ninguém faz essas perguntas! Você não entende os Estados Unidos. Perguntar "por quê" é muito antiamericano!

Mas por que os Estados Unidos invadiram o Iraque? Digo, o que você acha?

– Quer mesmo saber? Está bem. Havia um cara mau lá, como é mesmo o nome dele, e fomos lá lutar contra ele, e, ao chegarmos lá, surgiram outras razões para estarmos lá, e acabou-se a história.

Brandy é americana, nascida e criada, e é assim que ela se vê:

– Gosto das coisas ruins dos Estados Unidos. Da ganância, dos carros grandes, da indignação, quando as necessidades não são prontamente atendidas. E é por isso que vamos à guerra.

Tenho que me sair melhor, digo a mim mesmo, e achar pessoas que sejam mais positivas sobre este país. Ao menos no início!

✧ ✧ ✧

Para alcançar esse honroso objetivo, acho que terei de tirar meu bundão da cadeira, sair do escritório e ir além da cômoda zona da Penn Station. Mas para onde?

Por que não uma coletiva de imprensa?

É em Nova York que as coisas acontecem: clubes privados onde os ricos convivem entre si e decidem qual o próximo projeto que vão patrocinar, "almoços de poderosos" em que os super-ricos convivem com os políticos bancados por eles, e então acontecem aquelas coletivas de imprensa concebidas para instigar os jornalistas a escreverem coisas favoráveis sobre tal ou qual causa. Já estive em almoços de poderosos e clubes privados mais vezes do que me interessa contar ou lembrar, quase sempre com as pessoas falando em caráter extraoficial, mas as coletivas de imprensa são oficialmente registradas. E, então, vou a uma entrevista organizada por uma empresa de relações públicas cuja única razão de ser é instilar no coração dos jornalistas o amor pelos *gays*.

Pensando bem, é engraçado como as coisas funcionam.

Na coletiva de imprensa, um jornalista estrangeiro fez a seguinte pergunta: dias atrás, o rabino-chefe de Moscou disse que, embora não se disponha a matar *gays*, aprova a matança de *gays*. A companhia de relações públicas pretende fazer alguma coisa a esse respeito?

É uma história estranha. Se for verdade, quero pegar um avião para Moscou e entrevistar esse rabino. É muito bizarro! Mas será que é verdade? Para descobrir, parto em busca do único homem de Nova York com mais probabilidade de saber. Seu nome é Abe Foxman, presidente da ADL – Anti-Defamation League [Liga Antidifamação] –, que, por acaso, conheço pessoalmente.

Abe não faz ideia do que estou dizendo. Nunca ouviu falar nessa história, e não sabe por que alguém haveria de contá-la.

Talvez, digo a mim mesmo, o jornalista estrangeiro seja meio antissemita. O que me leva a pensar: os Estados Unidos são antissemitas?

Não, de acordo com Abe:

– Enquanto o antissemitismo aumentou na Europa – ele me diz –, aqui ele diminuiu.

Abe deve saber. Sua organização, a ADL, investe continuamente somas enormes em pesquisas que determinam os níveis de atitudes antissemitas no mundo inteiro.

– Hoje em dia – diz ele –, os EUA não estão imunes, mas o nível de antissemitismo é de uns 10 a 12%.

Que bom. Mas isso não quer dizer que os judeus americanos se sintam seguros neste país. Na verdade, não se sentem, segundo Abe, nem mesmo os mais famosos dentre eles, como produtores e diretores. Esses judeus, em particular, produzem um número incontável de filmes e peças teatrais sobre todos os segmentos da sociedade norte-americana, mas raramente sobre os judeus ou Israel.

– Diga-me quais são os filmes sobre Israel! Você não consegue dar o nome de cinco! – Abe me afirma.

O "cinco" é um certo exagero, mas, em síntese, ele tem razão. Será que também está certo sobre os "10 a 12%"? Não sei, e por isso lhe pergunto: em minha viagem, será que vou encontrar a mesma baixa percentagem de antissemitismo neste país que aparece nas pesquisas da ADL? Não.

– O que você vai encontrar? Prevejo que encontrará o dobro. Por quê? Porque, com o seu estilo inimitável, vai tirar as inibições deles. Vai liberar seus sentimentos mais íntimos, que são preconceituosos. Os americanos são preconceituosos, mas sabem que não convém expressar os preconceitos nem os pôr em prática.

Agradeço a Abe por seus elogios e, ao mesmo tempo, fico surpreso ao saber por ele como são pouco confiáveis as pesquisas de sua organização.

Saio de seu escritório, mas ainda não encerrei a conversa com ele. Abe vai deixar a ADL em pouco tempo, aposentando-se após décadas no comando, e, daqui a mais ou menos uma semana, será realizado o "Tributo a Abe Foxman", uma festa de despedida em sua homenagem, no Waldorf Astoria.

É claro que, quando chega esse dia, chego eu também. Nossa! Que festa! O lugar está lotado, com cerca de mil pessoas, todas aqui para dizer a Abe "eu te amo", e ele retribui o favor – alimentando-as. E como! Já estive em muitos eventos no Waldorf, mas este supera todos.

Para começar, a comida. Eu nunca havia provado *pierogi*[1] com mel antes desta homenagem. "Deliciosos" é uma palavra que mal chega a descrevê-los. E mais, aonde quer que se vá, até mesmo apenas à área de recepção, há montanhas de alimentos de toda sorte, todos os tipos, todos os sabores e todos os tamanhos. Abe adora os tamanhos grandes e preza os melhores sabores, e, esta noite, compartilha seu paladar e suas porções com todos nós. Nunca vi tanto *sushi* quanto estou vendo hoje, e muito saboroso! Veja os bolos – ai, meu Deus, são quase do tamanho do Brooklyn inteiro!

1. Pasteizinhos de massa cozida e depois frita ou assada, com inúmeros recheios, tradicionais na culinária polonesa. [N. T.]

Segundo: as pessoas. Entre muitos outros, aqui é possível ver a embaixadora norte-americana nas Nações Unidas, Samantha Power, e Susan Rice, a assessora da Segurança Nacional, e as duas fazem discursos elogiosos em homenagem a Abe. Outros mandam seus elogios em mensagens previamente gravadas, entre eles o ex-presidente George W. Bush e o presidente Barack Obama. Não sei por que, mas gosto dessa dupla S&S, Samantha e Susan. Vou a todos os lugares a que elas vão, especialmente quando há comida por perto.

Deixando de lado a comida, é fato que tenho algumas perguntas: por que autoridades de tão alto escalão, sem falar nos dois presidentes, importam-se com um judeu que vai aposentar-se? Algum judeu, na Europa de hoje, imporia tanto respeito quanto esse Abe americano? Haveria algo de singular no modo de os Estados Unidos se relacionarem com seus judeus?

Estou ponderando estas questões quando chega a última notícia. Longe daqui, em Charleston, na Carolina do Sul, um homem branco entrou numa igreja de pretos, sacou uma arma e matou nove pessoas a tiros. Os Estados Unidos, a julgar pela mídia, está chocado e abalado.

✧ ✧ ✧

É hora de eu deixar Nova York e viajar pelos EUA, os EUA que não conheço. Faço as malas e me apronto para partir. Ir para onde? Meu primeiro impulso é ir para a Carolina do Sul, mas, pensando melhor, concluo que ainda não estou pronto. Tenho que saber mais e aprender mais, antes de seguir para o sul.

Em frente a meu escritório, na Penn Station, alguns operários espalharam grandes mensagens por toda parte: "XOXO[2] Filadélfia". Poderia ser mesmo uma boa ideia! Filadélfia, na Pensilvânia, é a cidade em que foi adotada a Declaração da Independência e onde foi escrita e assinada a Constituição "Nós, o povo" deste país, o que faz de Filadélfia, efetivamente, a cidade natal dos Estados Unidos. Devo ir lá, não?

A Declaração da Independência, adotada pelas treze colônias norte-americanas em 1776, declara que as colônias já não fazem parte da Grã-Bretanha, mas constituem os Estados Unidos da América, uma nova entidade independente, criada por essa mesma declaração. Ela é, permitam-me acrescentar, um documento eloquente, que contém algumas das passagens mais

---

2. Abreviatura utilizada na *internet* que significa "abraços e beijos". [N. T.]

memoráveis redigidas pelo ser humano: "Consideramos evidentes por si mesmas estas verdades: que todos os homens nascem iguais, e que lhes são conferidos por seu Criador certos Direitos inalienáveis, entre os quais se contam os da Vida, da Liberdade e da busca da Felicidade."

Anos atrás, pouco antes de me tornar cidadão deste país, aprendi essas coisas, e agora tudo está voltando à lembrança. A Constituição e a Declaração nasceram, se não me engano, num lugar chamado Salão da Independência, em Filadélfia.

Filadélfia, lá vou eu!

Portão 2

Se você é mulher e heterossexual, deve chamar seu marido de "parceiro", caso contrário, os homens gays ficarão ofendidos.

Querendo iniciar minha jornada de forma positiva, adio meu encontro com o volante, um encontro marcado com alta probabilidade estatística de um grave acidente de automóvel, em minha primeira tentativa de dirigir em décadas. Em mais ou menos uma semana, eu me colocarei no assento do motorista ou comprarei um jatinho particular, equipado com um piloto pessoal, mas, por enquanto, embarco num trem para Filadélfia. A viagem de trem é agradável, e não tardo a atingir meu destino, desembarcar do trem e começar a caminhar pelas ruas dos Estados Unidos.

Está iniciada minha viagem para o desconhecido!

Vejo diante de mim um desses pregadores de rua, um preto que traz uma mensagem: se você não acreditar em Jesus e não pedir perdão, diz ele, "irá para o inferno".

– Se você disser "vou sobreviver, porque o pregador rezou por mim", não vai funcionar. Você frequentou a escola. Estudou. É capaz de ler o que Jesus disse! Você diz que estou fazendo papel de bobo, pregando na esquina, mas a Bíblia em sua casa está acumulando poeira!

O "você", no caso, sou eu, já que sou a única pessoa a escutá-lo. Passo um tempo por ali, ouvindo um pouco mais, e, quando me retiro, ele diz "Obrigado". Isso me comove. Devo ser sua única plateia há muito tempo.

Continuo a andar, e não tardo a topar com o Museu Nacional de História Judaica Norte-Americana. Como foi que os judeus chegaram aqui?

Gosto de andar pelas ruas de Filadélfia, que o pessoal daqui chama de "Philly", e então noto que, em quase todos os lugares por onde meus pés me levam, acabo num buraco. Começo a contar os buracos, mas paro ao atingir vinte e dois. Chega!

Sigo para meu hotel, o Hilton de Penn's Landing. As imagens de todas as telas de televisão da recepção retratam os assassinatos na igreja de negros em Charleston. O nome do homem branco é Dylann Roof; o da igreja é Emanuel AME.

Os EUA estão assustados.

Mas tenho de ficar frio. Pego a chave de meu quarto, que é um cartão de plástico, e subo para meu novo lar. A primeira coisa em que reparo no quarto é uma notinha me avisando que, se eu fumar, pagarei uma multa de 300 dólares.

Assassinatos, inferno, multas. Que começo maravilhoso!

Tento me instalar diante da escrivaninha. Sento-me numa cadeira giratória de aspecto interessante, mas ela gira toda para baixo, e caio no chão.

Telefono para a recepção e peço a orientação deles. O pessoal do hotel me diz que vai mandar um engenheiro para ver a cadeira.

Engenheiro? Sim, engenheiro.

Adoro este novo mundo politicamente correto de nossa época. Antigamente, esse tipo de engenheiro era chamado de camareiro, consertador, faxineiro, quebra-galho e uma porção de outros termos precisos. Agora, é "engenheiro"!

O tal engenheiro demora a aparecer, e desço para fumar.

✧ ✧ ✧

O senhor pode fumar do lado de fora, diz-me um empregado, mas só na área de fumantes. Vou até o lado de fora, apenas para perceber que há uma linha invisível, na parte externa do hotel, provavelmente desenhada por seus famosos engenheiros, que separa as pessoas fumantes das não fumantes.

Isso é racista, digo ao empregado do hotel, que é preto.

Um homem branco, com ar de valentão nato, grita comigo:

– Por que diabos está chamando isso de racista? Você não é americano, e não fala a porra do inglês, ou o quê? Que comentário estúpido. Seu idiota!

Fico chocado com essa conduta. Gostaria que o pregador de rua estivesse aqui para nos salvar.

Uma mulher, talvez a esposa do branco, puxa-o para longe dali. Outras pessoas presentes me olham como se eu fosse Dylann Roof. Deixo que olhem, fumo três cigarros e, ao terminar, vou para meu quarto e pego no sono rapidamente.

✧ ✧ ✧

Ao me levantar, entro num Passeio Constitucional a Pé. Não me pergunte o que isso quer dizer. Não sei, mas o nome me impressiona.

O guia, um rapaz, diz que durante a caminhada estaremos "seguindo os passos dos Pais Fundadores", referindo-se àqueles que fundaram os Estados Unidos da América.

Enquanto andamos, nosso guia fala da bravura dos que assinaram a Declaração de Independência. Na época, diz ele, o que esses homens fizeram foi um "ato de traição". O que os tornou tão corajosos?, eu lhe pergunto.

– Eles não queriam pagar impostos [aos britânicos].

Algumas pessoas chamariam isso de capitalismo; ele o chama de valentia. Adora esses homens, pelo que posso perceber, e se mostra totalmente encantado com eles:

– Thomas Jefferson – outro pai fundador e terceiro presidente dos EUA – inventou a cadeira giratória – diz o rapaz, com voz enternecida.

Se ao menos esse Thomas ainda estivesse vivo, penso com meus botões, eu poderia pedir-lhe para consertar minha cadeira!

Passamos pelo Salão da Independência, que o guia nos lembra ser o "berço dos Estados Unidos", mas não entramos. Somos caminhantes, e temos de continuar andando. E, ao passarmos pela casa de Benjamin Franklin, o pai fundador cuja imagem adorna a nota de cem dólares, nosso guia nos diz que "Ben inventou os óculos bifocais".

Esses primeiros americanos eram admiravelmente inventivos. Cadeira giratória, óculos bifocais, mas nada de engenheiros. Os engenheiros vieram depois.

Passamos por mais e mais prédios, museus e locais históricos, porém a maior parte do que diz o guia me escapa. Ele fala feito uma matraca, disparando um zilhão de detalhes por segundo, e começo a prestar atenção às outras pessoas desta excursão.

Vejo um homem bem-vestido de Seattle, que parece estar em idade de se aposentar. Puxo conversa, e ele me diz que essa é sua primeira visita a Philly. O que sente ao caminhar por aqui?, pergunto.

– Orgulho.

De quê?

– De minha nação.

Os Estados Unidos são uma "nação"? Em mais de três décadas em Nova York, essa ideia nunca me passou pela cabeça.

Devagar e sempre, chegamos ao Cemitério da Igreja de Cristo, onde paramos junto à sepultura de Ben Franklin, que tem muitas moedas de centavo sobre a lápide.

– Se a pessoa jogar uma moedinha de centavo na sepultura de Ben Franklin – diz o guia, compartilhando conosco uma antiga crença –, absorverá um pouco da inteligência dele.

Jogo uma moedinha.

E ela me traz sorte: a excursão acaba.

Uma lápide próxima diz: "David Salisbury Franks (c. 1740-1793). Ilustre oficial e ajudante de ordens judeu do gen. Benedict Arnold durante a Guerra Revolucionária." Outro judeu em Philly.

Converso com um grupo de três pessoas paradas ali perto. Peço-lhes que me digam o que há de especial nos Estados Unidos.

A mais jovem delas, Ann, de vinte e três anos, diz:

– Neste país, todos podem ir da miséria à riqueza. Por mais baixo que esteja na escala social, se você se empenhar, poderá atingir o patamar mais alto.

Você acredita que você, pessoalmente, atingirá o patamar mais alto da escala?

– Sim!

E qual é esse patamar mais alto da escala?

– Uma professora secundária.

Nossa! Isso é que é altura!

Despeço-me deles e vou embora.

✧ ✧ ✧

E, agora que estou sozinho, ando até o Salão da Independência – justamente a razão de eu ter vindo a Philly, para começo de conversa. Entro no prédio. Não é o que eu esperava.

Eu esperava que o Salão da Independência fosse opulento em seu estilo e sua estrutura arquitetônica, mais grandioso ainda que o Waldorf Astoria, em Nova York, mas não é o caso. O Salão da Assembleia no Salão da Independência é mais parecido com um velho restaurante num vilarejo do Leste Europeu, desses em que o almoço custa centavos, do que com uma construção histórica americana superimportante. Talvez ele indique um começo humilde deste imenso país.

O Sino da Liberdade, no campanário dessa construção, não é o original, segundo me informam. O verdadeiro Sino da Liberdade encontra-se a cinco minutos a pé daqui, no térreo do Centro do Sino da Liberdade.

Tenho que ver o Sino da Liberdade, um símbolo icônico da independência americana. Quero tocar na história do país com minhas próprias mãos. Caminho até o Centro.

Há no sino uma inscrição que diz: "Proclamai a LIBERDADE por toda a terra a todos seus habitantes." Interessante: essas palavras foram extraídas da Bíblia (Livro do Levítico), e tinham sido escritas sobre a Terra Santa de Israel.

Estariam os fundadores deste país, profundamente religiosos, tentando construir um novo Israel no Novo Mundo? Talvez, apenas talvez, esse tenha sido o começo do relacionamento dos Estados Unidos com os judeus. Ele não começou com Samantha.

✧ ✧ ✧

Volto para meu hotel. Na área dos fumantes, agora que sei onde ela fica, encontro um casal branco de meia-idade.

– Há bairros nesta cidade – diz-me o homem, James – em que não lhe convém entrar, a menos que você tenha uma arma. Assista ao Action News, no Canal 6, e você vai ver.

Você anda armado, James?

– Tenho uma arma de fogo, mas não a estou carregando neste momento.

Vou para meu quarto, para verificar o Canal 6 do James. Eis o que encontro: "A polícia está à procura do atirador que baleou um homem de cinquenta anos, num beco próximo de sua casa, no bairro de Frankford, em Filadélfia." "As autoridades dizem que um adolescente foi baleado na perna na área de Juniata Park, em Filadélfia." "A polícia da zona sudoeste de Filadélfia está à procura do homem que teria estuprado uma mulher num ponto de ônibus."

Chega o Dr. Engenheiro. Vira minha cadeira para lá e para cá, mas nada acontece. Ele é tão engenheiro quanto eu sou Ben Franklin.

Você pode consertá-la?

– Não.

Mas vai tentar substituí-la. É essa a Philly de hoje: engenheiros, estupro e assassinato.

Deve haver alguém por aí se afligindo muito com tudo isso e rezando pelas almas perdidas de Philly, não lhe parece? A mim, parece que sim, e na manhã de domingo, saio em busca da melhor igreja que se possa encontrar na cidade. Escolho a Sociedade Religiosa dos Amigos, mundialmente conhecidos como os *quakers*.

✧ ✧ ✧

Estou prestes a participar de um ofício religioso dos *quakers*, ou, como eles o chamam, de uma Reunião de Culto – e estou empolgado. Nem sei por quê.

Os *quakers* desempenharam um grande papel na criação dos Estados Unidos da América. Para começar, o fundador da Pensilvânia, William Penn, era *quaker*, e fundou este estado como um refúgio para seus correligionários. Além disso, os princípios que ele estabeleceu, como igualdade e liberdade de culto, mais tarde seriam adotados como os princípios fundamentais dos EUA.

Como sei disso?

É o que leio nesta casa dos *quakers*. Mas chega de história. Está na hora do ofício religioso.

Nenhuma cruz, lua crescente ou qualquer outro símbolo se evidencia em parte alguma desta sala de oração – ou seja qual for o nome dado a este aposento, no qual umas sessenta pessoas se reuniram para a cerimônia. Também não há livro de orações. Aqui há fileiras de bancos, três em cada um dos quatro lados do cômodo, e as pessoas sentam-se neles, umas de frente para as outras.

Ficam quietas. Ficam em silêncio. Não acontece nada, realmente.

Será que estão à espera do Segundo Advento? Talvez, mas ninguém diz coisa alguma nem mostra qualquer sinal.

O tempo passa e nada acontece.

Será que estão esperando alguém? Não parece. Estão pensando.

Passa mais tempo. Lentamente.

E então, uma mulher, uma senhora branca na casa dos sessenta anos, levanta-se e fala:

– Quero confessar que me sinto entorpecida. Quando ouvi a notícia do que aconteceu na Carolina do Sul, experimentei um incômodo, mas não dor.

Ela está falando de Dylann Roof. Ninguém diz nada.

Essas são as raízes americanas, caso você ainda não tenha adivinhado. *Quakers*. *Quakers* silenciosos.

Eu jamais adivinharia, nem em um milhão de anos, que os Estados Unidos enraízam-se no silêncio.

Estou aprendendo.

O relógio continua a andar, e não acontece nada. Que paciência tem essa gente!

Então, um homem branco, mais ou menos da mesma idade da tal senhora, levanta-se e fala:

– Vi alguns deles dizerem na televisão que isso era o começo de uma guerra religiosa. Que foi o que disse o filho de Osama Bin Laden.

Bin Laden teria sido o fundador da Al Qaeda, a organização que assumiu a responsabilidade por destruir as Torres Gêmeas de Nova York, em 11 de setembro de 2001.

– Temos que rezar para que isso não aconteça – ele concluiu.

Senta-se. Ninguém diz nada. Todos calados.

O relógio segue em seu tique-taque, mas nada acontece. E então, uma mulher negra, um pouco mais moça que os outros dois oradores, abre a boca. Permanece sentada enquanto fala:

– Vi os apresentadores na televisão – afirma –, e alguns estavam dizendo que o que aconteceu na Carolina do Sul foi um ato contra os cristãos. Ato

contra os cristãos? Aquilo não foi ato contra os cristãos, foi um crime racial, um assassinato por causa da raça. Assassinato por causa da raça!

Ninguém reage. Silêncio.

Mais silêncio. Mais silêncio. Uma mulher branca se levanta e concorda com a preta. E então um homem se levanta e diz:

– Temos uma porção de bolos, e todos estão convidados.

Hora de comer.

✧ ✧ ✧

Sentada a meu lado está uma moça chamada Audrey. Todos vão comer bolos, e eu converso com Audrey.

– Você é alemão? – ela me pergunta.

Como você soube?

– É muito fácil saber. Estou vendo sua roupa, sua mochila, seus modos.

Eu nunca soube que era tão alemão!

Audrey é *quaker*, uma *quaker* devota. Explique-me os *quakers*, eu lhe peço.

– *Quaker* é uma palavra inglesa, vem de *to quake* [tremer]. George Fox, o fundador dos *quakers*, citava a Bíblia, dizendo que é preciso tremer diante do Senhor, e por isso que se desenvolveram as palavras *quake* [tremor ou abalo], e, mais tarde, *quakers*. O nome original era Sociedade Religiosa dos Amigos. Como o senhor pôde ver no ofício religioso, ele se dá em silêncio; a pessoa só fala quando sente necessidade, quando alguma coisa estremece dentro de si, algo que a faz abrir a boca e falar.

Você é descendente dos *quakers* originais?

– Não, não fui criada como *quaker*.

Católica, ou algo assim?

– Não, não. Meus pais eram reformados.

Reformados? Quem são os reformados?

– Judeus reformados.

Ah! Então, você foi criada como judia?

Ela me olha como se eu houvesse acabado de descobrir seu maior segredo e estivesse prestes a desmascará-la.

Você é judia?

– Meus pais, eles eram reformados.

Mais um judeu em Philly. Desta vez, em carne e osso.

David, um membro da comunidade, entra na conversa. Está muito contente com o presidente Obama, diz, porque Obama é favorável aos palestinos.

Vou até a mesa dos bolos e consigo metade de um *Berliner* (um sonho). É bom mesmo, com mais geleia do que massa, e saboreio quietinho cada dentada e cada lambida. Deus abençoe os *quakers*!

Pego um café, que realmente não é bom, e me sento para conversar com outros *quakers*. Quase todos são brancos, e todos adoram os pretos e se importam profundamente com eles. É o que me dizem, pelo menos. Digo lhes que sou turista, e lhes peço umas dicas.

– Não vá a Germantown; lá não é seguro – um deles me diz, e todos concordam.

Escrevo mentalmente uma nota para mim –"Ir a Germantown!" –, e continuo a escutá-los. Todos, segundo me revelam, adoram Obama.

Por quê? Porque ele tem "demonstrado mais apoio aos palestinos, é mais duro com os israelenses e está suspendendo o embargo imposto a Cuba". Cuba é vizinha dos Estados Unidos, mas é a última na lista de boas ações de Obama apresentada por eles.

Mais tarde, confiro o noticiário para ver se aconteceu em Israel alguma coisa especialmente horrível, que os levasse a se oporem tão fortemente àquele país, mas tudo que encontro, entre as notícias principais de hoje, é a matéria do Canal 6 que informa que "a polícia está à procura de dois suspeitos, depois que um tiroteio numa festa popular de rua, na zona oeste de Filadélfia, feriu dez pessoas, entre elas duas crianças e um bebê de um ano."

Enquanto os filadelfianos que me cercam não conseguem parar de se preocupar com os palestinos que vivem a milhares de quilômetros de distância, nem um único *quaker* daqui parece abalar-se com pessoas que estão sendo baleadas a poucos passos.

Por que essa gente se interessa tanto por Israel? Não sei. Só sei uma coisa: tenho que ir a Germantown.

✧ ✧ ✧

Ao chegar a Germantown, entro numa ruazinha onde noto pessoas sentadas em grupos nas escadas da frente e nas varandas de algumas casas pequenas. Todas são pretas. Aqui não há alemães, não há um único alemão. A única cor branca que se vê é nas paredes.

Paro perto de um grupo de pessoas, talvez membros da mesma família, e começo a conversar com eles. Como é a vida em Germantown?, pergunto.

Não tenho nenhuma pergunta melhor.

– A vida aqui é boa – diz-me uma mulher. – Trinta anos atrás, era ruim, mas agora é boa.

Fico feliz por saber disso, eu lhe digo. Explico que sou um jornalista alemão e que estou aqui em Germantown para saber como eles vivem.

– Nosso prefeito não presta, é corrupto, mas, fora isso, é legal – ela acrescenta.

Como vocês se dão com os brancos?

– Muito bem.

Um homem que está de pé ali perto escuta este pequeno diálogo e nos interrompe:

– De onde você é?

Alemanha.

– Há quanto tempo está aqui?

Acabei de chegar.

– Nunca veio aqui antes?

Nunca. Sou jornalista, e vim aqui fazer uma reportagem sobre vocês para o mundo. Acabei de saber que vai tudo bem em Germantown. Está correto? É isso que devo dizer ao mundo? O que vocês disserem, eu conto. Para mim, não faz diferença.

– O senhor quer saber a verdade?

Só a verdade, meu novo amigo.

– Isto aqui é uma merda.

Por quê?

– Porque eles podem bater na gente quando quiserem, porra.

Não faço ideia do que ele está dizendo, mas continuo. Dê-me um exemplo, peço.

– É que a polícia só quer armas, só quer coisa violenta. Para nós eles estão se lixando, porra. Só querem saber se a gente está carregando uma porra de uma arma.

Outro homem, Horace, acrescenta:

– Teve um tiroteio. Quatro tiros. Dois garotos, de dez e doze anos, e dois adultos: uma mulher e um homem.

Não sei do que ele está falando, porém, mais uma vez, sigo em frente. Foi hoje?, pergunto.

– Às quatro e meia. Algumas horas atrás.

Qual foi a razão?

– Razão nenhuma. Pode ter a ver com as quadrilhas. Procurando o inimigo. Não tem inimigo em seu quarteirão? Você dá uma volta por aí, atirando. Torce para pegar o cara. Se não pegar, quem mais estiver lá leva bala. Se não der para você pegar a pessoa que está procurando, você vai em cima do irmão dele, ou da irmã, ou da mãe. Vai do jeito que for para pegar ele.

Entendi, acho. Alguém estava tentando atirar em alguém, mas não achou essa pessoa, então atirou em outra, algumas outras. Com que frequência isso acontece aqui?, indago.

– Dia sim, dia não.

Vocês conheciam pessoalmente alguma das pessoas que foram mortas aqui?

O primeiro homem responde:

– Meu irmão, com quem eu cresci e vivi a vida inteira, levou bala há duas semanas, no estilo execução.

O que é "estilo execução"?

– Na cabeça.

A polícia pegou o assassino?

– Não.

Horace:

– O assassino nunca é apanhado. É por isso que a gente não sabe quando ele vai aparecer de novo.

É uma vida muito difícil...

– Você vive a vida ao máximo, porque nunca sabe quando ela vai acabar. Fica mansinho e vai só tentando sobreviver.

O primeiro sujeito acrescenta:

– Vivemos em guerra todo dia. Tem uma porção de coisa nas ruas que não é contada nos noticiários.

Horace:

– Se um irmão [uma pessoa negra] anda pelo quarteirão e leva dois tiros, isso não sai no noticiário.

Os dois já foram detidos pela polícia, num ou noutro momento, mas dizem que a motivação é racial:

– Eles me estereotipam porque eu sou preto – diz Horace.

Ele me explica como é que se fica vivo no *'hood*[3] (o bairro negro, o gueto negro), apesar de todos os perigos de que se vive cercado:

3. Abreviatura um tanto depreciativa de *neighborhood*. [N. T.]

– Se, numa hora qualquer, você sentir o coração lhe falar que uma coisa não é boa, saia correndo em disparada. Escute seu coração!

Tiramos uma fotografia juntos. Um amigo do Horace faz um sinal com três dedos (denotando que faz parte de uma gangue), e Horace empurra a mão dele para baixo.

– Nada de gangue agora! – diz ao rapaz.

✧ ✧ ✧

Uma moça chamada Rachel se aproxima de mim:

– Meu sonho – diz – é me mudar daqui.

As autoridades norte-americanas, nas palavras dela, "tratam muito mal as minorias. Tudo tem a ver com a cor da pele."

Para as pessoas de Germantown, sou uma espécie de OVNI. Nenhum branco, ao que eles se lembrem, já andou nesta rua. Esta área, percebo, é efetivamente segregada. Só para pretos. Os brancos podem passar por aqui em seus carros, talvez, quando o GPS os orienta a atravessarem Germantown, mas não saltariam dos automóveis para andar a pé por aqui.

É triste observar este *'hood*.

Já estive em bairros pobres. Volta e meia, passei algum tempo em campos de refugiados do Oriente Médio, e a diferença entre eles e este *'hood* é flagrante: aqui, o Anjo da Morte é o mandachuva supremo.

Parado aqui, compreendo por que os *quakers* me aconselharam a não vir para cá. Eles gostam da imagem que criaram de si mesmos, a de pessoas que se importam. Mas será que é verdade? Não levantam um dedo para ajudar os vizinhos pobres que estão morrendo. Mas se importam profundamente, é claro, com os "palestinos".

Há uma palavra para isso: chama-se hipocrisia.

Saio de Germantown e volto a meu hotel. Perto dele fica o Museu Marítimo da Independência, e, em frente a este, do outro lado da rua, há um caixa eletrônico. Nele alguém rabiscou uma palavra: "Judeu". O significado é claro: se essa é uma máquina de dinheiro, há um judeu ligado a ela.

Como se eu precisasse de mais algum lembrete horroroso, depois de ir a Germantown. Vim a Philly saber como nasceram os Estados Unidos, e a deixo com imagens de morte; vim ver a tolerância e deparei com o preconceito.

Preparo-me para ir embora de Philly. Mas como? Acho que o jatinho privado não é realmente viável, o que significa que tenho de alugar um carro.

Ai, meu Deus, agora terei que começar a dirigir!

Espero que consiga. Arrasto-me até uma locadora de automóveis e alugo um Chevrolet Cruze vermelho. Um carro pequeno, que me parece muito promissor. Adoro vermelho. Na Europa, o vermelho é associado aos comunistas, nos Estados Unidos, aos capitalistas, mas gosto do vermelho sem nenhuma razão política. Apenas o adoro.

✧ ✧ ✧

Filadélfia, na Pensilvânia, é o lugar em que o Segundo Congresso Continental adotou a Declaração da Independência dos Estados Unidos, e onde a constituição americana foi escrita e assinada. E há também Gettysburg, na Pensilvânia, que foi um dos campos de batalha mais sangrentos da Guerra da Secessão e o local em que, em novembro de 1863, o presidente Abraham Lincoln proferiu o que mais tarde ficaria conhecido como Discurso de Gettysburg, um discurso visto até hoje como um dos mais importantes já proferidos nos Estados Unidos da América.

A Guerra Civil de 1861 a 1865, entre o sul e o norte, entre os Estados Confederados da América e a União, sem dúvida moldou o país, transformando-o no que ele é hoje.

Dirijo até Gettysburg para seguir os passos dessa parte da história americana.

Em minha primeira meia hora dirigindo, quase me envolvo num acidente com um enorme quase-*trailer*. Por sorte, o motorista do outro veículo era um piloto experiente e, no último segundo, voou para outra faixa. Meteu a mão na buzina, mas não fiquei aborrecido; eu mereci.

Sigo em frente, dirigindo sem parar, e, com o tempo, sinto-me um pouco mais à vontade. Amanhã, espero, nenhum motorista de caminhão terá que voar da estrada por minha causa.

Numa área de repouso no trajeto, procuro um ponto de partida específico em Gettysburg e descubro que lá existem guias que levam pessoas como eu pelo caminho da Batalha de Gettysburg.

Perfeito!

✧ ✧ ✧

Saio com um desses guias, um homem chamado Paul. Paul entra em meu carro vermelho e me orienta. De vez em quando, paramos e saltamos do

Cruze, e ele me fornece o número exato de mortos e o total de balas de morteiro que explodiram em cada local particular do campo de batalha. Também me informa que nem todos os mortos foram enterrados. É provável, diz ele, que haja remanescentes, ossos e coisas assim, bem embaixo de meus pés.

Obrigado.

Pessoalmente, Paul prefere os unionistas do norte aos confederados do sul, mas, quando serve de guia a pessoas do sul, toma muito cuidado com a língua.

– Os ânimos ainda se exacerbam – ele me explica, e os visitantes do sul objetam ao uso que ele faz das palavras *guerra civil*.

E eles têm outro nome para isso?

– Sim. Eles a chamam de "Guerra da Agressão Nortista".

E existem outros, segundo Paul, que se recusam a pisar no solo que, cento e cinquenta anos atrás, foi o lado da União neste campo de batalha.

Não tenho problemas com isso. Dirijo e ando pelo solo que serviu às duas facções na guerra, paro perto de um canhão ou de outro, ao lado de tal ou qual número de mortos e, de repente, minha barriga começa a gritar: "Preciso de comida!".

Não tenho dificuldade para enfrentar sulistas nem nortistas, mas não há como enfrentar minha barriga. Ela é rei e rainha de mim. Vou a um bom restaurante.

Não sou o único no restaurante, entenda bem. Robert, sentado uma mesa atrás da minha, é um daqueles americanos capazes de recitar de cor o Discurso de Gettysburg, apenas com alguns pequenos erros. Como sei disso? Ele me conta.

Qual é a frase mais importante do discurso?, eu lhe pergunto.

– Que esta nação não desapareça da face da Terra.

Robert pula algumas palavras no meio, quais sejam, "que, com o auxílio de Deus, esta nação assista a um renascimento da liberdade, e que o governo do povo pelo povo e para o povo não desapareça da face da Terra", mas, por mim, tudo bem.

Continuamos a conversar.

Mais de meio milhão de pessoas perderam a vida durante essa guerra, se me lembro corretamente. Sobre o que foi a guerra?

– Escravidão – diz ele.

O sul queria conservar seus escravos negros; os nortistas queriam abolir a escravatura. Kim, a mulher de Robert, discorda. Diz que o povo dos estados sulistas achava que o governo dos Estados Unidos estava tirando poder em demasia dos estados, e lutou pelos direitos de seus estados.

Robert e Kim discordam em quase tudo. Ele acha que os Estados Unidos apoiam Israel porque os judeus do país dão dinheiro aos políticos americanos. Há um forte *lobby* judaico aqui, diz ele, e os judeus pagam aos políticos para que estes fiquem do lado de Israel. Kim é de opinião que a Palestina já existe, na Jordânia, e que os palestinos não querem paz nenhuma com Israel, para começo de conversa.

Esses dois também não concordam quanto ao que comer.

Na hora da sobremesa, Kim pede um prato grande de torta de chocolate com sorvete, mas Robert não pede nada. Notei há muito tempo que os intelectuais brancos que tomam o partido dos palestinos se amarram em comida "saudável" e se opõem a tortas de chocolate com sorvete por uma questão de princípios. Os apreciadores de Israel, por outro lado, não têm princípios e comem de tudo.

Kim aprecia imensamente a torta pesada e o sorvete rico em gordura, e seu rosto reluz de prazer. Robert pega seu *smartphone* para ler enquanto ela come.

Também pego o meu.

A batalha entre os confederados e os unionistas, leio, ainda repercute nos Estados Unidos. É o que sai no noticiário da Fox News: "Na segunda-feira, a governadora da Carolina do Sul, Nikki Haley, exigiu a retirada da bandeira dos confederados das dependências da Assembleia Legislativa estadual, mas defendeu o direito de cidadãos privados a desfraldarem."

Isso, é claro, foi uma resposta à foto de Dylann Roof, sem data e largamente difundida, em que ele é retratado com a bandeira dos confederados. Não fosse essa bandeira confederada, deve ser o raciocínio da governadora Haley, Dylann não teria matado ninguém.

✧ ✧ ✧

Barriga cheia, parto com o Cruze em velocidade de cruzeiro, deixando os mortos e as tortas de chocolate de Gettysburg. Chegamos a Grantsville, em Maryland. Não sei como chegamos aqui. Dirigimos em direção ao norte, ou talvez tenha sido oeste, e aqui viemos parar. O principal é isto: o Cruze parece contente em me levar a qualquer lugar, e não está reclamando nem um pouco de Maryland.

Esta é uma boa cidade?, pergunto, num posto de gasolina local, a uma moça que está recolhendo sacos de lixo de várias lixeiras e jogando-os num recipiente enorme.

– Amo esta cidade – diz ela. – Cresci aqui. Aqui não há crimes, todo mundo se conhece.

A poucos metros de distância há uma picape com estes dizeres, em letras garrafais:

Drible o pai
Sapeque a filha.
Você fica em casa e bate uma
Eu vou à casa dela e cravo[4].

O que é isso? Parece uma cena de estupro, e eu achava que não havia crimes aqui, não é?

Ela ri:

– Não é sobre uma mulher, é sobre um carro. "Dodge", entendeu?

Para falar a verdade, não entendi. Essa picape, com seu amabilíssimo poema, não sobreviveria mais de oito segundos na cidade de Nova York. Alguém – um professor branco de liberdade de expressão da Universidade Columbia, ou sua empregada adolescente mexicana – a apedrejaria até a transformar num monte de pedaços irreconhecíveis, antes que alguém pudesse piscar um olho.

Fico intrigado.

Deixem-me descobrir onde me encontro.

No interior da loja de conveniência do posto, vejo Tim, um desempregado, e lhe peço que me diga exatamente onde estou.

– Aqui é a cidade dos *rednecks* – diz ele. – Não tem muita coisa pra fazer aqui, mas, se você seguir essa estrada, terá uma vista bonita.

O que é *redneck*?

– Você não sabe o que é *redneck*?

---

4. A inscrição, que aparece na próxima foto, teria uma tradução "inocente": "Dodge é o pai" (referência à divisão da Chrysler responsável pela fabricação de picapes e caminhões leves), "Ram é a filha" (subdivisão da Dodge de que saiu a famosa linha de picapes Dodge Ram). O duplo sentido sexual vem do uso de *dodge* e *ram* como verbos, com seus respectivos significados de tapear, driblar etc. e bater, cravar, forçar etc. Vale lembrar que o carneiro (*ram*) é o logotipo e o escudo das picapes Dodge Ram. [N. T.]

Diga você.

– Vou lhe dar um exemplo. Um dia desses, passou um preto por aqui, e todo mundo ficou olhando. Alguns se aproximaram para perguntar se ele precisava de alguma coisa, dizendo que ele poderia achá-la noutro lugar. *Rednecks* são assim.

O que aconteceria se um muçulmano ou um judeu se mudassem para cá?

– Eu recomendaria que não viessem para cá.

Qual é o problema com os muçulmanos?

– O Onze de Setembro.

E com os judeus?

– Não sei. Nunca encontrei um judeu.

Mas é melhor o judeu não aparecer por aqui?

– É o que eu diria.

Passa uma mulher. Tim lhe pergunta:

– Como você descreveria um *redneck*?

– Pergunte às crianças ali – diz ela, apontando para a direita, nos fundos da loja. – Eles se dizem *rednecks* e se orgulham muito disso.

Uma das "crianças" é Brooke, uma jovem atraente de dezoito anos, que me diz que não é *redneck*, e sim uma "garota do interior". E me explica:

– As moças não são chamadas de *rednecks*, são chamadas de "garotas do interior".

Está na hora de eu brincar um pouco.

Vamos fazer um jogo de palavras, eu lhe proponho. Eu digo uma palavra, e você me diz com que a associa. Está bem?

– Está.

Preto.

– Não sei. – Ela dá um risinho.

Muçulmano.

– Não tenho certeza.

Vamos tentar de novo. Preto.

– Cidade.

Muçulmano.

– Um país diferente.

Diga-me alguma coisa melhor!

– Melhor?

Sim.

– Está bem.

Muçulmano.

– Guerra.

Judeu.

– Holocausto.

Preto.

– Dinheiro.

Como é?

– Uma porção de caras pretos têm muito dinheiro.

Como arranjam esse dinheiro?

– Eles vendem um monte de drogas.

Você se casaria com um preto, um muçulmano ou um judeu?

– Não.

O que seus pais lhe dizem sobre pretos, muçulmanos e judeus?

– Para não levá-los lá em casa. Não gostam deles.

E quanto às pessoas que foram criadas como cristãs, mas já não são praticantes? Algum problema com elas?

– Não.

Existe algum modo de saber se uma pessoa é um *redneck*?

– Sim. Os *rednecks* armam o boné de beisebol.

Não faço ideia do que seja "armar" e lhe peço para me mostrar um boné "armado". Ela tira seu boné de beisebol, dobra bem a viseira, põe o boné em minha cabeça e o inclina para o lado direito.

– Isto é um *redneck*.

Sou um *redneck*! E com um orgulho danado!

✧ ✧ ✧

O novo *redneck* está lendo o noticiário de hoje, neste exato momento. Vejamos uma coisa tirada do *New York Times*: "Numa vitória há muito buscada pelo movimento em prol dos direitos dos *gays*, o Supremo Tribunal decidiu, na sexta-feira, que a Constituição assegura o direito ao casamento entre pessoas do mesmo sexo em todo o território nacional". Ótima notícia para os *gays*, desde que eles não peçam ao rabino-chefe de Moscou para oficializar a cerimônia.

Continuo a dirigir sem parar. As estradas americanas são intermináveis. Procuro evitar as vias expressas e me manter nas estradas vicinais. Desse jeito, posso aprender mais sobre o povo.

Ao longo da estrada em que dirijo no momento, vejo igrejas por toda parte, e, onde não as vejo, há cartazes enormes. Eis um deles: "No começo, Deus criou os céus e a terra", tirado do Gênesis. Outros cartazes incentivam as pessoas a acreditar em Jesus.

Ligo o rádio, sintonizo numa estação ao acaso e escuto. Uma pastora ensina aos ouvintes como é extraordinário ficar em silêncio. O silêncio, diz ela, é o melhor remédio. E continua a se estender longamente sobre a importância do silêncio, e não para de falar nem por um segundo.

Preciso levar essa senhora a uma igreja *quaker*!

Enquanto isso, ela vai falando, e eu vou dirigindo. Quando chego a um lugar chamado Ligonier, desligo o rádio e salto do carro vermelho. Estou na Pensilvânia outra vez. Vá entender. O Cruze me trouxe para cá.

✧ ✧ ✧

Ligonier. Que diabo é Ligonier? Nunca ouvi falar em Ligonier, mas ela existe. Entro num café, em busca de uma dose salutar de cafeína, e é lá que conheço Michelle. Sei tão pouco sobre Michelle quanto sobre Ligonier, mas ela sabe tudo a meu respeito. Por exemplo, que eu sou um "intelectual europeu".

Como mudei depressa! Ainda há pouco, era um *redneck*, e agora sou um intelectual europeu!

Para não decepcioná-la, faço-lhe uma pergunta intelectual: Ligonier é vermelha ou azul (o vermelho significa republicano, e o azul, democrata)?

Ela me examina de perto, tentando adivinhar qual o partido e a ideologia preferidos por intelectuais europeus como eu, e diz:

– Esta é uma cidade liberal. A maioria das pessoas daqui vota nos democratas.

A moça deve estar pensando que sou liberal, digo a mim mesmo, e tento fazer um joguinho com ela. Sou alemão, eu lhe digo, e os alemães são vermelhos. A população de Ligonier votou em Obama?, pergunto.

– Para ser sincera – diz ela, agora –, eu não sei, na verdade. Não entendo de política, sabe? Como está o café? Tenha um ótimo dia.

E se retira.

Lesley, uma moça de que não me lembro jamais ter visto, vem sentar-se a meu lado, como se nos conhecêssemos desde os tempos bíblicos. As mulheres de Ligonier gostam de mim! Acho que vou ficar por aqui.

Lesley me diz que Ligonier é uma cidade *redneck*, o que é mais do que ser apenas vermelha. A moça não usa boné de beisebol, inclinado ou não, e presumo que não seja *redneck*. Mas não digo nada, deixo-a falar. E ela fala.

– Sou judia – ela me diz. A única judia de Ligonier, já que nem seu marido é judeu.

O judaísmo americano está desaparecendo, ela informa a este intelectual alemão; havia um templo judaico não muito longe daqui, porém não existe mais. Os EUA são um caldeirão de culturas, e os judeus, um povo que adora panelas, abriram mão da cultura deles.

Ela deve supor que, como alemão, eu ficaria contente por saber que os judeus estão derretendo no caldeirão.

✧ ✧ ✧

Devyn, uma linda jovem que sonha tornar-se ministra do Supremo Tribunal quando crescer, passa por mim. Descreva "Estados Unidos" para mim, eu lhe peço.

– Os Estados Unidos são um país em que a pessoa pode levar a vida que quiser, livremente.

Você acha que, na Alemanha, por exemplo, as pessoas são menos livres?

– Nos Estados Unidos, tem-se mais liberdade que na Alemanha.

Como assim?

– A legislação sobre armas de fogo na Alemanha é muito mais rigorosa que a nossa.

Você tem alguma arma?

– Tenho!

Qual?

– Uma espingarda.

Espingarda?

– Sim. Eu caço veados!

Quando foi a última vez que caçou?

– Não neste último outono, mas no anterior.

Em quantos veados você já atirou, até hoje?

– Nunca atirei em nenhum. Tentei, mas nunca consegui.

Você atira, atira, atira e não acontece nada...?

– Não, eu só fico sentada no frio e espero o veado aparecer. Eles nunca aparecem, e eu só fico sentindo muito frio, e volto no dia seguinte e me sento no frio, e espero...

E isso é empolgante?

– Quando a gente vê um veado, é. Também treino tiro ao alvo, só com alvos.

Qual é o grande barato de ter uma arma de fogo?

– Gosto da estimulação. Da estimulação de atirar. Eu gosto. Para algumas pessoas, cozinhar é divertido. Eu gosto de atirar. Atirar com armas de fogo não é a única coisa que me estimula, mas é uma das coisas que me deixam empolgada.

O que é mais excitante: o sexo ou as armas?

– Não sei, porque eu estou me preservando.

Está-se preservando?

– Sim. Tenho um anel de juramento.

O que é "anel de juramento"?

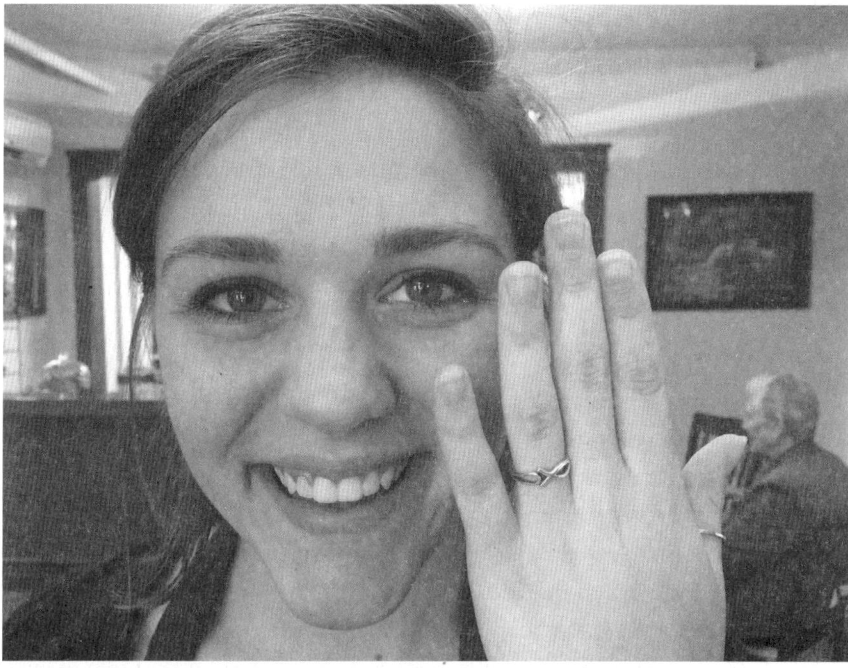

– Eu levo uma vida cristã e juro não ter relações sexuais antes do casamento.

Você não tem namorado?

– Não.

Quantos anos você tem?

– Dezenove. E planejo ficar virgem até me casar.

Devyn me mostra seu anel de juramento, um anel de prata que ela usa na mão esquerda. Tem um orgulho danado dele.

Lesley, a judia, gosta de se cercar de pessoas como Devyn, para ser totalmente derretida por elas.

✧ ✧ ✧

É claro que nem todas as mulheres da Pensilvânia usam anéis de juramento. Kelly, uma jovem intelectual branca, jamais usará algum. Conheço-a na Catedral do Saber, na Universidade de Pittsburgh.

Sim, estou em Pittsburgh. Por quê? Nenhuma razão particular. "Pittsburgh": você não gosta desse som?

Seja como for, estou na Catedral do Saber, que se assemelha a qualquer boa e velha catedral católica, porém das muito, muito altas; só que esta catedral não tem símbolos religiosos. Não é uma igreja, mas uma estrutura de proteção para as jovens almas que desejam inspirar-se. Algo assim.

Estou sentado numa cadeira, tentando absorver mais intelectualidade no organismo, quando aparece uma tal de Kelly, acompanhada por um indiano, e interrompe drasticamente minha inspiração erudita.

– Ele é meu parceiro – diz, apresentando-me seu companheiro não branco.

Parceiro?

– Os *gays* usam o termo *parceiro* ou *parceira* para se referirem a seus pares, e acho que, se eu usar a palavra *namorado*, talvez ela seja ofensiva para os *gays*, já que eles usam *parceiro*, e não quero ofender ninguém. *Parceiro* é bom. Desse jeito, todos usamos a mesma palavra.

Em termos não intelectuais, não superpoliticamente corretos, o que ela está dizendo é: ele é meu marido.

É a primeira vez que você vem aqui?, pergunto.

– Não. Eu me formei na Pitt. Conheço bem este lugar. Há aqui um sentimento de reverência, de um espaço silencioso e seguro para se estudar,

parecido com um local sagrado. Arquitetura suntuosa. Sempre faz com que eu me sinta bem.

É parecido com uma igreja? Digo, não sei se algum dia você já foi a uma igreja...

– Fui criada como católica. Sim, é parecido com estar numa igreja.

Eu presumiria que você é liberal...

– Sou!

E que votou no Obama?

– Com certeza!

Está satisfeita com ele?

– Em linhas gerais, sim, mas não tanto com a abordagem dele nas questões de política externa.

Pode ser mais explícita?

– Obama deveria ser mais eloquente a respeito da questão palestina, não ficar preso a Israel como fica. Deveria dar mais apoio aos palestinos.

O que há de errado na abordagem dele?

– Não tenho muito conhecimento do conflito palestino-israelense, mas acho que as pessoas não sabem o bastante sobre a Palestina.

O que há de errado na abordagem dessa questão por Obama?

– Ele apoia Israel, e acho que isso está errado.

Este é o último lugar da Terra em que eu esperaria ouvir falar de Israel e da Palestina.

✧ ✧ ✧

Chega o domingo, e vou a uma igreja de verdade, a Igreja da Aliança, em Pittsburgh. Alguém tem que rezar pelos palestinos, para deixar as pessoas da Pensilvânia menos preocupadas, então, por que não eu? Vamos à igreja!

O orador convidado de hoje, um sujeito chamado Dr. Mark Chironna, diz-nos que "Jesus é o novo templo. Jesus é a nova aliança."

Intelectualmente falando, não faço ideia do que ele está querendo dizer, mas as pessoas da plateia o acompanham. E, quando ele diz, "Se o Senhor tira alguma coisa, é porque vai dar algo melhor!", elas gritam "Aleluia!".

O pregador veste uma camisa florida de estilo havaiano, usada por cima da calça, o que me faz pensar que, na vida real, é bombeiro hidráulico.

– Minha mãe não criou nenhum bobo! – grita ele, à guisa de apresentação.

– Eu tenho o poder – berra.

E as pessoas gritam de volta:

– Sim!

Isso me faz lembrar a campanha eleitoral de Obama: "Sim, nós podemos!".

O pregador bombeiro havaiano anda para a direita e para a esquerda no palco, depois desce até a plateia e berra:

– Vocês só precisam dizer: "Deus, fale comigo! Jesus, fale comigo!".

E, em seguida, instrui seu rebanho:

– Ponham as mãos na barriga e digam: "Senhor, torne-me maior!".

Eles seguem as instruções e se sentem ótimos. Aleluia.

O que estou vendo aqui é um cristianismo da gratificação instantânea, semelhante a um Big Mac.

– Deem outro grito a Ele! – berra o homem. E, ah, rapaz, como eles gritam!

– Se vocês creem em mim – ele continua –, fiquem de pé e deem um grito a Deus.

De pé ficam eles, e gritam.

– Aquele que estiver deprimido, venha até aqui – diz o orador, e quase todos se aproximam.

Em cinquenta e dois dias, o pastor promete aos deprimidos, eles vencerão sua depressão. Pede que eles gritem "Sim!", se realmente acreditarem que vão dominar a depressão em cinquenta e dois dias. Todos gritam "Sim!", e ele sugere que cada um doe uma "oferenda" de um dólar por dia, cinquenta e dois dólares ao todo.

Essa é a melhor assistência médica dos Estados Unidos, e a mais barata. Cinquenta e dois paus, e você não terá mais depressão.

Vendo isso, fico deprimido. Será que nós, humanos, somos tão ingênuos? Agora preciso me divertir.

Vou a um jogo de beisebol.

Nem posso acreditar que me esqueci de rezar pelos palestinos. Que pateta alemão eu sou!

✧ ✧ ✧

Neste momento, no estádio PNC Park, os Pittsburgh Pirates estão jogando com os Atlanta Braves. Piratas e Valentes. Quem inventou esses nomes altivos?

Talvez tenham sido pastores entediados.

O PNC Park tem 38 mil lugares; um deles há de ser meu. Pago o que custa, entro e me sento para assistir.

O beisebol é um jogo americano, um jogo que as pessoas de fora têm muita dificuldade de acompanhar. Dura horas, desenrola-se bem devagar, e só os futuros Einsteins sabem o que realmente acontece no campo.

Apesar disso, o beisebol é divertido. Há música, há constantes anúncios animados que vêm dos alto-falantes, e há comida por toda parte: cachorro-quente e pãozinho de canela, sorvete e pipoca colorida, biscoitos e *pizza* quentinha, cerveja e picolés de frutas. Cada comestível aqui custa, em média, cinco vezes mais do que em qualquer outro lugar, mas tudo bem. Se a comida custasse menos, ninguém se divertiria tanto. Sim, Aleluia.

De vez em quando, os torcedores rugem de aprovação, ou vaiam. Não sei direito por quê, e é possível que eles também não o saibam.

Antes do sétimo *inning*, o público fica de pé, e somos brindados com uma apresentação ao vivo de "God Bless America".

Minutos depois, a instrução "Façam barulho" é projetada em várias telas, e os torcedores gritam. Por um momento, acho que ainda estou na igreja.

Um rapaz num assento próximo ao meu diz:

– Adoro beisebol!

O que há de tão especial no beisebol?

– Durante o jogo, você pode ir ao toalete, pode relaxar. É genial!

Dobro a viseira de meu boné e vou embora. Para este *redneck*, já chega.

A jornada precisa continuar. É hora de partir em velocidade de cruzeiro com o Cruze.

Portão 3

Jantares requintados e gente branca combinam bem.

Há certas características que a gente nota ao dirigir. Uma delas é a vegetação. Por todos os lugares em que passo, vejo o verde. Trata-se de uma terra abençoada. Outro elemento notável é a frequência das bandeiras americanas: são inúmeras! Será que os americanos são tão patrióticos assim?

Piso o acelerador, torcendo para não ser parado por nenhum guarda, e não tardo a chegar a Cleveland, no estado de Ohio.

Sei que estou em Cleveland porque, para onde quer que olhe, vejo o nome dos Cleveland Cavaliers, um time de basquete. Os times de beisebol que vi em Pittsburgh se dizem Pirates e Braves; esses caras daqui se chamam Cavaliers. Quem foi que inventou esses títulos? A cidade de Oakland, por exemplo, tem os Golden State Warriors. Guerreiros? Desde quando? Se eu fosse dono de uma equipe esportiva, iria chamá-la de Ladrões de Nova York. Soa melhor do que Piratas e é mais exato do que Guerreiros.

Cleveland tem mais do que apenas os Cavaliers. A Galeria da Fama e Museu do Rock and Roll também fica em Cleveland, e vou lá conhecê-la. Não faço ideia de por que essa instituição fica em Cleveland, que não é conhecida como uma cidade musical, mas lá está ela.

A lista de pessoas formalmente admitidas na Galeria da Fama é longa, e algumas delas são minhas favoritas: Aretha Franklin, Ray Charles, Billie Holiday e Madonna.

Sim, eu gosto da *Material Girl.*

Percorrer os andares deste prédio me faz lembrar as enormes contribuições dos Estados Unidos para a música dos últimos anos, quer se trate de *soul*, R&B, *jazz*, música *country* ou do puro e simples *rock 'n roll* – música que influenciou milhões e milhões de pessoas em dezenas de países. Cantores e músicos americanos, mais ou menos dos anos vinte aos anos oitenta do século passado, moldaram muitos de nós, tornando-nos o que somos hoje. Fizeram com que tivéssemos uma impressão positiva de nós mesmos, fizeram-nos acreditar que o amor estava logo ali, e nos fizeram achar que seríamos eternamente jovens.

Aqui, neste lugar, a gente os vê e se dá conta, mais do que nunca, de que o melhor da música americana foi criado e executado pela América negra. A contribuição dela para esse campo é imensa.

Ao andar pelo centro de Cleveland, depois de sair do museu, quase não vejo pretos. Avisto alguns, mas, em sua maioria, eles são os pobres que vêm pedir um cigarro, comida e dinheiro.

Na Rua 4 Leste, na qual um trecho é só para pedestres, há vários restaurantes sofisticados. A clientela, pelo menos nesse dia, é toda branca.

Sento-me a uma mesa num restaurante fino, chamado Lola Bistro, e me esbaldo. A comida é esplêndida, a melhor que já comi nos Estados Unidos. Sim, a maior parte da comida americana, pelo menos até aqui, é uma porcaria. Até o pão deste país, e isso eu também sei com base em Nova York, presta-se mais para cachorros mortos.

Mas o Lola é ótimo.

✧ ✧ ✧

De pança cheia, vou conhecer os pobres. Aprendi esse truque há muito tempo com políticos de grande sucesso. Na rua seguinte, encontro um negro e lhe pergunto como é a vida em Cleveland.

– Adoro Cleveland.

O que há de especial nesta cidade?

– Nasci aqui.

Deixe-me perguntar-lhe outra coisa: andei pela rua dos bons restaurantes e notei que todas as pessoas que estavam desfrutando da comida de qualidade eram brancas. Será que entendi mal?

– Não, é isso mesmo.

Os pretos é que levam a vida dura?

– Sim.

Por quê?

– Aqui sempre foi assim.

E sempre será?

– Sim.

Por quê?

– Porque é assim.

A vida não mudou para a América negra depois que Obama foi eleito?

– Sim. Uma família preta mudou-se para uma casa melhor. Só isso. Ele mora na Casa Branca, nós moramos aqui. Para nós não há mudança.

Comi. Caminhei. Hora de descansar. Amanhã eu dirijo. Para onde? Detroit.

Por quê? Porque não há nada mais americano que Detroit. Como é que eu sei? Acabei de inventar.

Portão 4

Os pretos matam pretos porque eles são "uma crioulada". – Se você não sabe quem é, é germano-americano. – Se um mosquito indígena o picar, você se tornará um americano nativo.

No caminho para Detroit, vejo menos bandeiras americanas na estrada do que antes. Não sei por quê. Será que os habitantes do estado de Michigan são menos patrióticos?

Não tardo a avistar uma mesquita. Cheguei a Dearborn, acho. Dearborn, se bem me lembro, é uma das cidades de maior concentração de árabes nos Estados Unidos.

Deve haver alguns bons restaurantes mediterrâneos por perto. E, só de pensar nisso, pode acreditar, fico faminto.

Pois é. Minha barriga está chamando outra vez. Comi bem no Lola, mas isso foi há muito tempo.

Permita-me deixar uma coisa bem clara. Há duas obrigações que tenho de cumprir nesta viagem: dar ao Cruze líquidos suficientes para beber e suprir minha barriga de alimentos suficientes para eu comer.

E vou cumpri-las.

O Cruze está indo bem, no momento; enfiei bastante gasolina em sua barriga hoje de manhã, e agora é a vez da minha. Onde encontrarei a comida?

Dirijo por ruas residenciais e, ao ver um sujeito andando pela calçada, paro o Cruze e lhe pergunto onde encontrar boa comida árabe. Ele me manda para um hotel. Não, eu lhe digo: quero comer com as pessoas do povo!

– O senhor está no final de Dearborn – ele me diz. – Se está querendo ir aonde os árabes moram, só posso dizer-lhe que é melhor não fazer isso.

Por quê?

– É um lugar perigoso.

Gosto de perigo. Pode me dizer como chegar lá?

Ele me dá indicações que levam à autoestrada. Por que acha que pode me enganar desse jeito?

Ando um pouco mais e, ao ver um homem saltando de seu SUV, paro o carro a seu lado. Onde posso encontrar boa comida árabe por aqui?, pergunto.

– Há uns lugares aqui perto – diz ele, e sugere um restaurante para turistas.

Não, retruco. Quero comer com o povo.

– Que povo?

Os árabes!

– O que quer dizer?

Nos lugares em que os árabes comem!

– O restaurante que eu lhe sugeri é...

Eu o interrompo: quero comer com a verdadeira população de Dearborn. Sabe o que quero dizer? Os árabes!

– Acho que o senhor não entendeu o que estou tentando lhe dizer.

Explique!

– O senhor quer ir ao coração de Dearborn, lá onde fica a mesquita original?

Não tenho ideia do lugar a que ele se refere, mas digo: sim, é exatamente lá que eu quero ir!

– É um lugar perigoso, de assustar. Tenho certeza de que não lhe convém ir lá.

Adoro "assustador" e admiro "perigoso", meu caro!

– Tem certeza de que sabe o que está fazendo?

Sim!

Agora convencido de que sou completamente perturbado, ele me indica o caminho certo.

✧ ✧ ✧

Dirijo até lá. No trajeto, passo por prédios desertos, que se assemelham a antigas fábricas, e passo pelos buracos maiores e mais profundos que se possa imaginar em qualquer país em desenvolvimento. Estou mesmo nos Estados Unidos? Qual é a história desses buracos?

Enquanto vou entrando e saindo dos buracos, vejo repetidas vezes uma placa na estrada: "Ferir/matar um operário 7.500 dólares + 15 anos".

Seja a placa o que for, tenho certeza de que não tem nada a ver com a lei islâmica. Não me lembro de ter lido isso no Alcorão.

Sim, estudei o Alcorão. É um bom livro, na verdade.

Continuo a dirigir até ver placas em árabe. Cheguei ao paraíso da gastronomia! Só há um pequeno problema: todos os restaurantes estão fechados.

Como não pensei nisso antes? É o Ramadã! Os muçulmanos estão jejuando durante as horas diurnas. Que idiota eu sou!

Salto do carro e procuro seres humanos que possam me dizer a que horas termina o dia islâmico e começa a noite islâmica em Dearborn. Um rapaz com o boné de beisebol virado para trás me diz que hoje a interrupção do jejum será às 21h14, umas duas horas a contar de agora. O que farei até lá?

Bem, eu poderia conversar com esse cara. Diga-me uma coisa, eu lhe peço: você sabe o que as pessoas daqui dizem de vocês?

– O quê?

Que este lugar é perigoso. Ele é?

– De onde você é?

Da Jordânia.

– Vou lhe dizer por que eles dizem isso: porque são mentirosos. Perigoso, aqui? Você sabe que nós, muçulmanos, somos o que há de melhor. Não sabe? É Detroit que é a capital dos homicídios nos Estados Unidos. Não Dearborn! Nós somos o máximo!

Meu irmão, retruco, não sei se você tem lido as notícias, ultimamente, mas não temos passado muito bem. Veja o que está acontecendo no Oriente Médio: o Daexe (ISIS/ISIL, Estado Islâmico do Iraque e do Levante) anda decapitando gente a torto e a direito, e todo mundo tem visto as imagens.

– Não acredite em tudo que vê nos noticiários! Eles são todos mentirosos!

De onde você é, originalmente?

– Eu nasci aqui, mas minha família é do Iêmen. Aqui, todo mundo é do Iêmen. Se o senhor quiser jordanianos, ou palestinos, ou libaneses, eles ficam a quinze minutos daqui, de carro.

Onde você vai quebrar o jejum, hoje?

– Não será com meus pais; eles foram passar férias no Iêmen.

Estão passando férias no Iêmen? Há uma guerra terrível por lá!

– Quem lhe disse? Não acredite nas notícias!

Já que o Iêmen é tão bom, por que você não se muda de volta para lá?

– Por quê? O que há de errado aqui? Sou americano! Tenho a liberdade de ficar aqui!

✧ ✧ ✧

Despeço-me dele e dirijo até o setor dos jordanianos, palestinos e libaneses. E encontro um iraquiano chamado Muhammad. Pergunto-lhe quem mora por aqui.

– Árabes.

Muçulmanos?

– Sim.

Só?

– Sim. É bom.

Não há outras pessoas aqui?

– Que pessoas?

Judeus, digamos.

– De onde você é?

Da Alemanha.

– Tudo bem. Tenho uma irmã lá.

Um judeu pode morar aqui?

– Não.

Por quê?

– Ele pode passar por aqui, mas não morar aqui.

Por quê?

– É assim que é.

Por quê?

Há judeus a uns quinze quilômetros daqui, mas aqui não.

Por que não aqui?

– Porque é assim, eu já lhe disse.

Ele me faz lembrar o negro de Cleveland. Os dois dizem "é assim que é". Os pretos não comem a comida refinada, e os judeus não podem morar aqui.

Sim. É assim que é.

✧ ✧ ✧

Entro numa loja de doces árabes, onde encontro três moças. Todas são libanesas. Você gosta dos Estados Unidos?, pergunto à que me parece a mais jovem.

– Não.

Por que está aqui?

– Eu estudo na universidade daqui. Estudo *Design* de Interiores.

Por que aqui, e não em Beirute?

– Lá é muito caro.

O que você vai fazer quando terminar a faculdade?

– Voltar para casa, para o Líbano.

Eu soube que há alguns problemas por lá.

– Não! O Hezbollah é forte e nos protege.

Todas as presentes concordam.

O Hezbollah (Partido de Deus) está na lista de Organizações Terroristas Estrangeiras do Departamento de Estado dos Estados Unidos desde 1997, mas não levanto essa questão. Em vez disso, digo: você deve ter razão. Eu gosto muito de Hassan Nasrallah (o líder do Hezbollah)!

– Nós o adoramos!

As outras tornam a concordar.

✧ ✧ ✧

Compro uns doces e saio dirigindo pelo bairro. Não avisto uma única bandeira americana tremulando na casa de ninguém. No entanto, isto aqui são os Estados Unidos. Uma visita a uma loja local de *hookah*, onde se vende fumo para narguilés, deixa isso claro. Esses fumos vêm em sabores diferentes, como maçã e laranja, mas, em Dearborn, também vêm no sabor "Café Starbucks".

O Quatro de Julho está chegando, em uns dois dias, mas aqui nem se percebe. O que se pode dizer aqui é que hoje é Ramadã.

Estou roxo de fome.

Vou a um restaurante chamado Al Ameer, que está aberto para árabes cristãos que não observam o Ramadã. Peço *homus*, *baba ganush*, falafel, quibe, café turco e, por um momento, imagino estar em Bagdá. A comida é ótima, igualzinha à que a Mama fazia no Iraque, antes de os Estados Unidos invadirem o país.

A Dearborn árabe é assustadora? Não. É perigosa? Não. Seus residentes árabes são racistas? Pode apostar, porém não mais do que seus vizinhos que os chamam de assustadores e perigosos.

✧ ✧ ✧

Dirijo por esta terra e conheço negros, judeus, árabes e *quakers*. Mas nenhum alemão.

Estou procurando alemães, aqueles cinquenta milhões de americanos que dizem que a Alemanha é a terra de seus ancestrais. Onde diabos estão os cinquenta milhões de alemães?

Continuo a dirigir.

Aliás, estou começando a me acostumar com a direção e adorando isto. De vez em quando, ultrapasso o limite de velocidade e avanço um ou dois sinais vermelhos, mas, de modo geral, o Cruze e eu estamos passando a conhecer bem um ao outro. É como namorar.

No momento, estou dirigindo nas ruas da famosa "Cidade dos Motores", Detroit, e, como novo motorista que sou, sinto certa ligação entre mim e a cidade, como se ela fosse minha terra natal. Seu filho pródigo voltou para casa, Cidade dos Motores!

Chego à Avenida Michigan, que suponho ficar na direção do centro da cidade. Ao seguir por ela, no entanto, noto uma coisa triste. Os quarteirões, um após outro, são desertos, desolados e feios. Os prédios condenados constituem a norma, em vez da exceção.

O que aconteceu com minha cidade natal? Não sei. Apenas dirijo.

Ao chegar a uma placa que diz "Heidelberg", paro. Heidelberg é uma das minhas cidades alemãs mais queridas. Teria chegado a sua cópia? Teria acabado de encontrar os cinquenta milhões? Vou para lá.

Vejo dois turistas alemães parados junto de seu carro, mas é só. O resto são negros.

Saio de Heidelberg e vou dirigindo. Para onde? Vou deixar meu Cruze decidir.

Dobro umas esquinas de ruas secundárias e chego a um lugar que... não sei dizer o que é. Lembra um lugar em que estive, anos atrás: Fukushima, no Japão, logo depois do *tsunami* e da fusão do reator nuclear. Tal como em Fukushima, aqui há um ar de completa destruição.

Tempos atrás, este lugar deve ter sido um bairro encantador, com casas particulares lindamente construídas. Agora, essas casas mais parecem monumentos apodrecidos, alguns deles, meros esqueletos, mas percebo que há criaturas movendo-se em seu interior, talvez fantasmas, ou ratos.

Essa área deve ter sido abandonada há décadas. O mato alto e o estado avançado de decrepitude estão em quase toda parte, e vou vendo destroços aqui e ali, lá e cá. Chego mais perto.

E noto pessoas.

Sim. Pessoas. Pessoas que, nesse cenário, parecem fantasmas. Assustador.

Como se saísse de baixo da terra, aparece perto de mim um preto de bicicleta. Chama-se Jay, e, aos 26 anos, é pai de quatro filhos. O que está havendo aqui?, pergunto.

– Pretos matando uns aos outros.

Por quê?

– Porque são crioulos [quer dizer, pretos]. Eles matam porque matam.

Por quê?

– Se acharem que você olhou torto para eles, eles lhe dão um tiro. Sem nenhuma outra razão.

Só isso?

– O senhor sabe onde está?

O que quer dizer?

– Sabe que lugar é este?

Tenho vontade de dizer Fukushima, porém respondo "não realmente", em vez disso.

– Este lugar se chama Zona Vermelha.

Zona Vermelha?

– Sim.

Zona Vermelha do quê?

– Última zona.

Depois daqui, a morte?

– Sim. Aqui ninguém sabe quem lhe dará um tiro.

É sempre assim?

– Sempre assim com os pretos. Eles atiram uns nos outros.

A situação está piorando, diz ele, porque é verão:

– Faz calor, e o pessoal atira.

Do outro lado da rua há uma casa incendiada. Como foi que aquela casa pegou fogo?, pergunto.

– Ali morava um preto bêbado. Estava bebendo e se deitou perto da lareira. A casa pegou fogo, e ele pegou fogo.

Ele se incendiou de propósito?

– Não! Era um preto bêbado, foi por isso.

O Quatro de Julho está chegando. Você se orgulha de ser americano?

– Sim. Americano *preto*!

As casas daqui parecem ter visto dias melhores. O que aconteceu?

– A gente não construiu essas casas. Elas são nossas porque foram abandonadas, e, se o cara conserta uma casa abandonada e mora nela, ela é dele. Direito de posseiro. Não compramos as casas. Mudamos para elas. Mas o pessoal vive roubando tudo. Porta, janela, qualquer coisa. E a gente se mata, preto contra preto. Esse carro vermelho é seu?

Sim.

– Quer que eu fique tomando conta, enquanto o senhor anda por aí?

Não, obrigado. Diga-me: vocês precisam de armas de fogo para viver aqui?

– Claro!

Você tem arma?

– Não aqui comigo.

Trocamos um aperto de mãos, e eu vou embora.

Por quanto tempo Jay continuará vivo? Não sei.

✧ ✧ ✧

Algumas casas adiante, na mesma rua, encontro esta placa numa casa vazia: "Preço reduzido. 5.000 dólares ou a melhor oferta". Sim, existem lugares, no país que se gaba de alguns dos imóveis mais exclusivos do mundo, em que é possível comprar uma casa por 5.000 dólares ou menos.

Tudo é possível nos Estados Unidos.

Este lugar, o que posso dizer? Ele faz Germantown parecer um bairro agradável e acolhedor.

Entro numa das propriedades abandonadas e fico chocado ao ver o nível de destruição. Toda e qualquer coisa que pudesse ser roubada daqui, inclusive a fiação e os interruptores, foi roubada.

Caminho pela vizinhança e vejo a morte espreitar em cada esquina. Aqui é a Última Zona, e o trem da morte se desloca depressa. Como e por que se permite que esse lugar exista em nossa época?

Não sei responder a essa pergunta.

Existem inúmeras organizações humanitárias no Ocidente, financiadas na casa dos bilhões, que despacham ativistas pelo mundo afora para melhorar o destino dos oprimidos. Por que não estão aqui? Venha para cá, Human Rights Watch! Visite este lugar, Anistia Internacional. Promulgue uma resolução, Organização das Nações Unidas. Traga as suas *vans* brilhantes, Cruz Vermelha. Façam alguma coisa, vocês da Save the Children e da Save Africa. Voem para cá o mais rápido que puderem, ativistas das ONGs, caso se atrevam.

Onde estão esses ativistas e essas organizações, quando há pessoas morrendo feito moscas? Será que são todos *quakers*?

✧ ✧ ✧

Meu hotel em Dearborn, o DoubleTree by Hilton, oferece ônibus de ida e volta ao centro de Detroit. Corro a aproveitar essa oportunidade. Não faz sentido ir de carro até o centro e ficar procurando vaga para estacionar.

O motorista, Matt, me diz que Dearborn é um local histórico e que foi aqui que Henry Ford criou a indústria automobilística americana e construiu a sede da empresa Ford.

Por que aqui?, pergunto.

– Henry Ford gostava disto aqui.

Que seja.

Detroit, ele também me diz, tinha oito milhões de habitantes, mas a maioria partiu, e agora só vivem uns dois milhões na cidade. Gosto de aprender história com motoristas de *van*. É especial.

O que aconteceu?, eu lhe pergunto.

– Tumultos raciais.

Seis milhões de pessoas fugindo durante "tumultos raciais", deve ter sido uma cena mortífera e tanto.

– Não foi como a Guerra Civil, mas foi bem ruim.

Para mim, é difícil imaginar seis milhões de pessoas fugindo de casa, provavelmente por eu ser meio sensível ao número "seis milhões".

Mas espere aí! Talvez isso tenha mesmo acontecido, talvez tenha sido esse o passado da Zona Vermelha, muito antes de Jay começar a considerá-la seu lar.

Sobre o que foram os tumultos? Talvez Matt me diga, da próxima vez. Por ora, ele me deixa no Renaissance Center, da General Motors, um conjunto de arranha-céus à margem do rio Detroit, de frente para Windsor, na província de Ontário.

Sim. O Canadá é logo ali, do outro lado do rio.

Não cruzo a fronteira para o Canadá. Permaneço nos Estados Unidos e entro no Renaissance. Não tenho ideia do que vou fazer lá. Só sei que esse lugar tem uma aparência muito melhor que a da Zona Vermelha, e, para mim, isso basta.

Vejo algumas pessoas numa excursão guiada e me junto a elas. Uma senhora que parece estar uns vinte anos além da idade da aposentadoria nos conduz por escadas rolantes e elevadores, em meio a carros da GM em exposição. Fala-nos da época em que a indústria automobilística dos Estados Unidos quase foi à falência:

– O declínio teve início na década de 1970, quando as pessoas começaram a comprar carros de fabricação estrangeira. Mas esse tempo já passou. Hoje, as Três Grandes [General Motors, Ford e Chrysler] voltaram a seus dias de glória.

Vamos atrás dela num elevador transparente e subimos ao septuagésimo segundo andar, de onde se tem 360 graus de vista de Detroit. Adorável. Sim, daqui de cima, deixe que eu lhe diga, Detroit parece simplesmente deslumbrante. Que cidade rica, fascinante e linda!

Nossa guia aponta diferentes partes da cidade e nos orienta sobre onde podemos almoçar, fazer compras, fazer mais algumas compras, jantar, beber, tornar a fazer compras, assistir a espetáculos, passear, fazer mais compras, caminhar e comprar mais umas coisas. Detroit está ali para nós, e tudo que desejarmos poderá ser nosso ainda hoje. Nada de Zona Vermelha nem de Última Zona, apenas prazeres e beleza.

Esses turistas jamais saberão da Zona Vermelha. Deixo-os com a guia e saio andando sozinho. Em algum lugar no meio desse prédio, por entre as escadas rolantes, encontro Frank.

– Antigamente, o maior grupo étnico de Detroit – ele me diz – eram os alemães.

Isso foi há uns cem anos, mas hoje a história é diferente:

– Com exceção do centro da cidade, Detroit é 98% negra.

Seria mesmo uma graça ver as reações dos turistas canadenses, se eu lhes dissesse isso.

Pergunto a Frank pela Zona Vermelha, mas ele não sabe do que estou falando. Conhece Detroit extremamente bem, mas nunca ouviu falar em Zona Vermelha. Descrevo-lhe o lugar: parece uma cidade-fantasma, um lugar para zumbis.

Ah, sim. Agora ele conhece o lugar, só que *lugar* é a palavra errada; *lugares* seria mais exato. Em outras palavras, existem muitas zonas vermelhas em Detroit. A Zona Vermelha de Jay não é um nome oficial, é um nome baseado na realidade.

– O que você viu é apenas um pequeno setor de muitos lugares semelhantes que existem em Detroit, espalhados por uma área de 360 km^2.

Isso é uma imensidão; fantasmas demais.

Na década de 1960, diz Frank, os negros fizeram tumultos nas ruas de Detroit, incendiando e saqueando a cidade, o que provocou uma "fuga branca" para longe dela. Tumultos raciais. Fuga branca.

Os historiadores discordam quanto ao que aconteceu aqui naquela época, Frank me diz, e há quem rejeite a expressão *fuga branca*. Mas ele é daqui, e é isso que sabe.

O que desencadeou esses tumultos?

– Martin Luther King fez o famoso discurso dele aqui, em primeiro lugar, antes de fazê-lo em Washington. Primeiro ele o experimentou em Detroit.

Você se refere ao discurso "Eu tenho um sonho", presumo.

– Sim. Depois que ele fez aquele discurso e foi seguido por duzentas mil pessoas, uma coisa levou a outra, as ruas de Detroit pegaram fogo, e os caucasianos abandonaram suas propriedades, fugindo da cidade.

Esse Frank é super-PC; recusa-se a dizer "brancos". Você está me dizendo que aquelas casas da "zona vermelha" pertenciam a brancos que fugiram dos tumultos dos negros?

– Sim.

Em outras palavras, há uma outra história aqui: não a dos negros sofredores, que costumamos ouvir, mas também a dos negros rebelados e de brancos sofredores.

Onde estava Martin Luther King nisso tudo? Sempre é dito ao povo americano, por parte das autoridades e dos meios de comunicação, dos intelectuais e de vários líderes, que o movimento de King era não violento, e que ele foi assassinado por um racista. Mas, de algum modo, a parte sobre a fuga dos brancos raramente ou nunca é mencionada.

Pessoalmente, nunca ouvi falar nela.

✧ ✧ ✧

O Quatro de Julho começa daqui a poucas horas e volto a meu DoubleTree by Hilton, em Dearborn.

Se você quer saber, a cadeira giratória deste hotel funciona perfeitamente bem. Aqui quase tudo funciona, com umas poucas exceções insignificantes. Por exemplo, a válvula do vaso sanitário nem sempre funciona. Às vezes sim, outras não.

É manhã de Quatro de Julho e preciso de um cigarro. Lá embaixo, perto do estacionamento, há dois bancos e uma mesa, uma estrutura metálica fundida e dois cinzeiros ao lado dela. É a área de fumantes. E é para lá que vou.

Acendo meu cigarro indonésio, que comprei há uns dois dias, e logo três homens vêm juntar-se a mim. São visitantes da Jordânia e querem fumar.

São jordanianos de verdade, aliás, ao contrário de mim. Bem-vindos ao setor dos leprosos, eu lhes digo, e eles me sorriem em sinal de gratidão.

– Os Estados Unidos – um deles me diz – são um lugar falso.

Como assim?

– Tudo aqui é falso. As pessoas não se relacionam com as outras, nem mesmo com os vizinhos. É tudo falsidade e guerras. Quem você acha que explodiu as Torres Gêmeas? Os Estados Unidos e os judeus. Acha que os árabes fizeram aquilo? Quem é o Daexe? São agentes americanos!

É claro que, quando se chama alguém de "falso", é melhor ser impecável. Não é exatamente o caso aqui. Esses sujeitos são muçulmanos, e hoje é o Ramadã, quando o fumo é proibido durante as horas diurnas. Mas eles estão fumando, o que não se atreveriam a fazer na Jordânia.

Como é seu nome?

– Ghazi.

Prazer em conhecê-lo.

– A comida, aqui na América – ele continua –, não tem gosto. Os americanos exportam o terror, mas não sabem cozinhar.

Eu tinha achado o lugarzinho certo para iniciar o Quatro de Julho. Agora, preciso arranjar coisa melhor. Mas o quê?

O pessoal do hotel me dá algumas sugestões, e escolho "A maior atração histórica da América", como se define o Museu Henry Ford. Parece uma boa ideia, e parto para lá.

✧ ✧ ✧

O museu tem uma exposição deslumbrante sobre a história da indústria automobilística. Num setor chamado de "Os Estados Unidos que dirigem", leio este texto: "Nós, americanos, não inventamos o automóvel, mas o abraçamos e logo o tornamos nosso".

Grande verdade! Eu a sinto pessoalmente. Sim, abraço a direção e, sim, faço dela algo meu. Posso afiançar cada uma dessas palavras!

"O carro", continua o texto, "levou-nos a reformular nossa cultura e nossa paisagem como não fizera nenhuma outra invenção."

Acho que dirigir constantemente nestes últimos dias, após uma vida inteira quase sem me sentar ao volante, está mesmo me moldando. Não sei exatamente como o quê, mas isso não vem ao caso.

Aqui se atribui a Henry Ford a invenção da linha de montagem. Para ele, essa era a melhor maneira de viabilizar o custo do carro, não apenas para os ricos, mas também para o resto da população.

A ideia de Henry sobre carros para todos foi uma inspiração para Adolf Hitler, que a abraçou de todo o coração. Infelizmente, essa não foi a única coisa que os dois homens tiveram em comum.

Para dizê-lo em termos gentis: Henry era um antissemita ardoroso.

Entre suas muitas atividades e bens, ele era dono do jornal *Dearborn Independent*, que publicava artigos e também uma série chamada "O judeu internacional: o problema do mundo", que acusava os judeus de tudo que havia de ruim sob o sol. Durante anos, Henry divulgou suas acusações de que os banqueiros judeus eram os responsáveis pela Primeira Guerra Mundial, e de que haviam matado cristãos para seu enriquecimento pessoal. Após um processo na justiça, ele de fato pediu desculpas por seu antissemitismo, porém, numa fase mais tardia da vida, repetiu várias vezes essas afirmações.

Não tenho o hábito de pensar nesse Henry, mas, pouco depois de eu entrar no museu, a história dele pintou em minha cabeça, e, quando uma guia se aproximou para me perguntar se eu necessitava de ajuda, pedi-lhe para me mostrar o setor do museu que versava sobre essa parte específica da história de Ford. A guia, uma moça gentil, olhou-me com absoluta incredulidade, como se eu houvesse acabado de lhe pedir para cometer um crime terrível.

– O que foi mesmo que o senhor perguntou? – indaga ela.

Repito a pergunta.

– Não estou a par do que o senhor está dizendo – ela responde. – Não sei nada a esse respeito. Mas, se o senhor quiser, pode usar nossas telas de ajuda. Se houver alguma coisa sobre o que está dizendo, tenho certeza de que encontrará todas as informações necessárias em nossos computadores.

Ela me entrega um cartão a ser usado nos computadores de pesquisa no salão.

Esplêndido!

Primeiro, tenho que me registrar no sistema, o que faço, e ativar o cartão, o que também faço. Depois disso, posso começar a usar o mais abalizado banco de dados que existe no mundo sobre Henry Ford.

Fantástico!

Inicio minha pesquisa. Digito "Henry Ford e os judeus" na área de busca e recebo isto: "Esta busca não apresentou resultados." Experimento "judeus", e recebo a mesma resposta.

Desisto e circulo pelo museu, até deparar com uma grande placa: "Com Liberdade & Justiça para Todos". Deve ser interessante. Vou até lá. Outra guia se aproxima. Gostaria de alguma ajuda? Sim, será um prazer. Poderia me encaminhar ao setor que fala sobre o antissemitismo de Henry Ford?, peço.

Ela me dá um sorriso meigo, inocente.

Nunca lhe fizeram essa pergunta?, indago.

– Não. Ninguém jamais me fez essa pergunta.

É um fato histórico, ao que eu saiba...

– Meu marido trabalhou a vida inteira na Ford, e nunca mencionou nada sobre isso.

Dou-lhe um sorriso amável, um dos mais idiotas que tenho, e pergunto: esta é a primeira vez que você ouve falar deste assunto?

– Já que o senhor está perguntando com essas palavras, sim, ouvi. Mas não aqui.

Sabe por que não tratam desse assunto aqui?

– Aqui é tudo sigiloso. Por que o senhor está interessado?

Sou jornalista.

– Eu não disse nada. Não cite meu nome. Isto é entre o senhor e eu.

Não vou usar seu nome.

– Então, tudo bem.

Por que eles não...

– Aqui nós só falamos de coisas positivas, não de problemas.

Mas isso não é exatamente verdade. Esse museu fala, sim, da problemática história negra do país. Fala, por exemplo, de Martin Luther King e Rosa Parks.

No caso de Rosa Parks, eles têm até o ônibus histórico em exposição. Rosa Parks ficou famosa neste país ao se recusar, em 1955, a obedecer a uma ordem do motorista do ônibus, que a mandou dar seu assento na parte da frente a um homem branco, como era a lei da terra na época. Entro no ônibus, pergunto pelo assento exato em que estava Rosa Parks e me sento nele.

Minutos depois, outra moça do museu aparece para me ajudar com minha pergunta histórica sobre Henry. Estou dentro do ônibus, ela, do lado de fora, e conversamos. Essa guia, de escalão superior ao das que encontrei antes, me diz que há uma razão para não se falar da questão do antissemitismo de Henry neste museu. Não, não tem nada a ver com tentar esconder coisa

alguma. A razão é muito mais simples: o Museu Henry Ford é sobre carros, não sobre a história.

Mas estou sentado no banco de Rosa, certo?, pergunto.

– Sim.

Ei, eu sou Rosa, não um automóvel.

Ela se sente uma completa idiota:

– Não sei o que lhe dizer – declara em voz baixa.

E é assim que a coisa funciona na Era da Informação, como é frequentemente descrita a nossa época: Henry era um homem bom e amável, e Detroit é uma cidade de lojas e restaurantes.

Ótimo.

Desço do ônibus de Rosa e sigo adiante, para ver alguns objetos expostos. Ao circular pelo museu, vejo um gráfico intitulado "População de Detroit, 1900-2010". Nele leio que, em seu auge, Detroit teve uma população de aproximadamente 1,8 milhão de habitantes, e que em 2010 ela se tornou inferior a setecentos mil. São números diferentes dos que me foram fornecidos por Mark, o motorista. Por algum motivo, acho que, nessa questão, o museu tem os dados históricos certos.

Em Greenfield Village, que faz parte do complexo arquitetônico do Museu Henry Ford, está prestes a se realizar o *show* "Saudação à América", para comemorar o Quatro de Julho. Milhares de pessoas compareceram, e somos brindados com composições musicais como "None So Beautiful as the Brave".

Esse evento é uma "saudação a nossos soldados", informa um orador no palanque.

Se alguém caísse de Marte neste lugar, acharia que os Estados Unidos estão no meio de uma grande guerra e que sua sobrevivência corre perigo. "Nossos soldados." Saudação a nossos soldados. Os belos Valentes. Nunca pensei em "nossos soldados" em Nova York, mas isto aqui não é Nova York. É Michigan.

As pessoas daqui estão em clima de comemoração. Umas carregam a bandeira americana, e outras a vestem – um chapéu à imagem da bandeira, ou a camisa ou as calças. Quase todos aqui são brancos.

Mas nem todo mundo está feliz. Uma jovem empregada, sem o menor sinal de bandeira ou o menor indício de alegria, desperta minha curiosidade. Aproximo-me dela.

E então, garota, o que está rolando?

– Bem-vindo à Terra dos Livres! – diz ela, em tom sarcástico. – Isto aqui é o Museu Henry Ford. Sabe quem foi Henry Ford?

Sim. Um simpatizante dos nazistas. Mas as outras moças não quiseram admitir isso.

– É verdade. No treinamento, eles nos ensinam que, se um visitante perguntar pela história racista de Henry Ford, devemos dizer que nunca ouvimos falar disso. Temos de fingir que ajudamos os visitantes e lhes dar cartões de busca para eles pesquisarem sozinhos, sabendo muito bem que não vão encontrar nada.

Onde posso fumar aqui?

– Em lugar nenhum. O senhor está do lado de fora, mas não pode fumar em lugar nenhum. Terra dos Livres. De onde você é?

Da Europa.

– Eu queria muito me mudar para a Europa! Temos um novo serviço de assistência médica neste país, sabe? Na teoria, parece muito bom, mas, na realidade, a história é muito diferente. Meu marido tinha um bom plano de saúde. Tudo incluído, sem despesas adicionais. Agora, não. Desde que entrou em vigor o novo sistema de assistência, as seguradoras nos fazem pagar mais, porque agora elas precisam subsidiar o Obamacare [a Lei de Assistência por Custo Acessível, cuja aprovação foi conseguida pelo presidente Obama no Congresso e que é tida como a legislação que é sua "marca registrada"]. Meu marido e eu estamos com uma dívida de vinte mil dólares, que contraímos nos últimos dois anos com despesas médicas. Assistência à saúde? Quero ir embora. Desculpe-me por ter jogado tudo isso em cima do senhor, é que foi saindo.

O que estou aprendendo aqui hoje é uma barbaridade. O Museu Henry Ford, um gigante da corrente dominante, está empenhado em difundir mentiras, sem a menor vergonha. Nesta era esclarecida do século XXI, ninguém diz nada.

Onde está Abe Foxman quando precisamos dele?

✧ ✧ ✧

Michigan não é um estado pequeno, então continuo a circular em suas fronteiras, para esquecer Henry Ford. Chego a Frankenmuth. Tem som e aparência germânicos.

Será que vou encontrar os alemães, finalmente? Vamos ver. Frankenmuth comemora o Natal o ano inteiro, e quem entra na cidade – estamos em julho, só para lembrar – é saudado por um grande cartaz que diz "Feliz Natal". E, ao passar por suas ruas, tem-se a impressão de estar num vilarejo da Baviera no Natal – só que a maioria das placas está escrita em inglês, e Papai Noel, o velhinho favorito dos Estados Unidos, é apresentado em enorme escala. A especialidade de Frankenmuth são os produtos natalinos, o que fica ainda mais claro ao andar a pé por aqui.

Em Frankenmuth, eles servem comida alemã, e os garçons usam roupas muito bonitinhas. As moças do restaurante a que vou, o Bavarian Inn Lodge, parecem uma réplica exata daquelas fotos da era nazista que exibiam lindas garotas alemãs cumprimentando Hitler. Mal posso acreditar que essa imagem me venha à lembrança.

A comida é boa, se você quer saber. Neste exato momento, estão servindo um *brunch* no estilo bufê, e pego um pudim de pão que me faz lembrar de casa, onde quer que fique essa casa, e um *strudel* de cerejas de dar água na boca, ligeiramente agridoce, bem do jeito que eu gosto.

Mas chega de falar de comida. Sejamos espirituais.

Hoje há um "Ofício Patriótico de Oração", que terá lugar no maior prédio de Frankenmuth, o Festhall. Há umas quatro mil pessoas presentes, o que corresponde a quase todo mundo que mora em Frankenmuth.

Numa brochura impressa para a ocasião, leio:

> Estamos contentes com sua presença no dia de hoje!
>
> Queremos dar-lhe as boas-vindas por este momento especial de louvor em que adoramos a Deus e a dádiva de Seu Filho, e agradecemos as bênçãos de que desfrutamos como cidadãos dos Estados Unidos da América. Esta é também uma oportunidade maravilhosa de homenagearmos todos os que serviram a nossa nação e os que continuam a proteger a liberdade que valorizamos tão profundamente.

Essas pessoas são "germano-americanas"?

Entro. Quando penetro no Festhall, que é decorado por uma enorme bandeira americana e um crucifixo reluzente, entra também um grupo de pessoas carregando bandeiras e metralhadoras. A minha direita vejo dois soldados, ambos pretos. Converso com Walters, um soldado de uniforme do exército dos Estados Unidos.

O que são os Estados Unidos para você?

– Oportunidade.

Poderia ser mais explícito?

– Sim. Cresci muito pobre. Em minha família, nós dividíamos até as calças, mas agora estou muito bem de vida.

Hoje você é rico?

– Comparado ao lugar de onde eu vim, sou.

Você já serviu em combate?

– Sim, eu servi.

Onde?

– No Afeganistão.

E como foi?

– Assustador.

Por que você serviu lá?

– Porque sou cristão.

Vem do palco o som da melodia: "Glória, glória, Aleluia".

✧ ✧ ✧

Preciso de um cigarro. Saio. Não longe dali fica uma praça chamada Espaço Militar, onde uma enorme bandeira americana tremula, orgulhosa, acima de um avião e um tanque.

Estou na Alemanha.

Os milhares de pessoas daqui devem ser alemães, digo a mim mesmo. São muito germânicos! Os alemães, caso você nunca tenha conhecido nenhum, são pessoas muito extremas. É a cultura deles. Se eles decidem ser gentis, serão os seres humanos mais gentis que podem existir. Quando decidem ser liberais, por exemplo, nenhum liberal do mundo inteiro se equipara a eles, não chega nem perto. Se, por outro lado, seu estado de espírito os joga exatamente na direção oposta, ninguém se equipara a sua crueldade. Num dia eles podem ser a República de Weimar, e, no dia seguinte, transformar-se no império nazista. Em suma, eles são extremos.

Veja as pessoas daqui. Extremas. Querem tudo: bandeiras, aviões, tanques, metralhadoras e uma oração. Mas isso não basta, é claro. Elas arranjam dois soldados pretos, o que dá uma impressão superlegal. Agora basta? Necas. Elas também têm aqui um monumento feito de uma viga de aço tirada dos destroços das Torres Gêmeas, que foi oferecido à cidade pelo Corpo de Bombeiros da cidade de Nova York.

Dê-me um tempo, Frankenmuth patriótica! Fumo meu cigarro.

Aqui há uma moça que me diz que a Ilha de Mackinac é um ótimo lugar para se ir. Não há carros nas ruas, diz ela, e é um lugar realmente muito sossegado. Tiro a cabeça do Espaço Militar e da Zona Vermelha e parto para minha próxima parada: Ilha de Mackinac, Michigan.

✧ ✧ ✧

O nome da ilha foi dado por nativos americanos, segundo me dizem, em decorrência de sua forma (*mackinac* significa "a grande tartaruga triste"). As únicas maneiras de se chegar a ela são jatinhos particulares ou barcos. Visto que ainda não possuo o jatinho, pego um barco para o outro lado do lago Huron, onde sou apanhado por uma charrete puxada a cavalo, que me leva a meu novo lar, o Grand Hotel.

A primeira coisa que noto ao chegar lá, mais ou menos ao anoitecer, são os empregados do hotel descendo as bandeiras americanas, para guardá-las durante a noite. Por quê?, pergunto a uma moça cujo nome não sei.

– Porque a bandeira americana não deve ficar hasteada no escuro. À noite, tem que ser baixada, a menos que haja uma fonte de luz para iluminá-la. Mas, como eles não querem acender luzes sobre todas as bandeiras, e há muitas aqui, elas são baixadas e dobradas. Eu não diria que é uma lei federal, mas é esse o costume.

Cada bandeira, observo, é dobrada por duas pessoas. Pergunto se uma pessoa não pode fazer isso sozinha.

– Não. A bandeira americana não deve encostar no chão, e é por isso que é preciso haver duas pessoas. Essas bandeiras são grandes e, se uma pessoa as dobrasse sozinha, elas poderiam tocar o chão.

Oy vey[1], como dizem em iídiche.

Outra pessoa, um homem de meia-idade, quer compartilhar comigo suas ideias sobre a bandeira americana:

– Para mim, a bandeira representa a liberdade. Eu reverencio a bandeira. Lutamos por ela, por nossa liberdade. – E, nesse momento, sua voz se embarga com profunda emoção. – Sou patriota, e não me envergonho disso. Eu me orgulho disso, me orgulho de meu país!

O Grand Hotel tem 390 quartos, e está quase lotado. O preço médio da diária por pessoa é de 285 dólares, incluindo duas refeições. O jantar é uma refeição de quatro pratos, e todos os clientes são brancos. Quem nos serve são pessoas de tez mais escura, quase todas da Jamaica.

A Coca Diet não está incluída, tampouco bebidas alcoólicas. Fumar não é permitido em nenhuma parte da propriedade.

Saio para fumar. Enquanto dou minhas baforadas com prazer, Bryan vem conversar comigo. Ele é do Texas, segundo me diz, e se interessa pela política externa. Para demonstrar seu vasto conhecimento dos problemas externos, revela-me sua opinião de que Israel deveria parar de construir assentamentos na Faixa de Gaza. Devo dizer-lhe que não existe nenhum judeu vivo em Gaza? Não, não vou entrar nesse assunto.

Acho que ele deveria juntar-se ao pessoal do Henry Ford; seria um grande trunfo para eles.

Vou para meu quarto e verifico as notícias; talvez ache alguma coisa sobre a nova Gaza. Eis uma informação do *Huffington Post*: "No domingo, os gregos rejeitaram de forma decisiva uma proposta de ajuda financeira feita pelos credores internacionais do país, que exigiam novas medidas de austeridade em troca do financiamento de emergência. A votação equivaleu a uma crítica contundente às medidas de austeridade impostas à Grécia desde 2010".

---

1. Interjeição que indica espanto, desolação, frustração, tristeza. [N. T.]

E esta é uma notícia da CNN, direto da Carolina do Sul: "Um decreto que pretende retirar a bandeira confederada das instalações da Assembleia Legislativa estadual foi aprovado pelos legisladores estaduais numa votação por 37 a 3 no Senado". A CNN não indica quantas pessoas serão necessárias para baixar essa bandeira.

O *Daily News* de Nova York, numa reportagem sobre um homem branco que foi espancado por um grupo de negros até desmaiar, escreve:

> Espectadores frios zombaram e riram de um turista inconsciente caído a seus pés, depois de levar uma violenta surra em Cincinnati, como mostrou um vídeo.
>
> "Pô, n...o, você acabou de arrebentar a p...a do cara!", gritou uma das testemunhas insensíveis.
>
> O rosto do homem estava coberto de sangue, quando ele jazia imóvel no fim da noite de sábado, na região da Praça da Fonte, na cidade.

O vídeo que acompanha a matéria é difícil de ver.

N...o representa negão ou crioulo [*nigger* ou *nigga*] (no dialeto negro). *P...a* quer dizer porra. A mídia americana não escreve *nigger*, porque isso é racista. Também não gosta de escrever porra, porque não é uma palavra bonita.

E não é só a mídia. Um dia desses, perguntei a Siri, a "secretária" do iPhone: qual é seu problema, porra? Resposta: "Vou fingir que não ouvi isso". Quando Siri está em clima de sermão, o que às vezes acontece, e eu uso essa palavra que começa por "p", ela responde: "Tuvia, olhe a linguagem!".

Enraizado como é este país no puritanismo dos *quakers*, a mídia da corrente dominante não grafa nenhum termo sexual explícito. Se você estiver nos Estados Unidos e quiser dizer a alguém, por escrito, que ele é um babaca, o jeito de escrever é este: b....a. Dentro de uma ou duas gerações, cigarro será grafado como c.....o.

Vou sair para fumar mais um c.....o.

✧ ✧ ✧

É um novo dia no estado de Michigan, e eu me encontro em Sault Ste. Marie, na Península Superior de Michigan, também conhecida como "Soo".

Aqui existe uma reserva indígena. O que é uma reserva? No dialeto oficial, a reserva é assim definida: "Área de terra reservada para uma tribo ou tribos, nos termos de um tratado ou de algum outro acordo". Em linguagem mais simples, é o seguinte: muito, muito tempo atrás, e sabe Deus por quantos milhares de anos, esta terra foi povoada por pessoas de muitas tribos e línguas, nenhuma das quais era branca, e nenhuma das quais falava inglês.

Essas pessoas, que mais tarde ficariam conhecidas como "americanos nativos" ou "índios", viveram sozinhas nesta terra até que, um dia, um homem branco apareceu e a desejou para si. Esse homem branco, que trouxe consigo alguns amigos, assassinou os nativos, estuprou-os, matou-os de fome, roubou-os e, ao terminar, declarou que esta terra era uma terra pertencente a Nós, o Povo, um templo da democracia e da liberdade, e a rebatizou de Terra dos Livres e Lar dos Valentes.

É claro que isso não caiu muito bem, de modo que o branco, um homem de suprema inteligência, conservou vivos alguns desses nativos e proclamou que alguns pedaços de terra, aqui e ali, eram uma herança dos indígenas até o fim dos tempos. Esses pedaços de terra são chamados de reservas, terras soberanas e sabe Deus o que mais.

Numa reserva, dizem-me, não circula nenhum branco. Por quê? A reserva é um terreno sagrado, reservado para os grandes indígenas americanos nativos.

Adoro o sagrado. Assim, dirijo pela reserva de Soo, à procura de inspiração sagrada indígena, mas não avisto nada que seja "índio". É só um bando de casas e ruas, mas sem qualquer raio sagrado à vista, seja onde for. Teria eu ficado cego? Para tomar as devidas precauções por meio do conhecimento, vou procurar o líder da população daqui; talvez ele me possa mostrar o caminho e me ensinar sobre o sagrado.

O nome dele é Aaron Payment, e seu cartão de visitas o descreve como dirigente tribal dos índios *chippewa*, em Sault Ste. Marie. Em suma, ele é o chefe da tribo, e fico encantado com a oportunidade de conhecer esse homem.

Seu cabelo é grisalho, com uns toques pretos, e ele também usa rabo de cavalo. Veste-se como um americano normal – nada de penas de índio.

O que significa ser índio, hoje em dia?, pergunto, só para nos conhecermos.

– Reconhecer a própria origem e espiritualidade – responde ele, num belo inglês.

O que quer dizer isso?

– Fui criado dentro de nossas crenças tradicionais e no cristianismo.

Então, você é cristão.

– Sim, sou.

O que significa ser um americano nativo, se você é cristão?

– Viver com completo respeito pelas outras pessoas e pelo meio ambiente.

Não sei mesmo o que isso significa, e, sendo assim, digo: isso é o que diria qualquer cristão do lado liberal em Nova York; qual é a singularidade do americano nativo?

– Nossa luta para sobreviver à tentativa americana de nos aniquilar. Mas nós não desistimos, perseveramos – responde ele, com expressão séria.

Isso é o que os judeus também dizem, e os negros. O que há de singular nos índios?

– Não sei se existe uma diferença.

Você fala alguma língua indígena?

– Não.

O que constitui um "índio"? Como se decide se uma pessoa é índia?

– Alguns estados têm uma percentagem de sangue, e só quem tem um quarto de sangue indígena é considerado índio. Isso foi questionado até no

Supremo Tribunal, já que é racista. O Supremo concordou, e decidiu que as próprias tribos terão o direito de determinar quem é índio.

Como vocês determinam quem é índio?

– Se você conseguir provar que tem 1/32 de sangue indígena, nós o reconheceremos como índio.

Isso também é racista, não?

– Não. Um trinta e dois avos de sangue indígena é nossa maneira de determinar quem é índio, já que precisamos de alguma forma de medição...

Por que um quarto é racismo, e um trinta e dois avos não é?

Isso ele não sabe responder. E, de qualquer modo, está com pressa. Hoje o Sr. Payment fará uma viagem a Washington, para resolver questões indígenas; está em busca de mais verbas do governo que o ajudem a manter a cultura e o povo indígenas vivos e saudáveis.

Será que o que estou vendo e ouvindo aqui é uma apresentação justa dos "Estados Unidos nativos"? Seria bom eu visitar mais reservas, pois o que vejo aqui não é cultura, e sim negócios.

Aaron me diz, aliás, que é ¼ austríaco. Fico pensando em quem eu seria. Talvez um n...o.

Nunca se sabe.

✧ ✧ ✧

Deixo a Soo e circulo aqui e ali por quilômetros. Converso com alguns *yoopers* (residentes da Península Superior), até chegar a Munising, onde embarco num cruzeiro de três horas pelo lago Superior, oferecido pela Pictured Rock Cruises. Uma das primeiras coisas que escuto ao me sentar no barco é: "O lago Superior é do tamanho da Áustria". Aqui eles adoram a Áustria.

Navegamos perto de cavernas situadas na base dos rochedos, à beira da água. As formações rochosas multicores refletem-se lindamente na superfície da água. É de um fascínio deslumbrante! Simplesmente divino.

Esse lugar divino, diz o capitão, interrompendo maldosamente meus pensamentos, já funcionou como um inferno excruciante. Quando havia lutas entre tribos indígenas, elas pegavam os membros capturados da tribo inimiga, levavam-nos de canoa para essas cavernas e os deixavam lá para morrer.

Vejo que estou, enfim, entrando em contato com algo que faz parte unicamente da cultura indígena. O que eles faziam aqui, goste eu ou não, era brutal.

Não há como fugir dessas cavernas. Os capturados teriam poucas escolhas: pular na água e morrer rapidamente, ou permanecer nas cavernas até as águas arrastarem seus corpos para o lago. Se, por acaso, a água não os levasse embora, a fome poderia tirar-lhes a vida. Uma morte lenta e dolorosa.

Também isso faz parte da cultura e da história indígenas.

Enquanto o barco prossegue em seu cruzeiro, a mescla de formações rochosas sempre mutáveis, bem como de cores sempre fascinantes da água, não tem fim. Aqui a natureza se revela em sua plena glória e majestade.

Todo meu ser sente-se cativado pela beleza a meu redor. Não há pintura – realista, impressionista, surrealista ou moderna –, em nenhum museu multimilionário de Nova York, que se compare às imagens que se desdobram diante de meus olhos. É aqui que o mestre de todos os pintores, seja ele chamado de Deus ou natureza, pratica sua arte e exerce sua magia. A água é límpida como um diamante puro, as rochas são poderosas como a eternidade, e nenhuma raça, seja indígena ou qualquer outra, é forte ou capaz o bastante para se impor a elas.

✧ ✧ ✧

As verbas e financiamentos do governo, por maiores que sejam, nunca são o bastante para quem os recebe. Os americanos nativos não são diferentes de nenhuma outra pessoa e descobriram um jeito de ganhar mais dinheiro – não do governo americano, mas dos cidadãos dos Estados Unidos.

Visto que são um governo dentro do governo e uma terra dentro de outra terra, eles criam suas próprias leis e normas e constroem o que bem entendem em suas terras – como as máquinas de fazer dinheiro popularmente chamadas de "cassinos". Para os índios (nome intercambiável com "americanos nativos"), não importa se o estado da federação em que vivem permita ou não permita cassinos em suas fronteiras, já que eles fazem suas próprias leis. Existem cassinos indígenas por todo este país, e hoje vou a um deles, o Soaring Eagle Casino and Resort, no condado de Chippewa, estado de Michigan.

Frank, do departamento de relações públicas do cassino, recebe-me à minha chegada. Para sua informação: Frank tem um quarto de sangue indígena, um quarto de sangue francês e sabe Deus o que mais. Naturalmente, ao nos encontrarmos, primeiro ele entra no modo de funcionamento das RP, e me informa que, em alguns dias, o *Powwow* Competitivo Elijah Elk ("Reunião e Competição") será realizado no Soaring Eagle Casino and Resort.

Que diabo é isso?

– Um intercâmbio cultural de competições de dança e tambores do povo indígena.

Infelizmente, vou embora hoje e não poderei comparecer a tamanho evento cultural. Mas não há com que me preocupar: se eu quiser, diz Frank, ele me leva ao museu local, onde poderei aprender sobre a cultura dos índios.

É assim que pensa o pessoal das RP: há sempre um Plano B. E Frank me leva ao museu.

Lugar muito agradável, devo dizer. Imagens de índios, com roupas e penteados que seriam vistos em filmes, são apresentadas aqui. Altamente recomendável, se você se amarra em plumas.

Este museu também é para aqueles de vocês que gostam da tecnologia do "toque": você toca numa palavra ou imagem, numa das telas oferecidas, e a escuta pronunciada numa língua indígena norte-americana. Por exemplo, açúcar é *ziibaakwad*, cadeira é *pabiwin*, e papel é *mzinigan*.

Pergunto a Frank se ele fala alguma língua nativa norte-americana/indígena.

– Só algumas palavras.

Eu também, aliás. Conheço *ziibaakwad*, *pabiwin* e *mzinigan*.

Frank me diz que os índios são o "povo das Primeiras Nações". O que é isso?

– Os judeus acreditam ser os filhos de Deus, e nós acreditamos nisto a nosso respeito: fomos o primeiro povo da terra, do qual provieram todos os outros povos.

Os cristãos e os judeus acham que as primeiras pessoas da terra foram Adão e Eva, mas os índios creem que essas primeiras pessoas foram os *jibbawaba* ou os *chippewa*.

Nada mau.

Frank é cristão, aliás. A única verdadeira diferença entre ele e qualquer outro cristão americano é que o cristão diria acreditar no "criador", ao passo que Frank diz acreditar em Jimanadu, que significa criador.

Jimanadu soa muito melhor do que criador, concordo.

E mais: se você acredita em Jimanadu, não tem que pagar o imposto de renda estadual. Os índios das reservas não pagam isso.

Frank é uma pessoa muito competente da área de relações públicas, mas nem ele é capaz de pôr o dedo no que torna índio um índio.

Será que tudo isso é só uma jogadinha racista para construir grandes cassinos? Um dos modos de descobrir é visitar uma das reservas e conversar com seus moradores.

✧ ✧ ✧

Não é uma tarefa muito fácil. Existe a etiqueta branca adequada a que aludi acima, que determina que nenhum branco pode entrar numa reserva indígena e falar com sua população. Mas eu experimento, assim mesmo, e pergunto a Frank se ele se importaria de me mostrar a reserva, porque eu gostaria de bater papo com alguns índios que não estejam trabalhando como executivos de relações públicas. Ele me atende.

Sendo um homem de RP, primeiro ele me dá as seguintes informações:

Nome da reserva: Reserva Indígena Isabella. Tribo: Saginaw Chippewa. Centro de Michigan.

Total de membros: 3.490 pessoas. Morando nessas terras: 1.100.

Finanças: todo membro adulto recebe 64 mil dólares por ano, e os de menos de dezoito anos recebem 32 mil dólares cada um.

De onde vêm todos esses maços de dinheiro? Dos negócios feitos pela tribo. O Soaring Eagle Casino é um exemplo.

Como vocês decidem quem é índio? Posso me tornar índio?

– Infelizmente, não.

A coisa se dá pela percentagem de sangue, pelo que eu soube.

– Aqui a percentagem para determinar se a pessoa é membro é um quarto do sangue.

Um chefe tribal que conheci recentemente me disse que era 1/32.

– Você foi à reserva de Soo? Lá, se você for picado por um mosquito, pode tornar-se membro da tribo – diz Frank, rindo.

Frank me leva num passeio de carro pela reserva, e tudo que vejo são casas. Quando finalmente avisto uma pessoa, uma mulher parada à porta de sua casa, peço a Frank que pare. Ela se chama Dawn. Dawn tem 49 anos; parece-me uma pessoa calorosa, e sinto curiosidade de saber o que pensa da cultura indígena.

Quais são os elementos fundamentais da cultura indígena?, pergunto-lhe.

– A família, a comunidade, hmm, eu diria que é principalmente a comunidade.

Quase todas as pessoas de outras culturas diriam o mesmo a seu próprio respeito. Qual é a diferença entre vocês e elas? O que há de singular em sua cultura?

– Não somos diferentes; não somos nada diferentes dos japoneses. Somos todos iguais. Todos temos Deus, nosso criador, e todos temos nossos valores familiares e nossos valores culturais.

Há alguma coisa singular, na cultura indígena, que você possa resumir para mim em uma ou duas frases?

– Bem, não sei. Sermos o povo original, acho. E recebermos uma proteção especial do mundo.

Simples. Conciso. Direto. Nada de RP nisso. A singularidade do povo indígena está em ele receber uma "proteção especial" dos homens brancos.

Se um dia houve aqui uma grande cultura indígena, ela já não existe, e dela não restou nenhum vestígio.

Hora de visitar o cassino. Frank me leva lá.

Há aqui 4.300 máquinas caça-níqueis, e quase todos os jogadores são senhoras idosas brancas. Esses caça-níqueis projetam frases em múltiplas cores e formas animadas:

"Ganhe! Ganhe!" "Dinheiro dourado." "Prêmio!" "81.624 dólares."

"Multiplicadores desenfreados." "Jogos grátis." "Festa dos Jogadores." "Quentíssimo."

"Rainha Selvagem." "Ouro Duplo." "Diamante Duplo." "21.344,36 dólares."

"Rainha Selvagem" é o que mais me agrada.

As senhorinhas brancas despejam suas economias da vida inteira nessas máquinas. Que doce vingança indígena!

A natureza chama, e vou ao toalete. Na entrada, vejo uma caixa, "Gorjetas", na qual se espera que nós, visitantes ingênuos, depositemos notas verdinhas.

Genial!

Os índios, permita que eu lhe diga, são as pessoas mais brilhantes deste país.

✧ ✧ ✧

Quais são as novidades no mundo? A NBC informa que, "após semanas de longos debates, marcados pela emoção, a governadora da Carolina do Sul, Nikki Haley, aprovou a lei que decide retirar a bandeira confederada do legislativo estadual na próxima quinta-feira – mas, em todo o país, políticos e cidadãos comuns clamam pela retirada de iconografias semelhantes."

Essa bandeira tremulou alto, sabe Deus por quanto tempo, e ninguém a baixou. Até agora. Por que agora? Porque Dylann Roof foi retratado com uma bandeira confederada. Isso não faz muito sentido, a não ser que alguém pense que os pretos poderiam recomeçar os tumultos raciais e queira apaziguá-los.

Na Grécia, também há notícias. Do *Washington Post*: "A Grécia se ofereceu para fazer cortes dolorosos nos gastos e elevar os impostos, nesta quinta-feira, numa última tentativa de obter mais ajuda financeira da Europa, antes que o país afunde na bancarrota".

Quanto a mim, vou sair de Michigan amanhã. Destino: Washington, DC.

Portão 5

Alguns milhares de cristãos adoram os judeus, e milhares de judeus viajam de avião para se sentar ao lado deles.

Por que Washington? O que perdi por lá?

Bem, depois de ouvir falar de "judeus" com frequência nesta viagem, quero explorar um pouco mais a fundo o pensamento americano sobre os judeus.

Meses atrás, fui convidado por um membro de um grupo chamado "CUFI" a participar de sua próxima conferência anual, ou "cúpula", como eles a chamam, que deverá ter início logo mais, em DC. A CUFI, sigla que significa Christians United For Israel [Cristãos Unidos por Israel], é chefiada por um famoso pastor americano, John Hagee, e por uma dupla de judeus. Sim. Há dois judeus no comando dessa organização, e são eles que a dirigem, de fato, mas ninguém gosta de falar nisso; portanto, também não falo.

Não sei muito mais sobre esse grupo, mas me lembro de ter lido em algum lugar que eles são um grande grupo lobista, o que é outra coisa que eu gostaria de explorar.

Algumas pessoas me dizem que os membros da CUFI são um bando de lunáticos que saem soprando o chofar pelas ruas de Washington, e que eu faria melhor em não gastar meu tempo com eles.

O que quer que eles sejam, quero vê-los.

Compro uma passagem barata de avião da Frontier Airlines, que depois me cobra uma fortuna para transportar uma mala, e parto. No devido tempo, chego inteiro e em segurança ao Aeroporto Internacional Dulles. Momentos após minha chegada, há um aviso pelo sistema de alto-falantes para informar aos passageiros interessados que haverá uma missa católica às 6h30 na capela ecumênica. Obrigado.

No caminho para buscar minha mala ultradispendiosa, vejo este cartaz: "Bem-vindos a Washington, DC, nossos HERÓIS dos ESTADOS UNIDOS! Obrigado por seus serviços & sacrifícios". O cartaz é assinado pelo Aeroporto Internacional Dulles, e traz, ao fundo, a imagem de três pessoas com metralhadoras. É evidente que estão atirando, sabe Deus em quem, em meio a nuvens de fumaça, mas não se fornece nenhuma explicação específica nem sua localização.

Seria bom ser herói e ter uma recepção assim, não lhe parece? Herói ou não, Washington me acolhe de forma calorosa, demais até. O tempo está quente e úmido.

Vou descansar um pouco em meu novo hotel e, quando chega a hora de ir à conferência da CUFI, pego um táxi. Não vou alugar um carro em DC e gastar um tempo precioso procurando vaga para estacionar. O taxista, um preto chamado Tom, parece-me ser a pessoa certa para me dar aulas sobre esta cidade.

Por que este lugar se chama DC?, eu lhe pergunto. "DC" quer dizer "Distrito de Columbia", embora esta área não seja um estado de Columbia e não haja nenhuma "Columbia" nos Estados Unidos, para começo de conversa.

– Porque eles não querem nos dar poder.

Do que você está falando?

– Nós somos, ou éramos, 80% da população daqui, e eles nos queriam controlar, e foi por isso que não quiseram que isto aqui fosse um estado.

"Nós" quem?

– Os pretos.

Ele dirige e vai falando. E diz:

– Eles sempre encobrem tudo e não tocam no assunto.

"Eles" quem?

– Os brancos. Está na hora de contarmos a história como ela é. Se formos francos, talvez a realidade se modifique. Está havendo uma gentrificação em DC; agora somos meio a meio. Quando eles forem a maioria, depois de expulsarem mais pretos daqui, pode apostar que DC vai virar EC, Estado de Columbia. Vivo em DC há trinta e seis anos, sei uma coisa ou outra.

Dou-lhe uma boa gorjeta, direitinho, e salto.

✧ ✧ ✧

O primeiro dia da conferência da CUFI é só uma espécie de reunião de cumprimentos. Não acontece realmente nada. Devo voltar amanhã de manhã. Pelo menos, aprendi alguma coisa com um taxista.

Vou de novo no dia seguinte. Entro na conferência, ou cúpula, ou seja qual for seu nome.

Diana Hagee, mulher do pastor John, nos dá as boas-vindas e diz que, juntos, somamos o impressionante total de quatro mil pessoas. Todos nos entreolhamos, impressionados por termos comparecido em tão grande número.

A conferência deste ano, sou informado, é especial. Os dirigentes da CUFI querem atingir uma meta específica este ano. Trata-se de impedir um acordo entre o Irã e algumas potências mundiais, principalmente os Estados Unidos, que possa pôr fim às sanções contra o Irã. Supostamente, esse acordo pretenderia reduzir a capacidade iraniana de fabricar armas atômicas. Quase ninguém sabe o que ele é, na verdade. O secretário de Estado americano, John Kerry – um homem riquíssimo, em virtude de seu casamento com a herdeira da Heinz, a maior fabricante mundial de *ketchup* –, deseja desesperadamente fechar um acordo.

E isso é compreensível. John Kerry não pode apontar uma só grande realização em todos seus anos como secretário de Estado, e essa poderia ser sua melhor chance. A Europa quer um acordo, os russos querem um acordo, a China quer um acordo, e, é claro, o próprio Irã quer um acordo. A questão é: quais seriam os termos desse acordo? Os conservadores, bem como alguns liberais, acham que o acordo que está na mesa neste momento é ruim, e que o Irã acabará fabricando armas atômicas antes que qualquer um o admita publicamente. Os liberais, em sua maioria, apoiam o acordo.

A CUFI, que afirma ter mais de dois milhões de membros, está aqui para usar a força inerente a um rol tão grande de integrantes, a fim de garantir que esse acordo nunca seja firmado. Será que vai conseguir? Acho que não, mas já me enganei antes.

Vendo as pessoas aqui reunidas, minha suposição é que pelo menos um terço delas seja judeu. É muito fácil fazer esse cálculo, a meu ver. Quando as palavras "Espírito Santo" são proferidas no palco, menos de metade da plateia aplaude. Quando se menciona algo como "apoiar Israel", quase todos aplaudem.

Surpreendentemente, não está acontecendo nada de especial nesta conferência. Aparecem alguns legisladores de escalão mais baixo, porém não têm nada de especial a dizer. Há discursos, toda sorte de discursos, e essa rede das pessoas – mas é só.

Entre as sessões, muita gente sai para fazer refeições em seus restaurantes favoritos, e todos parecem contentes. Os mais felizes são os judeus, que vieram a esta conferência para um único fim: verem-se amados por não judeus.

Como eu sei disso? Eles me contam.

É triste ver sua necessidade de ser benquistos.

Quanto aos lunáticos, não os vejo por aqui nem os escuto. Como será que o pessoal da CUFI arranjou uma reputação tão ruim? Não sei.

À tardinha, por volta das 17h, surgem alguns manifestantes em frente ao centro de convenções. São uns vinte, ao todo: brancos com grandes bandeiras palestinas e cartazes do tipo "Acabem com a Ocupação". Fazem parte do grupo JVP – Jewish Voice for Peace [Voz Judaica pela Paz] –, uma organização judaica de extrema esquerda, associada ao professor Noam Chomsky e aos dramaturgos Eve Ensler e Tony Kushner.

Ninguém lhes presta a menor atenção, o que é algo de que esses judeus americanos não gostam, e assim, eles começam a gritar com as pessoas que entram ou saem do prédio.

É um espetáculo de judeus *versus* cristãos do tipo mais cômico que se possa imaginar.

Um deles, tentando zombar dos cristãos, exagera um pouco. "Deus ama os palestinos", grita, mas nem o eco lhe responde. À medida que os jornalistas se acumulam do lado de fora, esses manifestantes sacam seus megafones e fazem um barulho ainda maior.

Observo tudo isso enquanto escrevo em meu iPad. Jonathan, um dos participantes do protesto, me vê escrevendo e presume que eu faça parte da mídia. Tenta falar comigo, mas não respondo. Tenta de novo, mas continuo a não reagir. Tenta mais uma vez e torna a fracassar. Está ficando irritado e me chama de "homem horroroso, de dedos gordos". Para o caso de eu não ter recebido a mensagem, ele continua:

– Você parece que mija pelos ombros. Você me faz perder o apetite, seu judeu imundo de merda. Esses seus dedos gordos vão quebrar o iPad, isso não o preocupa? Porra de judeu de merda!

Agora ele despertou minha atenção. Decididamente.

Quer expressar essa sua opinião em público?

– Quero!

Ligo o vídeo, e ele muda de tom e de fala. Gosta de todo mundo, diz agora, calmamente, e quer uma "Palestina livre".

Protesto. Quero que você repita o que acabou de me dizer. Você sabe, que sou um judeu horroroso e tudo o mais...

Ele nega ter dito isso, de modo que repito suas palavras enquanto o vídeo continua gravando. Ele se dá conta de que talvez isso não soe bem, e diz:

– Você é esquisito.

Desligo o vídeo e ele me agride:

– Vá se foder, seu judeu! Judeu safado!

Acendo um cigarro e, no mesmo instante, o pessoal da segurança diz para eu me afastar. Racismo furioso, tudo bem, mas fumar, não pode.

Essa é Washington, DC, sede do poder americano, no Estado de Columbia.

✧ ✧ ✧

Está na hora de eu também sair para comer. Onde fica a boa comida? As pessoas me dizem que devo ir a Georgetown, onde posso encontrar ótimos restaurantes de frente para o rio. Georgetown, casa de democratas ilustres como o presidente John F. Kennedy, nos velhos tempos, e o secretário de Estado John F. Kerry, nos dias atuais. Parece uma ideia excelente. Pego um táxi para Georgetown, sem nenhum endereço específico, e o taxista me deixa perto da margem do Potomac.

Olho em volta. É lindo!

Dois rapazes passam por mim. Um deles, Will, me diz que Georgetown é um dos lugares mais ricos de Washington.

Que tipo de gente mora aqui?

– Gente que tem dinheiro e quer conservá-lo.

Quem são eles?

– Aqui nós os chamamos de republicanos.

Nada mau, cara! Alguma recomendação para um bom restaurante por aqui?

– Você gosta de comida tailandesa?

Quando é bem-feita.

– Vá até a Avenida M. Lá eles têm um ótimo restaurante tailandês, o I Thai.

Caminho nessa direção, mas não encontro o I Thai. Abordo um homem que passeia com o cachorro pela rua e lhe pergunto pelo I Thai.

– De onde você é? – ele me pergunta. Estou cansado de dizer Alemanha. Não há nada de excitante nisso. Então, respondo que sou de Israel.

– Hmm – diz o homem, como se o nome Israel tivesse algum tipo de significado especial para ele.

O que acha de Israel?, eu lhe pergunto.

– Fico surpreso com a capacidade de colonização das pessoas, depois de dois mil anos.

Ideia interessante. Você se importaria se eu gravasse sua resposta? Sou jornalista itinerante e compilo as ideias das pessoas. Como é seu nome, a propósito?

– Meu nome é Andrew, e sou advogado.

Ótimo. Vamos conversar. Ligo o aplicativo de gravação de meu iPhone e torno a lhe perguntar: O que pensa de Israel?

– Acho que é um milagre, depois de dois mil anos, as pessoas saberem reconstruir uma pátria.

Antes que eu o gravasse, perguntei-lhe o que achava de Israel, e você se disse admirado por eles terem, depois de dois mil anos, colonizado...

– Está havendo um uso incorreto da palavra?

Não. Eu só queria que você repetisse essa frase, porque a achei muito interessante.

– *Colonização* não é bem a palavra certa.

Mas você a usou, não foi?

– Não sei se a palavra foi *colonizar*, acho que [eu disse] *coalescer*, voltar e organizar uma pátria...

Desligo o iPhone. Ele puxa o cachorro para mais perto, encara-me olho no olho e diz:

– O que os nazistas fizeram com vocês, vocês estão fazendo com os palestinos!

Está enraivecido, cheio de ódio. E quer que eu saiba o quanto me odeia.

Acho que eu deveria ter-lhe dito que sou alemão. É muito bom ser alemão, muito difícil ser judeu. Perdi o apetite.

Volto a meu hotel e leio sobre o que está acontecendo no mundo em geral. "A Europa adota a linha dura com a Grécia", diz a reportagem de capa do *Wall Street Journal*, e acrescenta: "A Alemanha exibe sua força nas conversações".

O dia segue-se à noite e aqui estão as notícias, segundo o *New York Times*:

> O Irã e um grupo de seis nações, lideradas pelos Estados Unidos, disseram haver chegado a um acordo histórico na terça-feira, o qual li-

mitará significativamente a capacidade nuclear de Teerã durante mais de uma década, em troca da suspensão de sanções internacionais sobre o petróleo e de sanções financeiras.

Opa. O governo Obama não se impressiona com os cristãos apaixonados por Israel. As negociações com o Irã, que haviam durado anos, finalmente chegaram ao fim. Resultado do jogo: Heinz 1, Jesus 0.

Enquanto isso, o presidente Obama promete vetar qualquer tentativa dos legisladores de desarticular esse acordo. Para superar seu veto, será preciso que dois terços dos congressistas, tanto na Câmara quanto no Senado, votem contra o "Acordo Iraniano".

✧ ✧ ✧

Os iranianos estão satisfeitos com o acordo e, segundo noticiado pela mídia daqui, têm dançado nas ruas. Os membros da CUFI, por outro lado, estão totalmente sem vontade de dançar. Sentem-se dispostos a andar, andar até o Capitólio e registrar sua insatisfação com os membros da Câmara dos Deputados e do Senado.

Já li muito sobre esse "poderoso *lobby* sionista cristão", e hoje, para testemunhá-lo pessoalmente, junto-me aos membros da CUFI quando eles se preparam para embarcar em ônibus e carros e fazer uma invasão lobista do Congresso. Esse fenômeno do "lobismo" nos Estados Unidos não é novo para mim, mas até hoje nunca o vivenciei pessoalmente.

Antes de montarmos nos veículos da invasão, somos divididos em grupos, pois cada grupo recebe a missão de visitar um legislador de seu próprio distrito eleitoral. Junto-me ao grupo do Décimo Distrito, que creio ser o de Manhattan.

Nosso grupo deve visitar três deputados e dois senadores. As autoridades da CUFI me dizem que temos hora marcada com os senadores, mas não com os deputados. Mas não há motivo para preocupação: devemos deixar material impresso nos gabinetes dos deputados, e isso é muito importante, no dizer delas.

Somos conduzidos ao Capitólio. Primeiro, vamos visitar o deputado Jerrold (Jerry) Nadler.

Jerry é judeu. Tive uma reunião com ele há alguns anos e, com base no que sei a seu respeito, ele vai endossar o acordo iraniano. Jerry é um democrata fanático e de jeito nenhum se unirá aos republicanos, criaturas que odeia com paixão. Não digo nada disso a meu grupo. Estou aqui para observar, não para influir nos resultados.

Pessoalmente, não posso dizer muita coisa sobre esse acordo. Ele tem 159 páginas, nenhuma das quais eu li. Além disso, e pelo que conheço dos acordos políticos, deve haver umas mil emendas a ele, sobre as quais não há ninguém falando, até agora. E, mesmo que eu dispusesse de todo o material, precisaria conhecer leis, direito internacional, física, história militar, história política iraniana e um monte de outros campos, a fim de formar uma opinião abalizada. É fato que estudei vários assuntos em diversas universidades, por um bom número de anos, mas nenhum deles é pertinente a este caso.

Estou aqui para observar.

Entramos no prédio da Câmara dos Deputados e tomamos o elevador para o gabinete do Jerry, mas não chegamos a vê-lo. Em vez dele, um assistente de relações exteriores do deputado sai de uma sala nos fundos para falar conosco. Acabamos de receber o acordo iraniano, diz ele, e não tivemos chance de olhá-lo. Vamos examiná-lo, conversaremos com vários especialistas e depois o deputado decidirá se o aprova ou não.

Sou adepto da franqueza completa, por isso lhe digo que não sou membro da CUFI, e sim jornalista. Ao ouvir isso, a postura dele se altera de imediato. Ele me agradece por lhe dar essa informação e pede que nada do que acabou de dizer seja citado. Deus do céu, o homem não disse nada!

Mesmo assim, para honrar seu pedido, não o cito diretamente e não forneço seu nome, porém fico bastante surpreso com sua conduta, ao ver o quanto as pessoas temem a imprensa.

São esses os Valentes, e essa é a Casa dos Livres.

Paramos para falar com mais deputados e deputadas, mas ninguém fala conosco. Os ativistas da CUFI deixam material impresso para as autoridades eleitas e, em seguida, passamos para o prédio de gabinetes do Senado.

Vamos ao encontro da senadora nova-iorquina Kirsten Gillibrand, mas somos informados de que ela não está. Hora marcada coisa nenhuma, ela não nos receberá. Em vez disso, encontramo-nos com uma assistente, uma mulher pesadona que sente claro prazer em ver tanta gente a escutá-la.

Os sionistas cristãos lhe dizem o quanto são contrários ao acordo iraniano e afirmam que ele contraria a Bíblia. Ela não parece impressionar-se, mas o pessoal da CUFI tira fotos com a assistente. Todos sorriem, antes mesmo que alguém conte uma piada.

É hora de ver o senador seguinte, Chuck Schumer, também de Nova York. Temos hora marcada com o político, mas ele também não aparece.

Passados uns vinte minutos, enquanto esperamos do lado de fora de seu gabinete, um assistente sai e vem falar conosco. Quase palavra por palavra, diz o mesmo que disse o assistente de Jerry. Será que esses dois frequentaram a mesma escola de relações públicas? É provável.

E agora estamos prontos para dar o dia por encerrado. Terminou o *lobby*. Voltamos para o centro de convenções.

Lá está acontecendo uma bela festa, a festa de um doador da CUFI. Diana diz que seis mil pessoas compareceram à cúpula este ano. De onde teria tirado as duas mil a mais? Jesus talvez saiba, mas eu não.

No cômputo geral, a organização chamada CUFI – que muitos judeus supõem ser um *lobby* poderoso, que vai ajudá-los na hora do aperto – ladra, mas não morde.

Estou pronto para deixar Washington, DC. Para onde devo ir agora? Chicago, conhecida por alguns como "Condado dos Escroques", "ainda é a número um em matéria de corrupção pública", segundo o *Crain's Chicago Business*. Acho que devo ir lá. Deixem-me ver como realmente funciona a política.

Portão 6

O gabinete do prefeito imprime cartões de visita
falsos para confundir a imprensa burra.

No avião para Chicago, estado de Illinois, a terceira maior cidade dos Estados Unidos (desta vez, perdi a chamada católica para a missa), leio as notícias. Eis a BBC: "Os deputados gregos aprovaram as medidas econômicas rigorosas exigidas para permitir que seja fechado o acordo de ajuda de 86 bilhões de euros da Zona do Euro".

Os europeus, seguindo a longa tradição de ódio intereuropeu, confiam muito mais nos iranianos que nos gregos e, felizes da vida, fazem o melhor possível para tornar os iranianos mais ricos, e os gregos, mais pobres.

Genial.

No trajeto do aeroporto para o centro de Chicago, vejo placas em polonês por toda parte. O que os poloneses estão fazendo aqui? Não sei. Só sei que gosto de comida polonesa. E então peço a Siri que me leve a um restaurante polonês ali por perto.

Siri me indica o caminho para o Staropolska, o mais próximo em meu trajeto. Lá chegando, peço um conhaque chamado Christian Brothers [Irmãos Cristãos], em homenagem ao pessoal da CUFI. Não é ruim. Experimente. Você não precisa converter-se para tomá-lo.

Uma jovem garçonete, Silvia, me pergunta o que eu gostaria de pedir. Em lugar da resposta, pergunto-lhe o que ela acha do acordo iraniano.

– O que é isso?

Você não sabe?

– Não.

Há quanto tempo você está nos Estados Unidos?

– Cinco anos.

Gosta mais dos Estados Unidos que da Polônia?

– Eu adoro a Polônia! Gosto muito mais do que daqui!

Então, por que fica aqui?

– Para ganhar dinheiro.

Como garçonete...?

Ela me dá um tímido sorriso polonês e um abanar da cabeça, a título de resposta. Por sorte minha, minha família é polonesa, e eu compreendo. O que o gesto significa é isto: "Achei que ganharia muito dinheiro aqui, mas não ganhei. Empaquei, e os anos simplesmente foram passando. Um dia, talvez eu junte forças para admitir para mim mesma que nada vai mudar e tenha coragem de pegar o primeiro avião para minha querida Polônia".

Sim, o polonês é uma língua complicada.

Depois da refeição, dirijo-me ao centro de Chicago e vou à prefeitura solicitar uma entrevista com o prefeito Rahm Emanuel, para minha coluna no *Zeit*.

✧ ✧ ✧

Pego o elevador para o quinto andar e entro no gabinete do prefeito Rahm Emanuel. Rahm é um homem famoso, caso você não saiba. Antes de exercer seu mandato de prefeito, ele foi chefe da Casa Civil na Casa Branca, conselheiro sênior do presidente Obama e membro do Congresso. Além disso, é judeu.

Apresento-me ao assessor de imprensa do prefeito, um homem chamado Andy, e conversamos um pouco. A conversa vai bem, e ele promete tentar marcar a entrevista para amanhã de manhã. O *Zeit* é um grande jornal, e será ótimo para Sua Excelência ter essa oportunidade de falar com os alemães. Andy me dá seu cartão de visitas oficial, que tem seu endereço de *e-mail*, e pede que eu lhe envie um *e-mail* para oficializar a combinação. Faz pleno sentido, e, mais tarde, mando-lhe o *e-mail*.

Tento, melhor dizendo.

O endereço de *e-mail* fornecido por Andy não funciona. Meu *e-mail* para ele é imediatamente devolvido pelo servidor de *e-mails* da cidade de Chicago, com a mensagem "O endereço de *e-mail* do destinatário não foi encontrado". Tento repetidas vezes, mas de nada adianta.

Todas as tentativas de entrar em contato com Andy por telefone, através do número que consta no cartão, também falham.

É a vida.

E a vida continua.

✧ ✧ ✧

Um pouco adiante, na rua da prefeitura, fica meu hotel, e ao lado dele há um teatro. Tentei absorver alguma cultura em meus ossos quando estava com os índios, mas não funcionou. Agora que estou com americanos normais e que eles têm cultura para oferecer, espero, acho que devo aproveitar esta oportunidade.

Vou até o teatro, que se chama Cadillac Palace Theatre. É um nome interessante para uma organização cultural, se bem que eu provavelmente me sentiria mais aconchegado num Teatro Chevy Cruze.

Mas, enfim, o que está em cartaz neste momento no Cadillac é um musical da Broadway intitulado *Kinky Boots*, com melodias e letras de Cindy Lauper. Parece promissor e vou ver a peça. De que trata *Kinky Boots*? Em sua maior parte, de todos os tipos e espécies de *drag queens*.

Kinky Boots é muito "americana", carregada de "pensamento positivo", como se evidencia pelo número de encerramento:

Apenas seja
Quem você quer ser.
Nunca deixe que lhe digam quem você deve ser.
Apenas seja. Com dignidade.
Comemore-se triunfalmente.

Em termos culturais, *Kinky Boots* fracassa em quase tudo. Há tanta arte nela quanto no caça-níqueis médio dos índios. Mas, como entretenimento, a peça é um sucesso em quase tudo. Como consegue esses dois opostos? Simples: é um musical escrito em tom neutro, mas a música dançante de Cyndi Lauper é exata, efusiva, animadora, alegre, inteligente, forte e poderosa. Não admira que esse musical seja adorado pelo público.

O teatro Cadillac Palace tem mais de 2.300 lugares e praticamente todos estão ocupados nesta apresentação. Terminado o espetáculo, vou para o lado de fora observar a plateia que sai. Em sua maioria, esses frequentadores de teatro são mais velhos, há mais mulheres que homens, e estão incluídos três negros.

Três.

Ando até meu hotel, o Allegro, anteriormente chamado Hotel Bismarck. Sim, aquele Bismarck, o chanceler Otto von Bismarck. É sempre bom estar num lugar em que a história alemã conversa conosco das paredes, antes de adormecermos, especialmente numa cidade com um prefeito judeu.

✧ ✧ ✧

Chega a manhã e retorno ao gabinete do prefeito, tentando descobrir por que o endereço de *e-mail* que me foi fornecido não funciona. Na recepção, vejo um homem com o uniforme do Departamento de Polícia de Chicago, obviamente um policial, e ele está armado. Tenho que ser gentil.

Eu poderia falar com Andy, por favor?

– Andy não está.

Poderia falar com Sua Excelência, o prefeito?

– O senhor tem hora marcada?

O problema é esse, meu caro amigo: não sei.

– Por que não manda um *e-mail* para Andy?

Eu tentei, mas o endereço de *e-mail* do cartão dele não funciona.

– Posso ver o cartão? – pergunta o homem armado. Eu o mostro, e ele o examina. – Esse endereço de *e-mail* está errado – diz.

Que bom saber disso por um homem com poder de fogo.

Desço.

No saguão, encontro outro funcionário do gabinete do prefeito e lhe conto a história, a mesma história. Ele pede para ver o cartão de visitas. Olha para ele e diz:

– Esse endereço é falso.

O que devo fazer?, pergunto.

Ele aponta um elevador do outro lado do saguão e diz:

– Está vendo aquele elevador? Andy acabou de apertar o botão. Está tentando fugir do senhor. Vá depressa alcançá-lo. O que ele fez é impróprio.

Corro e alcanço Andy, no momento em que as portas do elevador se abrem. Por que você me deu um cartão de visitas com um endereço de *e-mail* falso, inexistente?, pergunto.

Seu rosto fica vermelho. Nenhum jornalista jamais se atrevera a questioná-lo até hoje. Com a voz carregada de raiva e ressentimento, ele profere estas palavras, enfatizando cada sílaba:

– Não vai haver entrevista! Eu lhe garanto desde já!

Entra no elevador e desaparece.

O *Crain's Chicago Business* tinha razão. Chicago é a número um em matéria de corrupção pública.

✧ ✧ ✧

Saio da prefeitura e vou dar uma volta a pé na Av. Michigan, também conhecida como Milha Magnífica ou Mag Mile. Nela é possível fazer compras até cair. Uma loja após outra oferece tudo de que você nunca soube que precisava, até entrar. Como sinal de nossos tempos, há duas lojas que definem nossa era: a Apple Store, que em parte é uma loja, em parte, um templo para nossa autoestima digital, e a Under Armour, que vende a roupa íntima que fará você parecer sarado, masculino e sempre orgulhoso da armadura entre suas pernas.

Dando mais alguns passos, chega-se à loja da Harley-Davidson. "Os grandes pilotos não nascem, fazem-se", diz um anúncio digital na entrada.

Fazem-se como? Para isso, você precisa comprar uma Harley. *Marketing* brilhante.

A promoção comercial, a meu ver, é uma das maiores contribuições dos Estados Unidos para a humanidade, se não a maior delas. Você compra qualquer coisa, até um Big Mac, por ter sido convencido de que esse é o melhor, mais saboroso e maior produto já criado pelo homem.

Chicago, pelo menos nesta área, é de uma beleza deslumbrante. É cortada em duas partes pelo rio Chicago, porém unida por múltiplas pontes. Veneza, se você quiser dar-lhe esse nome.

Mas o que realmente me faz ganhar o dia aqui é um homem chamado Oscar, que se dá o nome de SoulO, porque canta como um milhão de pássaros. Oscar, um rapaz preto, compreende a música *soul* e sabe expressar sua verdadeira alma. Quando ele arrasta a palavra *longo*, pronunciada como *l-o-o-o-o-o-o-o-o-o-n-n-n-g-g-o*, dá para ver os arranha-céus de Chicago dançarem sua melodia, coisa que nenhum produto da Apple jamais conseguiria duplicar. A gente vê esse homem e se apaixona pela humanidade.

Diga-me, Oscar, eu lhe pergunto: onde posso encontrar gente boa nos Estados Unidos?

– Vá para o sul, companheiro. Vá para o sul. Vá à Georgia, vá ao Mississípi, vá ao Texas. A gente boa mora lá. Vá para o Sul. O Sul é o lugar quente.

É isso que faço numa cidade cujo chefão se recusa a falar comigo: falo, em vez dele, com o que há de mais refinado no povo da cidade – com um homem de alma, dotado de voz.

✧ ✧ ✧

Há um adesivo, na entrada de muitas lojas, que diz "Proibido Armas". O que vem a ser isso? Há mais de um ano, dizem-me os residentes, o estado de Illinois aprovou a Lei do Porte Oculto de Armas de Fogo, que lhes permite portarem armas, desde que permaneçam ocultas.

Em linguagem simples, carregue sua arma, porém deixe-a cair na calçada antes de atravessar a porta e entrar.

Não tenho arma, apenas um cigarro. E o cigarro é ainda menos bem-vindo que as armas de fogo. Há muito mais placas de Proibido Fumar nesta cidade que de Proibido Armas.

Então paro numa esquina e fumo. Umas cinco baforadas depois, um funcionário de alto escalão de Washington, que está tratando de assuntos políticos em Chicago, aproxima-se de mim. Está tentando parar de fumar, não tem nenhum cigarro e me pergunta se eu me importaria de lhe vender um cigarro por um dólar. Digo-lhe para guardar seu dinheiro e lhe dou um cigarro, e mais outro, e depois mais outro, e vamos conversando entre as baforadas.

Eu lhe conto o que aconteceu com Andy no gabinete do prefeito, e ele me explica a história toda de políticos e jornalistas. Esta conversa é confidencial e não posso revelar o nome nem o cargo desse homem, apenas suas observações.

– O comportamento do assessor de imprensa do Rahm foi extremamente burro e vai atormentá-lo, assim como ao prefeito, porque acredito que você escreva sobre isso. É sua obrigação como jornalista. O assessor nunca deveria ter-lhe dado um endereço de *e-mail* que fizesse a mensagem voltar e informasse a você que se tratava de um endereço sem validade. O correto teria sido dar-lhe um endereço que não fizesse o *e-mail* voltar, e depois lhe mandar uma carta ou *e-mail* padronizados, pedindo desculpas pela indisponibilidade do prefeito, em função de um grande número de tarefas e de compromissos anteriores.

Ou marcar a entrevista...

– Não. Você precisa entender uma coisa: não damos entrevistas, exceto para a imprensa local, na qual conhecemos as pessoas e sabemos o que vão escrever. Caso contrário, quase todos preferimos não conceder entrevistas à mídia nacional ou internacional. Na política americana de hoje, especialmente depois da decisão do Supremo, em 2010, que legalizou a doação de valores ilimitados por doadores a grupos políticos, as entrevistas trazem riscos enormes.

O que uma entrevista tem a ver com doadores?

– Tudo. Se você disser numa entrevista uma coisa que não deveria ter dito, alguém vai tirar isso do jornal e estampar numa campanha publicitária de múltiplos milhões de dólares contra você.

Não estou entendendo.

– Por causa das contribuições de campanha, você precisa certificar-se de não dizer nada de que seus doadores discordem, mas nem sempre você sabe o que eles pensam. A regra prática é: não dê entrevistas quando não tiver que dá-las.

Isso é democracia?

– Admito que não. Existe liberdade de expressão no país? Não. Essa é a maneira honesta de lidar com os problemas? Não. Isso é o capitalismo na política. É esse o sistema, e é assim que as coisas são. Estes são os Estados Unidos da América, ao menos por ora. Não gosto do fato de ser esse o modo de praticarmos a política hoje em dia, mas não posso mudar a realidade.

Desculpe. Estou sendo franco com você e lhe dizendo isso em caráter confidencial. Se tivéssemos uma conversa oficial, na qual você mencionasse meu nome, eu diria coisas totalmente diferentes, mas elas não seriam a verdade. É assim que são as coisas, e vão ficar assim por muito tempo. Está surpreso? Não fique.

Despedimo-nos. Não tenho dúvida de que esse alto funcionário me disse a verdade. Para mim, em termos práticos, isso significa que não poderei entrevistar muitos políticos na Terra dos Livres, Lar dos Valentes.

É uma pena.

Faz algum tempo que alimento a esperança de entrevistar o presidente Barack Obama, porém, depois do que aconteceu com o prefeito de Chicago, que é amigo do presidente, e do que acabo de ouvir de uma autoridade, percebo que não devo perder nem mesmo o tempo de tentar marcar essa entrevista.

Mas realmente quero saber sobre ele, e saber o máximo possível. Será que posso encontrar seu eu íntimo por outros meios? Dizem que o falecido líder do Hamas, o xeque Ahmad Yassin, costumava dizer: quando todas as portas se fecham, Alá abre um portão.

E, às vezes, um portão significa um entendimento diferente.

✧ ✧ ✧

O que eu gostaria de saber é muito elementar: será que um homem que acaba sendo presidente realmente se importa com as pessoas que o instalaram nesse cargo, as que lhe deram o poder que ele detém?

Isso exigiria uma entrevista, ao término da qual eu receberia a resposta, ou não.

Mas agora me ocorre que existe outra maneira – talvez até melhor – de obter a resposta a essa pergunta: conhecer as pessoas que o puseram no poder, no começo, e descobrir como estão passando hoje. Como estão passando as pessoas do distrito eleitoral dele em Chicago, aquelas que foram as primeiras a lhe dar seus votos, decorridos uns quinze anos?

Obama iniciou sua carreira política como senador, representando o 13º Distrito de Illinois. Quando foi eleito pela primeira vez, em 1996, o 13º Distrito abrangia os bairros da zona sul de Chicago, de Hyde Park-Kenwood até South Shore, ao sul, e até Chicago Lawn, a oeste, segundo as informações de que disponho.

Deixe-me ir até essa área, digo a mim mesmo, e ver como ela está – falar com as pessoas e ver como estão passando.

Como primeiro passo em direção a esse objetivo, vou à recepção do meu hotel e peço instruções sobre o caminho. Uma moça de rosto sorridente me diz que não conhece a região que estou procurando. Precisa de um endereço, diz. Torno a lhe fornecer as fronteiras da minha busca, mas a moça risonha diz:

– Não o entendo, mas sugiro que o senhor vá ao Hyde Park. Se quer vivenciar os bairros de Chicago, o Hyde Park é um bom lugar para visitar.

Quero ir à região ao sul de Hyde Park, insisto.

– Como pretende chegar lá? O senhor está de carro? Precisa de um táxi?

Não quero chegar lá de carro e não quero um táxi. Quero ir de transporte público. Quero encontrar pessoas.

– Pegue a Linha Verde.

Linha verde?

– Sim, a Linha Verde. É o trem que o levará aonde o senhor quer ir. A Verde. Não a Vermelha.

Por que não a vermelha?

– A Linha Vermelha não é boa.

Por quê?

– Eu não pego a Linha Vermelha, e eu moro em Chicago!

Por que não a vermelha?

– Não é recomendável.

Por quê?

– Não é seguro.

Bem, Dearborn também não era segura e gostei de lá para danar. Pego a Linha Vermelha.

O trem, muito melhor que os de Nova York, desloca-se com suavidade. Adoro esse tipo de trem moderno: fresco, novo, eficiente. Melhor é impossível. Olho para as pessoas a minha volta. E noto um padrão. A cada parada, mais brancos saltam do trem, e mais pretos entram. Isso continua até todos os brancos sumirem.

A essa altura, o trem só tem passageiros negros. E eu.

Onde fica o melhor lugar para eu descer?, pergunto a um homem sentado perto de mim. Ele indaga o que estou procurando. O coração e a alma das pessoas ao sul de Hyde Park, eu lhe respondo.

– O senhor sabe onde está?

Não.

– Na zona sul de Chicago.

É bom saber. Em que ponto devo descer para vivenciar o coração e a alma da zona sul?

– Esse aí sou eu!

Isso me deixa muito feliz. Onde vejo mais gente como você?

– Isto aqui é um bairro perigoso, cara!

Adoro perigoso.

– Desça na Rua 63. Vou lhe mostrar onde é.

Ele me mostra, depois sugere que eu pegue um ônibus que me leve mais para dentro do *'hood*. Pego o ônibus e vou até o ponto final. Quando estou prestes a saltar, o motorista, um sujeito preto, me pergunta o que estou fazendo aqui. Eu não deveria estar aqui?, pergunto.

– É melhor ficar neste ônibus até eu voltar. Isto aqui não é um bom bairro. Não é bom. Aqui eles têm armas. Eles atiram. Por que o senhor está aqui? Fique neste ônibus, ou pegue outro para sair daqui. Pronto – acrescenta, apontando para um ônibus que já está de partida –, ele está saindo. Pegue aquele ali!

Não quero nem ouvir falar nisso. As pessoas daqui são as pessoas em cujo nome Obama ingressou na política e são as que o fizeram. Quero vê-las e saber o que ele fez por elas.

Desço do ônibus. Passam umas pessoas. A maioria é preta, algumas são hispânicas. Começo a circular.

Uma palavra me vem à mente: inferno.

Vou andando, e tudo que vejo é uma pobreza escancarada. Loja após loja trancada, fechada para sempre e claramente abandonada, inclusive igrejas. Passo um tempo andando neste dia mais quente do verão, olho para a pobreza e o desespero que esse lugar projeta, num olhar mortífero que não acaba nunca, e fico chocado por isso existir na mesma cidade em que está a Milha Magnífica. Não deparei com imagens assim nem mesmo no Terceiro Mundo.

Tenho vontade de gritar: isto são os Estados Unidos? Estou nos Estados Unidos? Estou na Obamalândia.

Muitas vezes, vezes demais, na verdade, recebo *e-mails* "pessoais" do presidente Obama. Eis um deles:

Tuvia,

Quando eu mal estava começando, como organizador na zona sul de Chicago, as coisas não foram fáceis. Às vezes, eu convocava uma reunião e ninguém aparecia.

Com paciência e persistência, entretanto, o pessoal que morava na comunidade começou a comparecer. Em pouco tempo, passávamos horas juntos, falando dos problemas que eles viam e examinando as melhores maneiras de resolvê-los.

Quanto mais eles se tornaram atuantes e engajados, mais fácil foi efetuar as mudanças que buscávamos. Creio que o mesmo conceito se aplica ao dia de hoje. A organização é a pedra angular de todas as coisas grandiosas que realizamos.

A quem ele pretende tapear?

Vejo numa esquina um hispânico sentado numa escadinha de entrada, segurando uma bengala. Como se chama este bairro?, pergunto-lhe.

– Moro aqui há muitos anos e nunca fiz essa pergunta – responde ele.

Mas como ele se chama?

– Não sei.

Uma *van* cinza vem passando e para. A janela desce e revela dois homens de colete à prova de balas, ambos armados e com toda sorte de aparelhos de comunicação:

– O que está fazendo aqui? De onde você é? Onde mora?

Moro no Hotel Allegro, no centro da cidade.

– Como veio de lá para cá?

De trem e de ônibus.

– Sabe onde está?

Não exatamente, mas estou tentando encontrar o distrito eleitoral do presidente Obama.

– Não é aqui. Vá ao Hyde Park.

Disseram-me que era aqui.

– Aqui é um lugar perigoso, um campo de tiro.

Quem são vocês, por falar nisso?

– Polícia.

Num carro civil?

– Carro sem identificação. Conhecemos esta área. Por favor, vá embora.

Sou jornalista. Vocês têm seu trabalho para fazer, e eu tenho o meu. Para onde devo ir daqui, para...

– Para casa!

O quê?

– O senhor deve ir para casa.

Por quê?

– Acredite, não lhe convém ficar aqui.

Aqui não é o distrito de Obama?

– Não, não é o distrito de Obama. Ele fica muito mais para lá, na outra direção.

Aqui não é o 13º Distrito Eleitoral?

– Não.

Pego meu iPad para lhes mostrar a informação de que disponho.

– Por que está pegando seu iPad? Está querendo ser roubado?

O outro policial, o do banco do carona, diz:

– Ele não sabe onde está.

Diz o policial ao volante:

– Escute, seu lugar não é aqui.

Paro de prestar atenção às advertências dele e apenas continuo o que estava fazendo, e lhe mostro as informações em meu iPad.

Em 1996, se não me engano, o 13º Distrito tinha um traçado diferente, digo-lhe.

O policial muda de atitude:

– Correto. Agora você está no distrito que o Obama representava naquela época. Isso está certo.

Vocês também já eram policiais aqui naquele tempo?

– Sim.

Alguma coisa mudou, de lá para cá?

– Mudar, aqui? Aqui nada muda. Piorou, se tanto.

Bem, deixe-me falar com mais algumas pessoas, para ver se vocês têm razão.

– Estamos num país livre. Passe bem e se cuide. Mas, por favor, saia daqui o mais rápido possível.

Os policiais vão embora e fico entregue a meus próprios recursos. Empresas abandonadas, algumas com portões de ferro por todo lado – como que para proteger o vazio decadente do interior e impedir que ele transborde –, continuam a ser a visão comum. Ando, ando, ando e ando, e uma loja após outra, uma empresa após outra, está abandonada.

Apenas algumas coisas ainda funcionam: uma loja do Exército da Salvação, um posto de gasolina, uma firma de desconto de cheques, lojas de bebidas e casas lotéricas, depois um par de restaurantes.

Entro nos restaurantes e, em cada um deles, sou recebido por uma iluminação precária, banheiros quebrados, piso sujo, cadeiras quebradas e paredes sujas. E estão vazios, exceto um, onde há dois fregueses.

As casas da região, surpreendentemente, parecem boas. Muitas são residências particulares, o que dá a impressão de que se trata de um bom bairro.

Mas não é.

Como é que gente paupérrima consegue morar nessas casas?

Parte do bairro, que alguns me dizem chamar-se Englewood, é de pretos, e outra tem também hispânicos. Alex, um garoto hispânico de dezesseis anos, diz que gosta de seu bairro, mas que a vida não é fácil:

– Todas as gangues estão aqui.

Quantas gangues existem?

– Muitas. Aqui há uma porção de gangues diferentes.

E elas matam umas às outras?

– Matam, sim.

Qual é a frequência da violência por aqui?

– Todo verão, todo mundo é morto por aqui.

Quantos e com que frequência?

– Uma vez por semana, alguém é assassinado aqui. – Apontando para frente, acrescenta: – Acabaram de matar alguém bem ali, no posto de gasolina.

Por quê?

– Membro de gangue. Tiro na cabeça.

Ele morreu?

– Sim.

Quando foi a última vez que você ouviu tiros?

– Faz dois dias.

Até onde você se lembra, alguma coisa mudou por aqui, nos últimos dez anos?

Dois homens mais velhos, ambos hispânicos, estão ouvindo Alex. Ele dá uma olhada nos dois, sem saber o que dizer, mas então responde:

– Mudou.

Para melhor ou para pior?

Ele olha para os mais velhos e diz:

– Para melhor.

O que melhorou?

Ele não responde, como se temesse falar alguma coisa.

Seja franco, Alex.

– Ser franco? Não.

"Não" o quê?

– Não. Não mudou nada.

Você sente medo?

– Não tenho medo.

Você sai à noite, como está saindo agora?

– À noite? Não.

Qual é a diferença entre as gangues?

– Nesta rua há duas gangues. Uma anda de calças frouxas e camisa azul. A outra anda de calças frouxas e camisa vermelha. É assim que eles sabem quem é quem e se matam.

Qual é a situação entre hispânicos e pretos? Eles matam uns aos outros?

– Sim, às vezes.

Passam dois garotos hispânicos; um é adolescente, o outro tem dez anos. Alguma coisa mudou, pergunto ao mais velho, depois que o Obama se tornou presidente?

O adolescente diz que não há diferença, e o menino de dez anos me diz que há. Como um garoto de dez anos pode responder a essa pergunta, considerando-se que Obama se tornou presidente há sete anos, é um mistério para mim. Apesar disso, eu lhe pergunto: qual é a diferença?

– Mais cupons de alimentação!

"Cupons de alimentação" são um programa de governo que ajuda os pobres a comprar comida. Antes o governo fornecia cupons. Agora dá cartões de débito.

Caminhando aqui e ali, vejo uma mulher do outro lado da rua. Tem idade suficiente para se lembrar de Barack Obama, que, em sua primeira campanha para um cargo eletivo, em 1996, disse estar se candidatando por querer "dar poder aos cidadãos privados de seus direitos". Convém eu conversar com ela.

Seu nome, ao que me diz, é Cynthia. Ela é hispânica, parece mais velha do que supus a princípio, e está encostada numa parede suja.

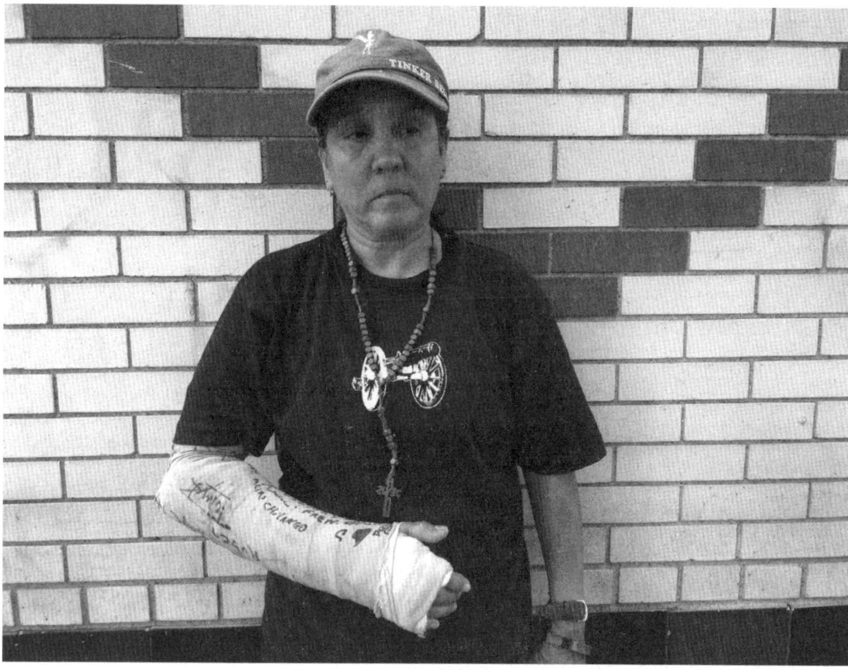

Tem a mão direita engessada e fuma um cigarro em silêncio, com o medo emanando dos olhos.

Não adianta falar com ela sobre vinte anos atrás. O que houve com sua mão?, pergunto.

– Eu estava saindo de uma mercearia. Estava carregando minhas compras e alguém se aproximou e me deu um empurrão; caí no chão e fui roubada.

Os ladrões foram apanhados?

– Não. Fugiram num carro. Também me roubaram trezentos dólares.

Quem foram os ladrões: hispânicos, pretos?

– Pretos.

Desejo suas melhoras, minha senhora.

– Obrigada.

Ela faz uma pausa de um ou dois minutos e diz:

– Pelo menos, tenho minha vida.

Converso com mais gente, e as histórias se repetem. Estou pronto para sair desse bairro, desanimado e aflito.

Nenhuma das pessoas com quem falei, excluindo o garoto de dez anos, com seus cupons de alimentação, soube apontar uma única melhora em sua vida desde que Barack Obama começou a representá-las, anos atrás, e nenhuma se importa com Obama, de um modo ou de outro. Para elas, Obama é só um preto, um "mano crioulo" que chegou ao topo. Isso não tem nada a ver com elas.

Quanto ao presidente Obama, a julgá-lo por seus atos, e não suas palavras, ele usou cinicamente as agruras dessa gente para passar à frente dos outros candidatos, mas não dá a menor importância às pessoas que o colocaram no poder. Sorte dele; ele não mora aqui.

Vou para um ponto de ônibus ali perto e espero o próximo ônibus a sair. No ponto leio que uma "marcha para acabar com a cultura do estupro" se realizará amanhã. Em alguns momentos, longos momentos, o ônibus chega. Subo no veículo que me levará a um lugar melhor, espero.

Algumas paradas adiante, uma adolescente preta encantadora, receptiva e linda, pergunta-me se preciso de ajuda. Não está acostumada a ver homens brancos neste ônibus e se pergunta de que planeta eu caí. Digo-lhe que estou aqui porque queria verificar umas coisas sobre o presidente Obama.

– Você foi à casa do presidente?

Casa do presidente? O que é isso?

– Você não sabe?

Não.

– O que está fazendo aqui?

Acabei de passar umas horas em Englewood.

– Você??

Sim. Qual é o problema?

– Você foi a Englewood?

Eu queria ver as pessoas.

– Em Englewood??

Sim.

– Eu sou de Englewood. *Odeio* Englewood! É um bairro perigoso. Você não foi à casa do presidente?

O que é a casa do presidente? Fica onde?

– Quer ir lá? Pegue o ônibus número 15.

Bem, demoro algum tempo, mas aos poucos vou entendendo: o presidente Obama tem uma casa em Chicago, na qual morou antes de se mudar para Washington. A casa fica no histórico bairro de Chicago chamado Hyde Park-Kenwood, que fica em algum lugar perto de algum lugar, e o ônibus número 15 chega lá.

Pego esse ônibus.

Desço onde o motorista me diz para saltar e ando em direção à residência do presidente Obama em Chicago. Ele não está em casa, mas lá estão alguns agentes do Serviço Secreto. Sua missão é proteger a casa e para isso bloquearam a rua em que ela fica situada. A única maneira de ver a casa, ou melhor, apenas uma fração dela, dadas as muitas árvores que a cercam, é olhá-la do outro lado do bulevar Hyde Park Leste, que é perpendicular à rua bloqueada.

Esse é um bairro rico, com residências imponentes. Não é Englewood, e aqui ninguém vai nos assaltar.

Seja qual for a diferença, quero ver melhor a casa e penso em maneiras de driblar o Serviço Secreto. Tento puxar papo com um dos agentes, mas isso não me leva a nada. O que descubro, entretanto, é que há uma tremenda estrutura bem defronte da casa do presidente, e fico pensando em maneiras de entrar nesse lugar. O que é ele? Bem, é uma sinagoga, chamada KAM Isaiah Israel.

Aleluia! Tudo que preciso é participar de alguns ofícios religiosos e, no templo, verei a casa do presidente.

A entrada da sinagoga está trancada. Procuro o horário das rezas e ofícios e descubro que seu último evento de hoje ocorreu às dez horas da manhã, já se vão umas boas horas.

O título desse último evento de hoje, caso você queira saber, foi ioga. O que a ioga tem a ver com um templo?

Retiro-me da área de Obama e da ioga e penso no que fazer a seguir. Ocorre-me que talvez eu deva achar para mim um templo que ensine Pilates e *pole dance*. Seria agradável ver uma judia *kosher* dançando no poste, diante de congregados se empanturrando de *gefilte fish*. Faço algumas pesquisas e deparo com uma descoberta interessante: o templo de Rahm Emanuel.

Sim.

Barack tem um templo, e Rahm também tem o seu. Só que Rahm efetivamente comparece aos ofícios religiosos. Quer dizer, suponho.

Preciso conferir esse lugar. Ioga.

Será que os judeus de Chicago não têm nada melhor a fazer em seus templos do que praticar ioga ao lado das arcas sagradas?

✧ ✧ ✧

O nome do templo ou sinagoga de Rahm é Anshe Sholom B'nai Israel, e ele se situa no bairro de Lake View. Chego lá por volta das seis da tarde.

Fora da sinagoga, um homem em trajes civis pretos, chamado Neil, cuida da porta de entrada. Você é o guarda?, pergunto-lhe.

– Mais ou menos. Sou detetive policial, especializado em drogas e quadrilhas.

É judeu?

– Eu? Não. Sou de ascendência alemã.

Neil explica sua presença:

– Anos atrás, um médico judeu salvou minha vida. Fui a seu consultório, e ele me devolveu minha vida. O que eu faço aqui é meu agradecimento pessoal a ele.

Você anda armado?

– Sempre.

Diga-me, especialista em quadrilhas, quantas pessoas foram mortas a tiros em Chicago, nos últimos tempos?

– Este mês, só no fim de semana do Quatro de Julho, onze pessoas foram assassinadas, e sessenta e três foram baleadas. Talvez tenha havido mais tiroteios, mas temos conhecimento de sessenta e três.

Imagino que o senhor esteja familiarizado com o bairro de Englewood.

– Ah, sim! Englewood é um lugar muito, muito perigoso.

Eles têm umas casas boas por lá, pelo menos algumas, mas, ao mesmo tempo, tudo lá cheira a pobreza. Como as pessoas podem bancar aquelas casas?

– O governo paga por elas. Os moradores não pagam. Os proprietários originais eram brancos, mas fugiram da região. "Fuga dos brancos."

Aqui também. Entendo. Eu gostaria de saber quantos outros bairros criados por "fugas de brancos" existem neste país.

Entro na sinagoga. É um lugar grande, mas pouquíssimas pessoas se deram o trabalho de aparecer; quase todas têm mais ou menos a idade de Deus. O evento, leio num pedaço de papel que todos recebem, é um discurso sobre o acordo com o Irã.

O orador, que aliás é chatíssimo, opõe-se vivamente ao acordo iraniano. Será que essa sinagoga não conseguiria trazer um orador mais animado, talvez Rahm Emanuel?

Terminado o evento, converso com uma senhora judia, membro da congregação, e ela me diz que sim:

– Esta sinagoga é a *shul* [sinagoga] de Rahm Emanuel. Ele vem aqui todo ano, para a cerimônia dos Grandes Feriados. Ele não paga taxas. Todas as outras pessoas que comparecem aos Grandes Feriados pagam, exceto Rahm.

Por que ele não paga?

– Ele se acha acima do resto de nós. Costumava ficar de pé nas cerimônias religiosas, porque não pagava um assento, mas agora um dos membros paga por ele, do próprio bolso. Paga por Rahm e pela família de Rahm.

Um homem parado perto de nós intervém:

– Sabem por que ele não paga? Porque é pão-duro, é um avarento. Rahm não gasta dinheiro, não o dele. Rahm é assim.

Hora da ioga, acho.

✧ ✧ ✧

A mídia americana anda muito ocupada, ultimamente, com Donald Trump. Conhecido como "o Donald", ele pica em pedacinhos as previsões de todas as sumidades americanas de que logo desaparecerá do mapa. Em vez disso, acabou de disparar para o topo da lista de candidatos republicanos. O Donald tem diarreia verbal; não para de dizer merdas, e o pessoal adora. Os jornalistas americanos não conseguem entender isso, e, assim sendo, escrevem longos artigos sobre ele, na esperança de que, ao terminarem de redigir suas matérias, tenham entendido alguma coisa.

O governo Obama, por outro lado, não anda ocupado com o Donald. Está ocupado, ocupadíssimo, com o acordo iraniano.

Amanhã de manhã, por exemplo, seu pessoal tentará convencer os líderes judeus de Chicago de que o acordo nuclear com o Irã não é realmente ruim.

Acho que devo comparecer.

✧ ✧ ✧

O Conselho Judaico de Relações Comunitárias do Fundo Judaico Unido/Federação Judaica da Região Metropolitana de Chicago fará hoje uma reunião especial, para discutir a resposta da comunidade judaica de Chicago ao acordo iraniano. A Federação Judaica é a organização mais importante dos judeus de Chicago, e comparecerão à reunião de hoje membros de muitas organizações judaicas, inclusive o famoso AIPAC – American Israel Public Affairs Committee [Comitê Americano-Israelense de Assuntos Públicos].

A segurança é rigorosa, com guardas, triagem com equipamento de raios X e até portas duplas, com segurança eletrônica, para quem entra ou sai dos toaletes.

Em resumo: só os membros atuantes das organizações judaicas de Chicago, previamente registrados, devem comparecer a esta reunião. Não sou membro de nenhuma organização judaica, e, naturalmente, nenhum guarda consegue encontrar meu nome na lista registrada.

É um problema. Para resolvê-lo, apresento aos guardiães da entrada deste prédio ultraprotegido pela segurança minha carteira de motorista.

Eles me deixam entrar. Adorei.

Sinto-me muito seguro!

Trata-se de uma reunião judaica, aliás, o que significa que haverá comida por perto. E não é ruim, na verdade.

Nota: quando não escrevo sobre comida, isto quer dizer que não há nada para escrever sobre ela – o que, infelizmente, é o que experimento quase todos os dias no Lar dos Valentes.

Aqui, porém, os judeus fizeram um milagre: há um salmão excelente, morno e fresco, disponível para o consumo dos participantes. Salada de atum também figura no cardápio, além de abacaxi, abacate, cebola picada, melancia, café (que não experimento) e Coca Diet (na qual sou viciado). Não há *bagels*, o que me faz lembrar que não estou num evento judaico de Nova York, onde a falta de pãezinhos em forma de rosca é um crime grave. Também não há *cheesecake* nem qualquer outro tipo de bolo ou torta.

O que está acontecendo com esses judeus? Ao que eu saiba, é um crime contra o judaísmo não ter doces num evento como esse. Mas não reclamo. Não digo palavra. Não preciso que nenhum judeu daqui me pergunte que organização represento. Se a coisa apertar, direi que estou representando o estado de Nova York, que expediu minha carteira de habilitação. Essa é uma entidade oficial, e, ao que eu saiba, os judeus adoram autoridades.

Uma autoridade, aliás, discursa para eles neste momento, enquanto eles comem salmão. Chama-se Jon Wolfsthal, diretor sênior de não proliferação do Conselho de Segurança Nacional, e está falando da Casa Branca por meio de vídeo.

– Vocês estão me ouvindo? – pergunta ele. – Gostaria que também me pudessem alimentar.

Ele deve ser judeu.

– Esse acordo é extremamente bom – diz, passando aos negócios. O acordo nuclear com o Irã é excelente, afirma ele, e não tem defeitos. Além disso, os Estados Unidos e seus aliados poderão ver de imediato qualquer violação iraniana do acordo e agir prontamente a esse respeito. Ponto final.

Eu nunca havia experimentado antes, mas devo admitir que salmão combina muito bem com discursos sobre bombas nucleares. Não sei explicar, mas é uma realidade. Seja como for, nosso Jon prossegue num tremendo blá-blá-blá, dizendo-nos repetidas vezes como é maravilhoso esse acordo.

O que é o acordo, exatamente? Nenhum dos comedores de salmão se dará o trabalho de ler suas 159 páginas. Ler, como qualquer criança sabe, não combina com comer. Especialmente peixe.

O interessante a assinalar aqui é que Jon fala desse acordo num tom mais positivo do que até hoje falaram o presidente Obama ou Kerry, o secretário de Estado. Para estes, o acordo tem falhas, sim, mas foi o melhor que se pôde conseguir. Para Jon, o acordo é excelente. Nem falhas nem problemas. Ponto final.

Isto posto, é claro que esse Jon foi encarregado de falar com os judeus daqui pela Casa Branca. E eu me pergunto: será que a Casa Branca está levando o pessoal daqui no bico? Quem sabe? É muito provável que ela nem sequer tenha contemplado a ideia de que poderia haver jornalistas presentes nesta reunião. Se achasse que haveria jornalistas aqui, provavelmente teria sido mais cuidadosa. No que me concerne, espero que não confisquem minha carteira de habilitação.

O salmão quase acabou, e Jon nos revela que tem mais argumentos em seu arsenal. Diz-nos em confiança que membros da Câmara e do Senado terão acesso a documentos sigilosos e outros materiais, os quais mostrarão e provarão a que ponto o acordo é eficaz, como é bom e genial. Em outras palavras, há aqui mais do que mostram as aparências, e o documento de 159 páginas não se sustenta sozinho.

Mas só os legisladores chegarão a ver o pacote completo.

Como motorista habilitado, tenho um problema com isso. O que Jon está pedindo a esses judeus daqui, em síntese, é que eles sigam cegamente os líderes americanos, que os guiarão para o caminho certo. Será que eu me disporia a dirigir com uma venda nos olhos e a confiar nas instruções que me daria o prefeito Rahm Emanuel no banco do carona? De jeito nenhum. E mais: será que essa confiança cega faz parte dos princípios democráticos de que esse país se orgulha tanto?

Peço a alguém sentado a meu lado que me explique o que estou vendo e ouvindo. A resposta dele vem numa palavra:

– Judeu.

Perdão, como disse?

– Jon é judeu, e é assim que os judeus funcionam. Apoiaram Hitler nos primeiros tempos; eles o financiaram. Por que você acha que teríamos ficado livres desse nosso hábito?

Será que ele está certo?

Faço uma verificação sobre nosso homem, Jon. Eis o que leio, numa pequena mensagem que ele enviou pelo Twitter, algum tempo atrás, falando do *lobby* judaico, o AIPAC: "Como judeu e filho de sobrevivente, estou cansado de ver o AIPAC tentar me enrolar e forçar um conflito com o Irã".

Isso é interessante e levanta algumas questões. Por que a Casa Branca teria escolhido esse tal Jon para se dirigir aos judeus de Chicago? O governo não poderia designar outra pessoa para falar com os judeus? Por que um judeu, e por que esse judeu? Será que o governo nos está mandando um recado: "Fiquem conosco, senão..."?

✧ ✧ ✧

Há mais do que apenas um elemento no acordo iraniano. Por exemplo, o componente do dinheiro.

Dias atrás, o *Daily Beast* publicou esta matéria sobre o acordo:

> O Irã tem bilhões em bens congelados por um regime de sanções internacionais, liderado pelos Estados Unidos e por outras potências

> do mundo. Caso se chegue a um acordo nuclear, como é esperado que aconteça, mais para o final desta semana, esses bens viriam a ser liberados para o governo iraniano.
>
> "É claro que estamos cientes e apreensivos com a possibilidade de que, apesar das necessidades maciças de despesas internas enfrentadas pelo Irã, parte da consequente suspensão das sanções seja usada por esse país para financiar atos desestabilizadores", disse uma autoridade do Departamento de Estado a *The Daily Beast*.

O valor em questão, de acordo com diversos relatórios publicados na mídia americana, é de 150 bilhões de dólares.

A Grécia adoraria pôr as mãos nessa bolada. A Grécia, submetida aos fortes países europeus que estão no processo de ensinar bons modos aos gregos, por assim dizer, tem de enfrentar severas medidas de austeridade por algum tempo. Mas o Irã logo ficará mais rico do que já é, graças aos europeus que dão lições à Grécia, os quais têm apoiado plenamente o acordo iraniano.

Pego outro pedaço de salmão. A reunião continua.

O orador seguinte, via audioconferência de Washington, é o embaixador Dennis Ross, atualmente no Instituto Washingtoniano de Política para o Oriente Médio e ex-assistente especial do presidente Obama, além de assessor especial da ex-secretária de Estado, Hillary Clinton.

Dennis, como diplomata, diz que o acordo é bom, mas precisa de algumas modificações – o que é inviável, é claro, porque os iranianos se recusam a renegociar. Esse Dennis é diplomata, e, como tal, prefere não tomar partidos. Nunca se sabe quem será o próximo presidente, logo, por que comprometer-se com um lado contra o outro?

O orador seguinte e último é Roey Gilad, cônsul geral de Israel no Oriente Médio. Eis um judeu falando com judeus, um diplomata israelense falando com judeus americanos. Roey é direto como uma flecha ao se dirigir a eles, o que é bem surpreendente de se ver, já que também ele é diplomata – só que esse diplomata está disposto a se posicionar. E assim o faz. Assume uma posição muito forte.

Roey não discursa por meio de comunicações eletrônicas, mas está bem aqui, em carne e osso. Está aqui com os judeus, olha-os diretamente nos olhos e pede que eles se posicionem contra o governo. Chega a ser chocante assistir a isso, na verdade. E, em seguida, ele acrescenta:

– O que estamos pedindo é que vocês fiquem do nosso lado.

É um momento muito tocante: um diplomata judeu implora a seus correligionários que não o abandonem nem a seus compatriotas.

Políticos e diplomatas israelenses já se manifestaram publicamente contrários ao acordo nuclear com o Irã, e, por essa perspectiva, não há nada de novo no que está acontecendo aqui – mas este não é um evento público; é um evento íntimo, só para judeus. Temos aqui um judeu, um diplomata que representa o Estado judaico, o único Estado judaico que existe, e ele está praticamente implorando aos judeus comedores de salmão de Chicago que fiquem do seu lado e sejam seus irmãos judeus.

Qual é a reação deles? Os judeus o olham. Olham fixo. E não reagem. Esses judeus são bem-educados e não demonstram as emoções.

Roey não está apenas em busca de emoções; também tenta ponderar com eles:

– Esta é a primeira vez que ouço alguém retratar o acordo como extremamente bom – diz, referindo-se à avaliação de Jon que eles haviam acabado de ouvir. – Esse acordo é como um queijo suíço, cheio de furos.

O discurso dele é seguido pelo anúncio de que outra reunião será convocada em poucas semanas e de que a decisão será tomada depois dessa segunda reunião. Os judeus de Israel terão de esperar para saber se os judeus de Chicago vão ou não apoiá-los.

✧ ✧ ✧

A vida é dura.

Hora de seguir adiante. Deixo Chicago com muitas perguntas. Este país dá enorme importância ao fato de nove negros serem assassinados por um homem branco, mas permanece num silêncio peculiar sobre os milhares e milhares de pretos que são assassinados por outros pretos.

Sim, eu sei, os assassinatos na igreja foram um crime "de ódio", ao contrário dos assassinatos contínuos de pretos por pretos. Mas a verdade é que assassinato é assassinato, e a perda de uma vida é a perda de uma vida. Além disso, o grande problema aqui é que falar de assassinatos de pretos por pretos não é politicamente correto, pois poderia ser interpretado como "racista", mas essa bizarra correção política permite que milhares e milhares sejam assassinados, ano após ano após ano.

Só em Chicago, diz-me um policial, estima-se que seiscentas pessoas terão sido assassinadas até o fim deste ano, e que milhares serão baleadas. Onde está o clamor contra essa matança absurda? Onde está Andrews, o guardião da justiça de Georgetown, que não anda pelas ruas dos Estados Unidos e grita por justiça, paz e humanidade?

Antes de eu chegar a Chicago, tinham me dito que muitos descendentes de alemães viviam nesta cidade. Talvez vivam, mas devem estar bem escondidos em algum canto, ou então derreteram tão bem no caldeirão cultural que não se consegue achá-los sem uma lente de aumento. Seja qual for o caso, lamento não os ter conhecido.

Vou sentir saudade de Chicago. Há nesta cidade algo difícil de definir. A bela arquitetura, entrelaçada e entremeada de ubíquos trilhos de trem, elevados e enferrujados, e as pessoas que dizem "bem-vindo a Chicago, irmão", ao lhe dizerem que seus políticos são extremamente desonestos.

Sim, elas fazem isso.

Minha única pergunta é: para onde devo ir agora?

Portão 7

Toda família deveria ter pelo menos cem armas de fogo.

“O governador Scott Walker, de Wisconsin, disse na segunda-feira que queria eliminar a Controladoria do Governo Estadual, um órgão não partidário que supervisiona as eleições, a ética, o financiamento de campanhas e o *lobby*”, escreve o *New York Times* sobre o governador de Wisconsin.

Será que isso quer dizer que Wisconsin é ainda mais corrupto do que Illinois, ou que Milwaukee é mais violenta que Chicago? Não sei, mas talvez deva fazer uma visita a Wisconsin. Além disso, esse estado é o vizinho nortista de Chicago. É fácil chegar lá, e facilidade é bom.

Alugo um novo carro, um Malibu branco, e vou dirigindo. Malibu. Adoro o modo de pensar dos fabricantes de automóveis sobre seus carros. Malibu. Quem não gostaria de ter um “Malibu”? Malibu. Que nome!

O Cruze era bom, devo admitir, mas às vezes sou chegado à poligamia e quero mais de um. Esse Malibu também é maior, o que é um encaixe melhor para pessoas arredondadas como eu.

A caminho de Milwaukee, paro em Racine. Racine. Bonito nome, não? Seja como for, as autoridades de Racine dizem que “o Condado de Racine tem uma antiga e orgulhosa história de esforços populares de luta contra a desigualdade e a injustiça, e os membros de sua comunidade trabalham juntos pelo bem comum”, e quero ver isso.

Vou a um restaurantezinho local e peço um hambúrguer e um conhaque, um "B&B", para encurtar[1].

Ao lado de minha mesa há dois homens, ambos brancos, tomando cerveja. Como vocês se dão com os pretos por aqui?, pergunto-lhes.

Não sei quanta cerveja eles já beberam, mas ficam sóbrios de imediato ao ouvirem essa pergunta. Olham para mim com desconfiança, como se eu fosse um detetive policial prestes a detê-los, e ambos me dizem que se dão otimamente com todos os negros do mundo.

Digo-lhes que não caio nessa. Não é possível. Não sei o que me fez dizer isso, mas eu o disse.

Eles me escutam, sentem-se mais relaxados, e seu tom muda:

– Há pessoas que endossam a cultura do receber, em vez de dar e trabalhar. Não são boas – diz um deles.

Você está falando dos pretos?

– Sim – respondem os dois.

Leah, uma adorável segundanista universitária, senta-se a minha mesa.

– Obrigada por ter vindo a Racine – diz. – Espero que goste daqui.

Ouvi dizer, eu lhe falo, que vocês têm muitos crimes por aqui e muitas gangues. Por acaso alguém me disse isto? Não, mas estou tentando entabular uma conversa instigante.

– É verdade, infelizmente. Temos muitas quadrilhas aqui. Os GD, que são os Gangster Disciples. Os IG, Imperial Gangsters. Os Latin Kings. Há outras, mas não sei todos os nomes.

Você conhece pessoalmente algum bandido?

– Não. Não me meto nessas coisas.

Conhece algum judeu?

– Pessoalmente, não. Nunca conheci um judeu, mas certamente conheço sobre eles.

O que acha deles?

– A maioria dos americanos não gosta dos judeus, mas eu gosto.

Gosta por quê?

– Eu sou cristã, e, por ser cristã, gosto deles. São o povo de que Deus gosta, e eu também.

Não muitos europeus diriam isso.

---

1. A abreviatura de "*burguer and brandy*". [N. T.]

✧ ✧ ✧

Como meu hambúrguer, tomo meu conhaque, levanto-me e saio dirigindo. Não conte aos guardas! Ao chegar a Milwaukee, sento-me para tomar um café com uma loura de meia-idade e converso com ela. Peço-lhe que me fale um pouco do Wisconsin.

O Wisconsin, ela me diz, "é 52% germano-americano em sua comunidade caucasiana". Caucasiana: jargão superpoliticamente correto. Essa mulher, se faço um bom juízo dela, é mais PC do que a lua (não sei por que acho que a lua seja PC, mas ninguém pode provar o contrário).

Enfim, acho que devo lidar com essa Sra. PC com mais gentileza. Wisconsin é racista?, pergunto-lhe.

– Eu me sinto muito constrangida falando dessas coisas – vem sua resposta, numa voz sofrida.

Constrangida por quê?

– Porque não estabeleço diferenças entre as cores.

Não fiz uma pergunta sobre você, perguntei sobre Wisconsin.

– Se você me forçar a responder, eu respondo.

Por favor!

– Nós, e não estou me incluindo nisso, somos racistas. Sim. Bem racistas.

Todos em Wisconsin são ruins exceto ela. É claro.

Termino meu café e vou dar uma volta. Numa loja próxima, leio esta placa: "Só dois estudantes de cada vez na loja". Por que só dois?, pergunto.

– Eles entram em grupo e roubam – diz o dono da loja.

"Eles" significa pretos. O dono da loja é *sikh*.

Continuo a andar, e vejo Shanta, um negro de uns quarenta e cinco anos, parado junto a sua picape. Ele escreveu um livro, conta-me, e, se eu quiser um exemplar, terá muito prazer em vendê-lo.

Qual é sua história?, eu lhe pergunto.

– Eu me mudei para Milwaukee em 1984, quando vim conhecer minha mãe. Originalmente, minha mãe tocava em bandas e fazia música, então eu achava que era Diana Ross e a idolatrava. Mudei-me para Milwaukee, e descobri que minha mãe era uma criminosa de longa data. Ela se prostituía, usava drogas, roubava, cometia uma porção de tipos de crimes. Ficou fora por um longo período com suas amigas prostitutas. Durante um longo tempo, senti fome, passei fome, e era pequeno demais para trabalhar, e achei que era uma ideia brilhante roubar um entregador de *pizza*. Eu disse: vou comer *pizza*, não vou ficar com fome, e vou arranjar *dinheiro*, porque os entregadores de *pizza* têm dinheiro. Fui apanhado, virei um caso juvenil.

Você estava armado?

– Não. Um martelo. Eu era muito garoto para ter arma. Tinha um martelo.

Como o pegaram?

– Eu estava na neve, e a polícia seguiu minhas pegadas. Entrou na casa e me apanhou. Fui para o presídio juvenil, e, quando saí, estava com uma doença mental. Estava tentando medicar-me...

Que tipo de doença mental?

– Eu tinha estresse pós-traumático e distúrbio bipolar. Não sabia que...

Quem lhe disse que você tinha uma doença mental?

– Aquela que acabou sendo minha mulher. Eu me casei com minha psicóloga.

Ela é branca ou preta?

– Branca. Ela me ajudou a me compreender e passei a tomar remédios. Depois, recomecei a usar drogas.

Por quê?

– Porque estava deprimido.

Deprimido por quê? Sua mulher não era boa o bastante?

– Era. Não fui para a cadeia para deixá-la!

Ela é bonita?

– Sim.

Mas o casal está se divorciando.

– Ela é vinte e quatro anos mais velha que eu. Sou moço, quero muito sexo.

Ela não gosta de sexo?

– Não tanto.

Quantas vezes por semana você quer ter relações sexuais, e quantas vezes ela quer? Vamos falar de números!

– Eu quero ter relações todo dia, duas, três vezes.

E ela?

– Três ou quatro vezes por semana.

Isso não é bom o bastante para você?

– Não é bom o bastante.

Shanta saiu do presídio em agosto. Assaltou uma pessoa, dessa vez com uma arma.

Em sua maturidade, você ficou mais esperto...?

– Eu piorei!

Tudo bem, então você estava armado. Quem tentou roubar dessa vez: um banqueiro?

– Não.

Um entregador de *pizza*?

– Não, entregador de *pizza*, não!

Quem?

– Um negociante.

Que tipo de negociante?

– Bem, um deles tinha um restaurante...

Você se meteu com comida de novo?

– Esse foi um deles.

Quantas pessoas você roubou?

– Várias.

Quantas?

– Sete.

E, na sétima vez, com o sétimo homem, você foi apanhado. Que erro cometeu para ser apanhado dessa vez?

– O erro foi que usei meu carro, e eles [a polícia] pegaram o número de minha placa, e eu mostrei meu rosto [durante o roubo].

Isso é burrice.

– Muita, muita burrice!

Em todos os roubos que você cometeu, juntando todos, quanto dinheiro você arranjou, ao todo?

– Sinceramente? Devem ter sido uns dezesseis mil dólares.

Em espécie?

– Em espécie.

As pessoas andam com tanto dinheiro assim?

– Os negociantes.

Como você descobria quem era negociante?

– Eu roubei negociantes, mas também traficantes de drogas. Roubei dois traficantes, e eles tinham muito dinheiro.

As outras pessoas que você roubou, os negociantes, quanto dinheiro cada uma levava?

– Nem mil dólares!

Você atirou em algum deles? Atiraria?

– Se você me der seu dinheiro, não vou atirar.

E se eu não der?

– Eu bato em você. Dou uma surra em você. E, se você me machucar, eu atiro.

Já atirou em alguém?

– Não em meus roubos, não.

Uma *van* dirigida por um homem branco se aproxima e para. O motorista baixa o vidro da janela e pergunta se estou precisando de ajuda. Eu lhe digo que está tudo bem e que não precisa preocupar-se.

Ele é tira?, pergunto a meu novo amigo.

– Não, ele não é policial.

Como você sabe?

– Pode confiar. Conheço os policiais!

Nem acredito que estou parado aqui, gastando meu tempo com um assaltante a mão armada. Dou uma olhadela no interior de sua picape, só para ver o que há lá dentro, e vejo uma mulher. Peço-lhe para descer.

Ela desce e conversamos um pouco. Shanta, como se constata, não é exatamente a máquina sexual que diz ser. Essa moça quer mais sexo, mas ele não quer. Está muito velho...

✧ ✧ ✧

América.

Não é esta a América que eu esperava encontrar; é uma América diferente.

Durante muitos anos, pensei saber alguma coisa sobre a América, mas será que sei? A verdade é que não tenho a menor ideia. Estou descobrindo o país, pouco a pouco, alma a alma, estado a estado.

Quem sabe aonde me levará esta minha jornada?

✧ ✧ ✧

Hoje é o Dia Nacional do Cachorro-Quente, e vou a uma Noite da Moto, para passar alguns bons momentos com donos de motocicletas Harley-Davidson em Milwaukee, onde fica a sede da fabricante.

Esses são os verdadeiros EUA, dizem-me algumas pessoas. Aqui, quase todo mundo tem uma Harley, mas nem todos.

Conheço um casal idoso que não pilota uma Harley, mas tem filhos que são donos de Harleys.

– Minha família é da Alemanha – diz-me a senhora, à guisa de apresentação. – Nunca fui à Alemanha, mas minha filha foi. Gostou muito de lá! Até saber dos nazistas e do que eles fizeram durante a guerra, e aí ficou horrorizada. Não conseguiu suportar.

Digo-lhe que sou alemão, e ela já não fica muito à vontade perto de mim. Foi a única vez em minha vida em que alguém não gostou de mim por eu ser "alemão".

Vou pilotar uma Harley, para compensar a punhalada da rejeição. Bem, não é exatamente pilotar, mas quase. A Harley em que monto é um modelo 2015, só que seu motor não está ligado às rodas. Em outras palavras, ela faz o barulho que me levaria a me sentir "másculo"; posso até passar as marchas, mas esta moto não sai do lugar.

E que barulho faz! Mal consigo ouvir a instrutora que está tentando me orientar:

– Cuidado para não encostar nos canos; eles ficam extremamente quentes.

Levo menos de um segundo para descobrir que ela tem razão.

Qual é a grande ideia em ter uma Harley?, pergunto à jovem instrutora. Por que não outras motocicletas, como a Honda?

– A Harley é a liberdade suprema – responde ela, levando a sério cada sílaba.

Terra dos Livres.

Nestas últimas semanas, andei perguntando a inúmeras pessoas o que significa ser americano, e quase todas responderam: *autonomia* e *liberdade*. Agora sei o supremo significado da primeira dessas palavras, pelo menos: pilotar uma Harley.

"Dia Nacional do Cachorro-Quente" é autoexplicativo; e o que vem a ser Noite da Moto?

Vejamos como a Harley-Davidson a descreve, oficialmente: "Todas as motos se unem no Museu Harley-Davidson. Pegue sua moto. Junte-se a outros pilotos para desfrutar de música, diversão e muita gente que é um colírio. Saboreie os pratos e bebidas especiais dentro e fora do Bar & Restaurante MOTOR, inclusive a Miller High Life $2, no *Koozie* Especial da Noite da Moto no MOTOR, durante toda a temporada (*Koozies* disponíveis em The Shop, no *campus* do Museu)."

Não sei o que são *Koozies*[2], mas sei o que é comida, e é o quanto basta.

A visão a minha frente é mesmo um colírio: um mar de Harleys e um oceano de pessoas.

2. *Koozies* ou *coozies* são porta-latas ou porta-garrafas feitos de isopor ou outro material isolante, para manter a temperatura da bebida. [N. T.]

Não estamos dentro do museu, mas do lado de fora. Não vamos passar este Dia Nacional do Cachorro-Quente num museu, meu bem.

Quase todos os presentes são homens, a maioria na meia-idade, muitos bem acima do peso, como eu, muitos de óculos escuros e muitos de jaqueta preta de couro. Está fazendo calor, mas eles usam jaquetas de inverno. Têm toda sorte de quinquilharias decorativas nas jaquetas e toda sorte de títulos, como "Proscritos", "Cavaleiros" e muitos mais.

Um bom número deles fuma, e muitos têm tatuagens na pele.

Aproximo-me de um homem com muitas tatuagens; tem tatuagens em quase todos os centímetros visíveis de pele. O que você tem aí?, pergunto.

Ele estica o braço e me explica suas várias tatuagens:

– Um logotipo da Harley-Davidson, dois revólveres. E aqui tenho as cores vermelha e branca, as cores dos Estados Unidos.

Devo dizer-lhe que são também as cores da Polônia? Não; isso poderia destruir seu futuro. Por que você precisa de todas essas tatuagens?, pergunto.

– São expressões minhas. O que é importante para mim na vida.

Sua mulher está parada a seu lado, escutando.

Você gosta das tatuagens dele?, pergunto-lhe.

– São legais.

Elas o tornam mais *sexy*?

– Quando o conheci, ele não tinha tatuagens.

De vez em quando, outro dono de Harley vai até sua moto e a liga, acelera e produz sons tremendos. Eles gostam de barulho, esses harleyanos.

É nessa hora que conheço Greg, um orgulhoso dono de Harley, e lhe peço para me explicar por que os proprietários de Harleys são tão apaixonados por suas máquinas.

– É difícil explicar, se você não sabe sozinho.

Experimente.

– É o vento soprando no rosto. Entendeu? Hoje eu dirigi 380 quilômetros, só por amor e pelo prazer.

Você pode ter ventos soprando direto no rosto se pilotar motos fabricadas por japoneses ou alemães. Não seria a mesma coisa?

– Não é a mesma coisa!

Por que não?

– Eu lhe disse, é difícil explicar. Eu tentei, mas não funcionou.

Tente de novo.

Ele aponta para as centenas de pessoas que nos cercam, quase todas usando um ou outro tipo de produto da Harley-Davidson, e diz:

– Olhe para eles! Isso é a Harley. Nenhuma outra motocicleta junta pessoas como a Harley. É um clube.

Como foi que a Harley conseguiu criar esse clube, e outras fabricantes de motos não o criaram?

– Olhe: meu pai acabou de falecer, e o enterro será amanhã. Aposto com você que umas quarenta ou cinquenta pessoas vão ao cortejo fúnebre com suas Harleys. Eu só falei do enterro com uma pessoa, e amanhã é dia de semana, mas a turma vai faltar ao trabalho para participar do cortejo. A turma da Harley é assim. Quando eu os vir amanhã, no enterro de meu pai, vai ser uma coisa tão especial, que nunca mais vou esquecer!

Tem certeza de que eles irão?

– Tenho certeza! É o GDH.

O que é GDH?

– Grupo de Donos de Harley.

Os caras do *marketing* da Harley-Davidson são uns gênios.

– Talvez sejam. Escute: eu tenho quinhentos amigos. Bons amigos. Todos donos de Harleys. E posso confiar em que estarão a meu lado quando eu precisar deles.

Descreva o que você sentiu na primeira vez que comprou uma Harley, se não se importa.

– Passei a fazer parte de um grupo. Passei a fazer parte de uma família. Ganhei uma família, amigos. Deixei de estar sozinho.

Quão bem você conhece esses quinhentos donos de Harleys?

– Muito bem. Somos uma família. Há uma coisa que você precisa entender: toda Harley é diferente. Você pode modificar sua moto, a empresa incentiva isso. A Harley é uma expressão de quem você é, além de apenas possuir uma delas. Isso também ajuda a criar um clube singular, uma família. Todos temos uma Harley, ao mesmo tempo que cada um tem uma Harley diferente. Não há duas Harleys iguais.

Um homem e uma mulher que têm Harleys sentam-se a nosso lado, e Greg não conhece nenhum dos dois. Ainda não.

– Eu não os conheço – ele me diz –, mas posso tocar neles, e eles não vão achar estranho.

Quero ver isso!

Greg põe a mão num dos ombros do homem:

– Espero que você não se incomode – diz a ele.

– De jeito nenhum – responde o cara.

Família.

A Harley-Davidson, não ria, também é uma religião. Existem o cristianismo, o islamismo, o judaísmo e o harley-davidsonismo. A principal diferença entre o cristianismo e o harley-davidsonismo é o preço. A moto de Greg custa 24 mil dólares; curar sua depressão, na Igreja da Aliança, custa apenas 52 dólares. A principal diferença entre o islamismo e o harley-davidsonismo é que os harleyanos nunca passariam trinta dias em jejum. A principal diferença entre os judeus e os harleyanos é o nível de lealdade. Os harleyanos são leais.

Existem motos mais baratas que a de Greg e também outras muito mais caras. Tudo depende de seu grau de devoção.

Bendita sejas tu, Harley-Davidson, que fizeste o homem feliz, barulhento, exibido e apaixonado.

✧ ✧ ✧

Sexta-feira tem Festival Alemão em Milwaukee. Ótimo lugar para passar o dia com os cinquenta milhões.

Quando chego ao Fest, os portões estão fechados. Há uma fila de gente à espera, e fico esperando junto.

Milwaukee é uma cidade tipicamente americana, mas começou como uma cidade alemã, porque quase todos seus primeiros moradores eram alemães. Isso foi o que me disseram aqui. Algumas pessoas ainda falam alemão, mas são muito poucas. Um homem da minha fila, usando uma barbicha, tenta falar alemão, mas o que sai de sua boca é iídiche, não alemão.

É bom ser judeu em Wisconsin?, pergunto-lhe.

– Como você soube que sou judeu?

Foi só um palpite. É bom ser judeu em Wisconsin?

– Ótimo!

Be'emes (é mesmo?), pergunto-lhe, em iídiche.

Ele se assusta com o iídiche.

– Não quero falar disso.

Por quê? Você acabou de dizer que é ótimo ser judeu aqui, não foi?

– Você não é de Wisconsin, certo? Divirta-se em Wisconsin!

Por seu comportamento, posso dizer que não é tão maravilhoso ser judeu por aqui, estou enganado?

– Não quero falar de política.

Isso não é política...

– Talvez eu lhe diga, em outro momento. Agora não. Deixe para lá.

Acho que ele deveria comprar uma Harley.

Aparece uma moça, Eileen, muito animada para entrar no mundo alemão que a espera atrás dos portões. É descendente de alemães e adora tudo que é alemão, diz.

Você se considera alemã?

– Parte de mim é. Falo um pouco de alemão.

Fale comigo em alemão.

– *Ich liebe dich* [eu o amo].

Fale mais!

– *Auf Wiedersehen.*

Mais!

– É só isso que eu sei.

E isso a torna alemã?

– Não é só a língua. Eu me sinto alemã.

O que significa isso?

– Como eu vou dizer? Eu gosto do caráter alemão.

Qual é o caráter alemão?

Ela pensa, mas não consegue produzir nada. Pensa mais um pouco, mais, mais, e por fim diz:

– Essa é difícil. Vou ter que pensar no assunto.

Os portões se abrem e todos entram. Primeiro, vou até o palco. Sim, há um palco aqui. O Festival Alemão não é apenas sobre comida, também tem a ver com a espiritualidade.

Ladeado por muitas bandeiras alemãs, um homem bem-vestido faz o discurso de abertura em alemão e em inglês. Encerra-o com as palavras "Em nome do Filho, Jesus Cristo, Amém". A plateia irrompe em aplausos.

Terminado Jesus, eles cantam "Eu me orgulho de ser americano" ("God Bless the USA"), enquanto inúmeros soldados da Marinha dos Estados Unidos, que estão de serviço e se encontram aqui como convidados especiais, sentam-se em bloco logo abaixo do palco e parecem desfrutar cada momento de sua presença.

Há mais e mais discursos no palco, e, por fim, o coral encerra a cerimônia cantando "Ich liebe die Helmat" (Eu amo a pátria) e "America the Beautiful".

Na Alemanha de hoje, não é provável você ver alemães cantando "eu me orgulho de ser alemão". Mas estamos na América, e os americanos se orgulham de ser americanos, e seus alemães se orgulham de ser americanos.

Os marinheiros se levantam para ir embora, e alguns membros da plateia se aproximam para trocar apertos de mão com eles, numa calorosa demonstração de amor e admiração. Os marinheiros absorvem cada gota desse amor, por todo o valor ou utilidade que ele possa ter.

Devo tentar entrevistar o prefeito, para ver se essa cidade é tão corrupta quanto Chicago? Não. Realmente não me interessa.

✧ ✧ ✧

Entro em meu Malibu e dirijo. Passando por buracos intermináveis. Depois de algum tempo, paro em Dodgeville, estado de Wisconsin, onde conheço Dan, que trabalha numa organização artística sem fins lucrativos desta região. Quando lhe digo que sou da Alemanha, ele passa a simpatizar comigo e abre o coração com este alemão que sou.

O homem tem que desabafar as mágoas que traz no peito com um visitante alemão. Israel, diz ele, vem "disparando foguetes em cima dos palestinos", mas os Estados Unidos não põem termo a isso, o que o deixa aborrecido.

– A política externa norte-americana é hipócrita. Devo dizer mais? – pergunta.

Ele tem o conflito árabe-israelense na cabeça, mas está pouco se lixando para Englewood.

– Por onde devo começar? – continua. – Pelo que Israel anda fazendo? Aqui nós temos dois pesos e duas medidas. Se o cara critica Israel, é rotulado de antissemita. Mas, qual é? Como é possível um país ser mais racista?! O que Israel vem fazendo é criminoso; Israel está cometendo uma injustiça, e nós lhe damos apoio; damos milhões de dólares a eles, todo ano. Oitocentos milhões de dólares por ano. Por quê? Eu gostaria que parássemos com isso. Quantos outros assentamentos existem? Há alguém contando? Os israelenses continuam a construir assentamentos, e nós os financiamos. Isso me deixa maluco.

Você é muito passional no que diz respeito ao conflito do Oriente Médio, não?

– Sou, sim.

Você é muçulmano, ou judeu?

– Sou ateu. Bem, não exatamente. Eu não me chamaria de ateu. Sou um execrador de Deus. Que nome se dá a isso?

Por que alguém de Dodgeville haveria de alimentar opiniões tão sólidas sobre aquele país distante? Não sei. O que sei é que fico feliz por não ter dito que sou judeu.

✧ ✧ ✧

O Malibu também está muito contente hoje e segue superdepressa para lugares cujos nomes só Deus sabe – quase todos propriedades privadas. É assim que venho a conhecer Andrea, gerente de um clube de caça em Spring Green, em Wisconsin.

Eu deveria ter um emprego assim: "gerente de clube de caça".

Andrea, uma mulher de trinta anos, também administra a enorme propriedade privada em que o Malibu e eu entramos, onde, entre outras coisas, ela monta seus dois cavalos, às vezes durante oito horas por dia, porém, em geral, só por duas. É cristã "espiritual", como se define; acredita em Jesus, mas não frequenta os ofícios da igreja. Gosta do campo, gosta da natureza e carrega uma pistola, uma Smith & Wesson Bodyguard 380, provida de *laser*.

Quanto custa esse brinquedo?, eu lhe pergunto.

– Quatrocentos e cinquenta dólares. Se você apontar o *laser* para uma pessoa, isso deve ser o bastante para assustá-la.

Você já fez isso?

– Felizmente, não.

A razão de algumas pessoas se oporem às armas, ela me diz, é "não serem instruídas a respeito das armas".

Quero ser instruído. Adoro instrução. Posso usar sua arma?, pergunto.

– Já atirou com uma pistola?

Ainda não.

– Deixe-me mostrar como funciona.

Ela dá um tiro para o ar, depois me entrega a arma. Carregada. Aponto-a para um urso imaginário e atiro. Depois, mais uma vez, em outro urso, só para ter certeza de dispor de carne suficiente para o fim de semana.

Para ser sincero, já atirei antes, quase sempre tiros de tanque, quando servi no exército israelense, mas nunca atirei com uma pistola.

É emocionante, digo a ela. Faz com que eu me sinta uma entidade poderosa. Como se eu fosse um deus. Posso tirar ou conceder a vida.

– Foi isso que eu quis dizer quando me referi à instrução. As armas não têm a ver com matar pessoas, foram feitas para a proteção e a caça. Outra coisa a respeito das armas de fogo: possuir uma delas é um direito, um direito constitucional, e é por isso que eu tenho uma. As armas não têm a ver com atirar em pessoas, a não ser que você esteja numa situação extrema, com sua vida em perigo. As pessoas precisam instruir-se sobre as armas. Aqui, no interior, preciso de uma arma, não apenas para caçar.

Não só os americanos caçam e não só os americanos podem possuir armas de fogo. Mas, nos Estados Unidos, a questão da posse de armas é mais do que sobre o direito de caçar. Aqui nos Estados Unidos, parece-me haver um apego afetivo às armas – seja por parte dos que são contra elas, seja dos que são a favor.

Você tem um apego afetivo às armas?

– Para mim, a única parte emocional numa arma é eu ter ou não ter o direito de possuí-la. Meu marido e eu temos pelo menos uma centena de armas. Pistolas, espingardas de caça e rifles. Há um apego sentimental a essas armas porque elas foram passadas de geração em geração. Não é diferente do anel de uma avó. É uma coisa muito sentimental. Isso lhe explica melhor a situação?

Não.

– Por que não?

Você é uma moça de trinta anos e precisa de uma centena de armas?

– Quantos pares de sapatos você tem?

Nessa você não me pegou. Só tenho três pares.

– Parte da razão de termos tantas armas é o modo como o governo tem agido nos últimos anos.

Você está falando de Obama?

– Sim.

Não gosta do cara?

– Não. Quando ele foi eleito, começou a acontecer muito dessa história de oposição às armas. O preço delas subiu, o preço da munição subiu, e, junto com eles, aumentou o discurso sobre a proibição legal de alguns acessórios. Quando aconteceu tudo isso, começamos a acumular armas.

Mas para que você precisa de cem?

– É uma coisa pessoal.

Cem??

– As armas de fogo não são cortadores de biscoito. São diferentes. Umas têm *laser*, outras não. E há muitas outras diferenças. É um direito! Temos o direito de possuir uma arma, uma porção ou uma centena. Você me pergunta por quê, e eu lhe pergunto: por que não?

Tenho o direito de comprar e possuir uma centena de carros, mas não faço isso. Por que você tem tantas armas?

– É meio difícil falar disso, mas realmente acredito que tudo se resume à cultura. Foi assim que tudo começou. Muitas das armas que temos hoje surgiram nos últimos cinco, seis anos. E o ponto a que quero chegar é que, em termos políticos, o país está ficando dividido, e acho que vai haver um conflito neste país, e estamos fazendo um estoque de armas e munição. Já tivemos uma guerra civil, e podemos ter outra. Não estou dizendo que eu ande por aí pensando nisso todos os dias. Mas será que estou preparada para a próxima guerra? Sim.

Sua acumulação de armas é uma espécie de afirmação política?

– Procurei não levar a coisa para esse caminho, mas é.

O que você acha do problema de pretos e brancos nos Estados Unidos?

– Acho que não é outro problema senão o que os pretos fazem dele. Se você olhar para as estatísticas, verá que mais policiais atiraram em brancos do que em pretos, mas, se assistir às imagens da mídia, só vai ver policiais brancos atirando em pessoas pretas.

E por que a mídia faz isso?

– É uma boa pergunta.

O que você acha?

– É difícil dizer. Não sei se é só uma tendência que a mídia vai levando adiante, ou se é um preconceito. Acredito sinceramente que a mídia é tendenciosa e que diz aquilo que quer que as pessoas escutem. Existe a liberdade de expressão, ela é um direito nosso, mas é preciso tomar muito cuidado com o que se diz. Nós, os brancos, temos quase a sensação de estar virando a minoria, e achamos, sim, que temos de ter muito cuidado com o que dizemos. Mas, em algum momento, vai chegar a hora do basta, e então haverá uma guerra. Ela vai explodir, em algum momento. Os liberais estão fazendo o que querem: abortos, direitos dos *gays*, legislação contra as armas, e nós temos que morder a língua. Isso não vai durar para sempre. Nós não falamos, mas estamo-nos preparando, estamos analisando, e, quando acontecer alguma coisa, estaremos prontos. Mas, por enquanto, tomamos muito cuidado com o que dizemos, escolhemos nossas palavras com prudência.

Andrea tem outros problemas com o governo e suas leis:

– Não uso cinto de segurança – diz. – Por que o governo se mete na vida das pessoas e diz que elas têm que viver até os cem anos de idade?

Se Andrea não fosse mulher, e se tivesse vivido uns duzentos anos atrás, teria sido um dos Pais Fundadores. Ela é exatamente como imaginei que seria um Pai Fundador quando estive na Pensilvânia. Ela e eles são farinha do mesmo saco, um pedaço da mesma pedra, uma gota do mesmo sangue, e compartilham a mesma alma. Contudo, não há pelos crescendo no queixo da Andrea, que está dois séculos atrasada.

Talvez ela seja meio racista, mas os Pais Fundadores também o eram.

Quero ver sua casa. Quero ver com meus próprios olhos uma centena de armas. Quero ver uma casa, não uma base militar, com cem armas e milhares de balas. Estou intrigado. Ela demora um pouco, pensando no assunto por uns quatro minutos, e diz:

– Venha atrás de mim.

Vai para sua picape. Eu vou para meu Malibu. E dirigimos. Depressa. Sim, ela é veloz!

É uma boa casa e um lar encantador, decorado com simplicidade, mas aconchegante. Hoje o marido dela está em casa e tem prazer em me mostrar o lugar. Na sala, uma sala acolhedora, há dois cofres realmente grandes. Ele abre um, depois o outro, e me mostra armas diferentes: pistolas, espingardas e rifles. Com imenso prazer, ensina-me o que usar e quando, as diferenças entre as várias balas e o poder de fogo. Ele adora suas armas. Segura cada uma delas com uma demonstração de bondade mesclada com afinidade. Conhece pessoalmente cada arma sua.

Esses dois cofres são apenas uma parte da coleção de armas do casal, ele me diz. Eles têm mais nos outros cômodos. Há armas por toda parte. Eles não têm filhos, mas possuem armas. As armas são seus filhos.

Tenho um pequeno pedido: posso atirar?

É claro.

Vamos até a varanda, e ele me dá uma espingarda semiautomática, a Benelli Super Black Eagle II, que custa dois mil dólares, e eu disparo. E gosto. Não me pergunte por quê.

Eles veem o sorriso em meu rosto gordo, depois de atirar, e o homem sai depressa e pendura um alvo no quintal. Disparo a mesma espingarda. Acerto cinco tiros em cinco.

Em seguida, pego uma espingarda Ithaca .410 Side-by-Side para brincar. Acerto quatro tiros em quatro.

E então sou elevado a um nível superior: ele me entrega um rifle Ruger Mini-14. Acerto cinco em cinco.

Por último, ele me dá uma espingarda, uma Ruger SR40. Acerto quatro em cinco disparos. Fico arrasado. Mas eles me consolam. Com apenas um erro, dizem, meu escore é fantástico.

Quando terminamos e estou prestes a ir embora, sinto uma certa ligação entre nós. Compartilhamos um amigo íntimo comum: a arma de fogo.

✧ ✧ ✧

Vou para um hotel e relaxo um pouco. Quais são as notícias de hoje? Eis a matéria da Reuters: "Os Escoteiros dos Estados Unidos suspenderam sua proibição rigorosa de líderes adultos e funcionários abertamente homossexuais".

É interessante ver como se molda a opinião pública e como os crimes de ontem são as virtudes de hoje. Daqui a uns cinquenta anos, creio, toda pessoa homossexual possuirá pelo menos noventa armas de fogo, e nenhum republicano sequer sonhará ser dono de alguma.

Adormeço sonhando com cem lésbicas pretas praticando ioga no templo judaico de Chicago.

✧ ✧ ✧

Estou pagando toneladas de dinheiro pelo direito de usar o Malibu, o que inclui todo tipo de seguros e outros detalhes da letra miúda, e é melhor não deixar esse carro branco parado em algum estacionamento, sozinho e com frio.

Nós nos juntamos e rumamos para o oeste. Enquanto dirijo, avisto um pequeno monumento comemorativo à beira da estrada e paro para ver o que é. Abaixo do nome Battle Island [Ilha da Batalha], leio isto: "Dos 1.000 sacs [índios sac] que atravessaram o rio, ao saírem do Iowa em abril de 1832, não mais de 150 sobreviveram para contar a história da Guerra do Falcão Negro".

As pessoas que vieram para este continente, fosse em busca de uma vida melhor, fosse por estarem fugindo de perseguições em sua terra, pagaram caro pelo direito de ficar aqui. Sim, esta terra foi conquistada com sangue e muito sofrimento – e há uma história desta terra que é anterior à Constituição e à Declaração da Independência, uma história escrita por almas voadoras, uma história em que europeus e índios buscaram destruir uns aos outros, uma história coberta por rios de sangue fluindo entre cadáveres.

De volta ao carro branco americano, dirijo até chegar a La Crosse, em Wisconsin. Paro numa loja da rua principal para comprar uma Coca Diet e conheço Dan, que me diz que La Crosse é uma ótima cidade. Acho que devo ficar por aqui.

A especialidade de Dan, fico sabendo, é ciência política e educação. La Crosse, segundo ele me diz, tem 97% de cristãos brancos e 3% de "outros". Quem são os outros? Pretos, judeus e muçulmanos. Ele sabe muito sobre judeus e muçulmanos. Não só os de La Crosse, como também os que vivem a milhares de quilômetros daqui. Em 1947 ou 1948, ele não tem certeza do ano, os Estados Unidos e o Reino Unido decidiram pôr os judeus no Estado da Palestina, e então criaram um novo Estado, o de Israel. Quando lhe pergunto em que ano foi fundado o Estado da Palestina, ele fica com uma ligeira dor de cabeça e não consegue se lembrar de mais nada.

Sente-se muito melhor e sem dores de cabeça ao falar dos pretos e brancos de La Crosse.

Os pretos e os brancos, diz, vivem aqui em perfeita harmonia. Existe algum bairro pobre com problemas de criminalidade? Ah, sim, diz ele. Pergunto-lhe se as áreas com crimes ficam em bairros de brancos pobres, e ele abana a cabeça. Ficam onde os negros moram? Ele faz que sim.

É politicamente incorreto dizer qualquer coisa negativa a respeito dos pretos, mas é perfeitamente adequado que o sujeito mexa a cabeça, em vez da língua, para expressar o que realmente acha deles.

Depois de estacionar o Malibu num hotel local – tive que estacionar de novo, é a vida –, ando pelas ruas de La Crosse. Cidade agradável. Quando passo pelo Centro Weber de Artes Cênicas, que abriga o teatro comunitário da cidade, entro nesse complexo arquitetônico.

Nele encontro David, o diretor executivo da companhia teatral. David é um branco agradável e se demora mostrando-me o lugar. Orgulha-se de seu teatro. Primeiro, mostra-me a paisagem que se avista do saguão do teatro: o rio Mississípi. É bom para os frequentadores de teatro que vão consumir cultura e podem, ao mesmo tempo, apreciar a natureza.

Depois, David me mostra o auditório principal: as fileiras ficam a uma distância cômoda umas das outras, com amplo espaço para as pernas, e há até porta-copos diante de cada assento, para que os espectadores possam bebericar algum líquido enquanto seu cérebro funciona a pleno vapor, assistindo à alta cultura. Vocês encenam peças políticas?, pergunto a David.

– Não.

Por quê?

– Dependemos da venda de ingressos, e as pessoas não querem um teatro politizado. Querem comédias. O público teatral vem ao teatro por "escapismo", não para pensar, e sim para se divertir. É a única razão pela qual as pessoas vão ao teatro.

As pessoas da Europa gostam de teatro político. Até Shakespeare era político!

Bem, pode ser, ele admite, mas não nos Estados Unidos da América.

– Os americanos não gostam de teatro político.

Como você sabe? Já experimentou?

Não exatamente. Na verdade, nunca.

Por que não?

– Nossos patrocinadores iriam embora. Nenhuma empresa quer patrocinar teatro político.

Os políticos têm obrigações com seus doadores. Os artistas, no dizer de David, têm obrigações com seus patrocinadores. Não admira que o Donald, dono de uma fortuna independente, diga tudo que lhe passa pela cabeça.

Você é republicano ou democrata?, pergunto a David.

Seu rosto endurece, surgem tiques nervosos, e ele rebate, extremamente irritado:

– Não vou responder essa pergunta!

É uma visão digna de ser vista.

Como indica o nome do centro, o teatro tem um doador principal: Donald J. Weber. Preciso procurar conhecê-lo.

Depois de me despedir de David, busco informações sobre Donald. Descubro que ele é fundador e principal executivo da Logistics Health Incorporated (LHI). Que tipo de empresa é essa? Leio: "Os especialistas da LHI fornecem soluções personalizadas de assistência à saúde, com o apoio de uma rede nacional de mais de 25 mil prestadores de serviços médicos e dentários". E a lista continua.

Isso se chama dinheiro.

✧ ✧ ✧

No dia seguinte, vou visitar Donald, a celebridade local de La Crosse, cidade que, como vou descobrindo aos poucos, tem um bom número de outras empresas, além da LHI. Donald parece um bom sujeito, um sujeito que a gente gostaria que fosse nosso pai ou avô. Li em algum lugar, eu lhe digo, que o governador Scott Walker descreve o senhor como um patriota americano. O senhor se vê como patriota?

– Sabe, eu cresci numa pequena fazenda familiar, depois fui para o Corpo de Fuzileiros Navais, então, sabe como é, eu diria que isso deve ter moldado minha vida, mais do que qualquer outra coisa. Fui abençoado de muitas maneiras.

E se vê como um patriota?

– Bem, não sei, sabe?

As respostas a isso são muito curtas: sim ou não.

– Eu sou... eu... sou muito patriótico. Sim, muito mesmo. E apoio inteiramente, inteiramente os homens e mulheres que servem nas forças armadas. Porque, sabe, eles se oferecem voluntariamente. Todos os dias, quando nos levantamos, temos inúmeras liberdades. Sabe, podemos escolher morar onde bem entendermos, podemos mandar nossos filhos para a escola que quisermos. Eu abri nove empresas, só com ideias que tive. Perdi tudo. Perdi minha casa, sabe? Não tinha onde morar. Achei um lugar para morar, uma casa velha, um abrigo, sabe? Eu ordenhava vacas... e descobri um jeito de voltar. Corri muitos riscos e fui abençoado.

Se a eleição fosse hoje, em quem o senhor votaria?, indago. Donald se recusa a dizer.

O que o deixa orgulhoso é isto: milhares de pessoas de La Crosse acordam de manhã e têm um emprego para onde ir, e foi ele quem fez isso acontecer. Donald é católico, um homem de fé, e acha que segue os caminhos de Jesus: importa-se com os semelhantes, homens e mulheres, e os ajuda.

Pergunto-lhe pelo teatro no prédio que leva seu nome.

– Não vou ao teatro, sabe? Não sou uma pessoa do teatro. Quer dizer, eu o apoio, porque acho que ele é bom para a comunidade. Eu cresci numa fazenda.

David não quer fazer teatro político por medo de que Donald retire seu apoio, mas Donald não está nem aí.

Ah, David!

Se você tivesse um diploma universitário, seria tão bem-sucedido como é?, pergunto a Donald.

– Não.

O segredo de seu sucesso, ele me diz, é este:

– Sempre contratei pessoas muito mais inteligentes que eu. Não me sinto ameaçado. Não sei raciocinar nesses termos, só tenho instrução de nível médio.

E ele se orgulha dos filhos. Eles não lhe pedem dinheiro, trabalham para ganhá-lo. Seu filho acabou de voltar de Israel, onde passou uma semana.

O que ele lhe disse sobre Israel?

– Escute: os Estados Unidos têm que ajudar Israel. O que eles estão enfrentando lá não é fácil, sabe?

O modo pelo qual Israel, um país minúsculo e distante, consegue infiltrar-se na cabeça de tantos americanos é sempre surpreendente.

Pergunto a Donald o que devo fazer enquanto estiver em La Crosse.

– Você gosta de carne? Temos um restaurante excelente aqui embaixo. Vá lá jantar à noite. É por minha conta! Eles têm filé *mignon*, têm caranguejo. Têm um peixe excelente, pescado aqui mesmo.

Irei lá, com certeza. Alemães como eu adoram comida grátis. Donald tem outra sugestão a me fazer:

– Vá ver o Santuário de Nossa Senhora de Guadalupe. É lindíssimo. Você nem acreditaria que ele existe aqui.

Despeço-me de Donald e vou visitar o santuário. O espírito antes da carne, neném.

✧ ✧ ✧

O Santuário de Nossa Senhora de Guadalupe, concluído em 2008 ao preço de 30 milhões de dólares, foi construído com doações de indivíduos privados e não faz parte de nenhuma diocese.

Apesar das tentativas do bispo local da época, Raymond L. Burke, que iniciou a construção da igreja, o Vaticano não quer ter nada a ver com ela, "porque é cara demais", contou-me um dos monges de lá. Em vez disso, e para aplacar os grandes doadores católicos, uma carta "do Vaticano", assinada por "+G.B. Re Substitute"[3], foi enviada ao bispo. Dizia que, "como penhor de abundantes graças divinas, o Santo Padre lhe transmite cordialmente sua Bênção Apostólica".

Ainda não se relataram aparições da Virgem Maria neste local, mas alguns paroquianos relataram a ocorrência de milagres no santuário.

– Mães inférteis tiveram filhos depois de ir ao santuário – disse-me Raymond Burke, agora cardeal em Roma.

Só para deixar registrado: nenhuma peça teatral de conteúdo político é encenada aqui, em nenhuma ocasião, mas este lugar é muito melhor do que qualquer espetáculo. O santuário é de uma beleza admirável, e os vitrais são encantadores. O Santuário de Nossa Senhora de Guadalupe é uma igreja de 350 lugares, construída no velho estilo das catedrais católicas, mas é totalmente novo.

O que acho muito interessante nisso é o ângulo americano da coisa: pessoas ricas, quer se trate de grandes banqueiros, quer de advogados ilustres, sentam-se em seus salões luxuosos e resolvem construir uma igreja em que aconteçam milagres. E, adivinhe só: os milagres acontecem. Até a Santa Virgem, entenda bem, é grata aos supermilionários.

Ah, Estados Unidos da América!

✧ ✧ ✧

Quanto a mim, meu serviço da AT&T no celular não funciona aqui, não importa quantas vezes eu aponte meu *smartphone* na direção de Nossa Senhora. Nossa Senhora se dispõe a criar bebês para as mulheres, mas não consegue fornecer o sinal para a conexão. Pago um bom dinheiro para ter cobertura em todo o território dos Estados Unidos, como me prometeu a

3. A assinatura significa "Giovanni Battista Re, substituto na Secretaria de Estado do Vaticano". O cardeal Re passou a assessor da mesma Secretaria em 1979. [N. T.]

vendedora da AT&T, mas a indicação Sem Sinal aparece com bastante frequência quando estou fora das áreas urbanas.

Aprecio a beleza que me cerca, fumo um ou dois cigarros e volto lentamente, para fazer uma boa refeição no restaurante que Donald recomendou, o jantar que ele vai pagar.

Peço bolinhos de caranguejo, perca canadense e *cheesecake*. Todos são bons, mas não têm nada de extraordinário. Há dinheiro nos Estados Unidos, muito dinheiro, mas não muita comida de qualidade. Nem mesmo nos restaurantes caros. Virgem Mãe, será que a Senhora pode fazer alguma coisa a esse respeito?

Talvez, apenas talvez, o que vem acontecendo com a comida nos Estados Unidos seja o que aconteceu com a cultura daqui. Se tudo de que você dispõe é um caldeirão cultural, não espere que a comida seja outra coisa senão insossa.

Devo continuar seguindo para o noroeste, ou devo ir para o estado de Iowa, ao sul?

Antes que eu adormeça esta noite, um passarinho cochicha em meu ouvido que Minnesota tem muita cultura. Sou fissurado em cultura. Para o estado de Minnesota partirei ao amanhecer!

Portão 8

Os somalis são seres humanos como qualquer um e também devem ter permissão de atirar na cabeça de outras pessoas.

Fazendo uma boa corrida e num clima excelente, chego a Saint Paul, em Minnesota. Bonito nome para uma cidade, não acha?

É claro que, quando ouço falar em "santos", penso imediatamente nos judeus, os caras que deram São Paulo ao mundo.

Encontro-me num templo judaico de dimensões consideráveis. Hoje, como se vê, eles terão uma palestra/sessão de treinamento sobre raça e racismo, que presumo que diga respeito ao antissemitismo, dado que eles são judeus.

O evento, como me informam, é organizado pela Açao da Comunidade Judaica de Saint Paul. É bom saber que os judeus daqui são atuantes. Comparecem umas setenta pessoas, duas das quais usam quipá. Os presentes sentam-se ao redor de mesas espalhadas por toda a sala, e eu me sento a uma delas.

Os judeus parecem profundamente preocupados. Não vi rostos tristes assim nem nos *'hoods*. Que aconteceu?

Não sei. O que sei é isto: há em cada mesa numerosos envelopes, a serem usados pelos que se sentam à volta delas e que quiserem enchê-los de dinheiro. Valor inicial sugerido: 54 dólares.

Os cristãos pediram 52 dólares; os judeus querem 54. Não há problema.

A primeira oradora, uma moça, sobe ao pódio. Fala sobre "nosso sistema", referindo-se ao sistema judiciário americano, e diz que ele joga com cartas marcadas contra os negros. Este evento, como logo me dou conta, não é sobre o antissemitismo, mas sobre o racismo dos brancos.

Os judeus daqui, vou descobrindo aos poucos, sentem-se em culpa pelo branco que matou nove pretos numa igreja deles, na Carolina do Sul. Não. Dylann Roof não é judeu, mas é branco, e esses judeus se sentem responsáveis.

Por quê? Pergunte a eles.

O tempo passa devagar, e uma moça preta sobe ao pódio. Os judeus americanos, descobri há muito tempo, gostam de ter pelo menos uma pessoa negra em seus eventos.

Aqui trouxeram uma. E das boas. Ela não é apenas preta, é também "judia por opção", tal como se apresenta, o que quer dizer que é convertida. Em outras palavras, é uma moça preta que se apaixonou pelos judeus.

Bem, não exatamente.

Ela tem um grande problema com os judeus, como diz à plateia. Os judeus americanos, descobriu desde que se tornou judia, são racistas, e ela quer que todos os judeus presentes saibam que os desmascarou. Como se não bastasse, acrescenta que o racismo também existe na comunidade judaica israelense. Os etíopes em Israel, diz ela, constituem 2% da população, mas 30% deles são fichados na polícia. De quem é a culpa? De todos em Israel, inclusive o governo israelense. Israel convidou publicamente os judeus franceses a irem para lá, diz a moça, mas não faz o mesmo pelos judeus pretos.

Ela se esquece de mencionar, é claro, que Israel mandou aviões à África para buscar judeus negros e levá-los para o país, e que é por isso que os etíopes estão em Israel, para começo de conversa. Mas esse é um detalhe insignificante, pequeno demais para ser mencionado.

Quando ela termina de acusar os judeus, os que estão aqui presentes a aplaudem. Não me peça para explicar.

O item seguinte da agenda é a parte do treinamento, no qual as pessoas aprendem a falar sobre raça umas com as outras. Duas pessoas da plateia sobem ao pódio e treinam conversar sobre raça.

A coisa é mais ou menos assim:

Uma pessoa diz: Puxa... Isso é... Nossa!... Isso é...

E a outra responde: Sim. Isso mesmo. Sim. É a pura verdade.

Quem foi o idiota que disse que os judeus são inteligentes?

✧ ✧ ✧

Encerrado o evento, sento-me com o diretor executivo da Ação da Comunidade Judaica, um sujeito chamado Vic Rosenthal, e lhe pergunto: o senhor acha que, em algum lugar, há pretos reunidos para discutir como ajudar os judeus contra o antissemitismo, assim como vocês estão fazendo a respeito deles?

– Não.

Isso o incomoda?

– Não.

Se não me engano, os judeus têm feito mais que qualquer outro grupo dos Estados Unidos para ajudar os negros – nas décadas de 1950, 1960 e desde então. No entanto, os negros não retribuem, e o senhor aceita isso. Como é possível?

– Não fizemos o bastante. Talvez tenhamos feito mais do que outras comunidades dos Estados Unidos, mas eu espero que os judeus façam mais!

Por que deveriam fazer mais do que qualquer outro grupo?

A resposta que recebo, e que é longa, poderia ser resumida em duas palavras: porque sim.

Para mim, a própria ideia de que os judeus devem fazer mais do que os outros é racista em si, mas acho que não devo dizer uma coisa dessas num templo.

Também travo conhecimento com Peggy, que é luterana, na verdade. Por que está aqui?

– Eu queria ver como os judeus lidam com os problemas raciais de nosso país e talvez fazer a mesma coisa em nossa igreja.

E o que aprendeu?

– Fiquei muito surpresa ao saber que os judeus também são racistas com os judeus negros. Eu não sabia disso.

Boa lição para ela compartilhar com seus correligionários luteranos frequentadores da igreja.

Ao lado de Peggy há uma judia chamada Judy. Judy me diz que trabalha pela paz entre as pessoas e combate o preconceito contra qualquer grupo. Também acha que os judeus são racistas. Mas isto não é preconceito. Por que não?

– Estive em Israel, e lá eu vi que todos os garis de Israel são etíopes e que os judeus tratam os árabes muito, muito mal.

Hoje a moça da igreja está aprendendo muito sobre os judeus!

Na parte externa do templo, conheço um sujeito agradável – ele me conta que é *gay*, não que eu tenha perguntado –, que me diz que os judeus entenderam tudo errado:

– Não sei que tipo de métrica eles estão usando, mas suas conclusões não são corretas.

Os pretos de Minnesota vão muito bem.

Não só muito bem, estão ótimos:

– A maior colônia somali do mundo, depois da Somália, é Mineápolis.

É uma notícia interessante. Depois de todo o racismo que vi até aqui, agora descubro que todo ele se detém nas fronteiras do estado de Minnesota.

Mineápolis é a "cidade gêmea" de Saint Paul, e acho que devo passar um tempo com os somalis, para ver em primeira mão essa diversidade que abunda por lá.

Registro-me no Sheraton Midtown – no centro da cidade de Mineápolis –, onde consigo um bom quarto, e saio para dar uma volta no bairro. Para onde quer que eu olhe, vejo pretas de *hijab*, o véu muçulmano, e presumo que façam parte dos famosos somalis. É diversidade no que ela tem de melhor!

✧ ✧ ✧

Caminho pelas ruas, saboreando essa visão da diversidade, até que, de repente, meus olhos captam uma loja interessante: a Koscielski – Armas e Munição. Para entrar, toco uma campainha e espero que alguém lá dentro me abra a porta, torcendo para que o faça.

Alguém abre.

Há uns cartazes interessantes nessa loja. Por exemplo: "Você me escutará em inglês?" "Tenho que falar com você na língua do calibre 12?" "Mantenha as mãos sempre fora dos bolsos."

A Áustria é bem representada aqui por uma impressionante seleção de pistolas Glock. Olho para as que estão expostas, e o homem atrás do balcão, um somali, pergunta se eu gostaria de uma Glock.

Pergunto ao vendedor se posso comprar uma ou duas armas, aqui e agora. Quero sair desta loja com algumas armas, digo-lhe.

Depende, ele me responde. Se eu quiser uma pistola ou um fuzil "de assalto", vou precisar de uma licença, mas, se quiser uma espingarda ou um rifle que não seja "militar de repetição", posso comprar agora mesmo.

Você está me dizendo, pergunto, que posso sair desta loja com uma espingarda, neste exato momento, sem que ninguém faça uma verificação junto à polícia a meu respeito? Sabe, só para ter certeza de que não sou assaltante, estuprador nem assassino em série?

Agora o vendedor já não tem tanta certeza e vai perguntar se é isso mesmo a um homem sentado do outro lado da loja. O homem, O'Neal, que é o dono da Koscielski – Armas e Munição, diz que, se eu puder comprovar

que resido no estado há pelo menos três meses, sim, poderia comprar agora mesmo uma espingarda ou um fuzil do tipo que não é de assalto. E o que vem a ser o que não é de assalto? São as armas que não usam carregador.

Em seguida, com sua pistola carregada, O'Neal vem andando em minha direção. Pergunta o que eu quero, realmente. Esse O'Neal não é burro. Sentiu cheiro de peixe podre e quer chegar mais perto desse peixe, eu.

Sem alternativa, digo-lhe que estou escrevendo sobre os Estados Unidos da América e me interesso por pessoas de todas as profissões, e é por isso que estou aqui.

– O que está fazendo neste bairro? – ele indaga. – O lugar em que o senhor está agora, esta rua, é um território neutro. À direita e à esquerda desta rua ficam áreas de quadrilhas, e eles matam uns aos outros sempre que têm vontade.

Os somalis também são membros de quadrilhas?

– Eles são humanos, como o resto da população – intervém o somali.

Eles se matam para quê?, pergunto a O'Neal.

– São idiotas matando idiotas – diz ele, referindo-se aos pretos.

O'Neal, só para registrar, é preto.

– Trate de se cuidar por aqui – ele me diz.

Qual é o problema? Os somalis não gostam de brancos?

– Se o virem, vão saber que o senhor não faz parte de nenhuma gangue e que não é daqui. O senhor é como um polegar machucado, imediatamente reconhecível.

Os pretos estão matando pretos, e "diversidade" é uma palavra não encontrada no dicionário local.

O'Neal pega sua arma carregada e, tal como tinha feito Andrea, a da alma de Pai Fundador, entrega-a a mim. Para quê? Para o caso de eu querer tirar uma fotografia minha com a arma dele.

O'Neal foi ferido no Vietnã, quando uma bala entrou em suas costas e saiu pela frente do tronco. Ele me mostra o lugar por onde a bala saiu. A cicatriz continua lá.

Quando estou quase saindo da loja, ele me dá um presente: um canivete dobrável de aço inox. É do tipo pesado, uma lâmina que não foi feita para cortar pão nem maçãs. Estou no centro da cidade de Mineápolis, e O'Neal quer que eu saia vivo daqui.

Seu gesto me comove.

✧ ✧ ✧

Munido de meu canivete pesado, perfeito para esfaquear seres humanos, vou para o hotel. Sentado diante da escrivaninha, ponho as ideias em ordem. Por que os pretos estão matando pretos?, pergunto a mim mesmo. Por que são tão cruéis uns com os outros?

Penso em Greg e em sua Harley-Davidson. Mando-lhe um *e-mail*, perguntando quantos harleyanos foram ao enterro de seu pai.

Ele responde: "Houve 46 motos no cortejo fúnebre. Fiquei profundamente comovido com a generosidade".

Que bom se as pessoas da comunidade negra se importassem umas com as outras como os harleyanos. Mas não se importam. É uma mentalidade de "idiotas matando idiotas", e, como disse Jay, da Zona Vermelha de Detroit: "É sempre assim com os pretos. Eles atiram uns nos outros".

Cheguei a este estado em busca de cultura e, até agora, consegui um canivete.

✧ ✧ ✧

Quero ver cultura aqui em Mineápolis, haja o que houver. À noite, vou à usina geradora teatral do lugar, o Teatro Guthrie. Ao contrário dos grandes teatros de Nova York, quase todos os quais são empreendimentos comerciais, o Guthrie é um líder do teatro "regional", uma classe de casas supostamente relacionadas à cultura, não ao comércio.

O Guthrie é um teatro imponente, antes mesmo de cruzarmos suas portas. É grande. É impressionante. É um santuário. É assombroso. Em suma, é tudo que se esperaria da aparência de uma instituição de alta cultura. Um colírio, como diriam os harleyanos. Sinto-me inspirado. Aqui você pode conseguir até uma boa xícara de café quente, para ter certeza de ficar com um nível de energia elevado para a peça teatral a que vai assistir. O espetáculo desta noite chama-se *Stage Kiss* [Beijo cênico]. Não sei do que trata, mas logo saberei.

Entro no teatro e vou para minha poltrona, com expectativas de grandeza. *Stage Kiss*, que dura mais de duas horas, com um intervalo, é magistralmente representado, sobretudo por sua atriz principal, Stacia Rice.

É sobre o quê? A resposta curta é: nada. A longa: você nem se importaria. A peça diz mais respeito a representar do que a um verdadeiro enredo.

Tem um personagem *gay*, como quase qualquer outro espetáculo americano moderno; não ofende ninguém nem menciona a palavra *política*. Utiliza muitos truques cênicos, que fazem rir com bastante frequência e oferecem uma excelente dose de escapismo.

Mensagem? Esqueça. Cultura? Nem mencione essa palavra aqui. Ideias? Eis outro palavrão. Arte? Não aqui. Diversão? Duas horas inteiras.

O Guthrie não é o único teatro americano a optar por uma postura de morte cerebral. Não. Nova York está cheia deles. Mas os teatros regionais, ao contrário da Broadway, são organizações sem fins lucrativos, sempre solicitando doações dedutíveis do imposto de renda a todo homem e mulher de quem eles disponham de informações de contato, em nome da cultura e da arte. Se o Guthrie tem alguma meta ideológica, é esta: desativar todas as células pensantes do cérebro de todos os americanos que passarem por suas portas.

Saio do teatro e fumo um cigarrinho do lado de fora, observando as pessoas que saem.

Nem um único preto.

O Guthrie, de acordo com sua máquina de relações públicas, é para todas as pessoas, seja qual for sua origem étnica. Pelo que vejo, ele tem a ver com risadas, caldeirões culturais e café pelando.

Passo mais um dia em Mineápolis e até vou ao Mall of America, um *shopping* com mais visitantes anuais do que o Disney World, mas não compro nada.

Quando eu estava na Alemanha, disseram-me que a segunda língua falada em Dakota do Norte era o alemão. Quero ver isso por mim mesmo.

Amanhã dirijo para Dakota do Norte.

Portão 9

"Mudança climática" significa direitos dos palestinos.

No dia seguinte, chego a Fargo, a capital cultural da Dakota do Norte. Na chegada, leio no *Valley News Live*:

> Na Dakota do Norte, uma nova lei sobre cigarros eletrônicos proíbe menores de idade de usar, possuir ou comprar aparelhos eletrônicos de fumo, produtos alternativos de nicotina ou qualquer das partes que os compõem, e exige embalagens resistentes a crianças nos recipientes de nicotina líquida.
>
> Os direitos relativos a armamentos também foram ampliados. As pessoas licenciadas para portar armas ocultas podem entrar armadas em lojas de bebidas, áreas de lazer e parques públicos.

Em suma: menos cigarros, mais armas de fogo.

Não faz muito sentido para mim, mas não há muito que faça sentido para mim na Alemanha, tampouco. Grande coisa.

Jason, uma das primeiras pessoas que conheço em Fargo, é um ativista ambiental que se importa muito com a mudança climática. Eis como se define para mim:

– Sou pró-escolha, pró-casamento *gay*, pró-meio ambiente e pró-Palestina.

Infelizmente, ele não sabe dizer isso em alemão.

Momentos depois, conheço outro rapaz, Luke. Ele se diz liberal e me informa que é pró-casamento *gay*, pró-escolha e pró-meio ambiente, o que, para ele, significa que a mudança climática é causada pelo ser humano.

Você também é pró-Palestina?

– Sou, sim. Como você sabia?

Ele também não fala alemão, mas seu conjunto de crenças é germânico.

Deixe-me dizer uma coisa aqui. Se você me perguntasse, antes das minhas viagens pelos Estados Unidos da América, se os americanos tinham conhecimento de questões como o conflito entre Israel e Palestina, eu teria respondido: de jeito nenhum.

Bem, mal sabia eu.

Parto à procura dos famosos falantes de alemão daqui, mas talvez eles estejam escondidos. Os liberais do lugar, se você quer saber, não se escondem. Os jovens, pelo menos os conhecidos como *millennials* (os nascidos entre o início da década de 1980 e o começo da década de 2000), gostam da luz do sol e preferem não se esconder. Esses *millennials*, creio eu, também gostam da ideia de serem mais "liberais" do que seus pais e se comprazem em compartilhar com estranhos seu amor recém-descoberto pela esquerda.

Em geral, a Dakota do Norte é um estado vermelho, conservador (republicano), mas Fargo é meio "azulada" (de inclinação democrática), sobretudo sua população mais jovem. Pelo menos, é o que me dizem os moradores locais.

Dou uma volta, à procura de algum evento cultural, mas não consigo achar nada que impressione.

Então saio em busca dos autênticos dakotenses setentrionais. O senador estadual Tim Flakoll está tomando sopa no Würst Bier Hall, no centro de Fargo, e se prepara para consumir um belo salsichão, num prato ao lado da tigela de sopa, quando entro em cena.

Würst Bier Hall, isso é alemão[1]! Ao menos isso.

O que significa ser natural de Dakota do Norte, pergunto-lhe em inglês, quando ele está prestes a pôr uma colherada de sopa na boca. Ele baixa a colher e pensa. O cara tem que pensar antes de responder a uma pergunta tão profunda.

Havendo refletido um pouco, ele diz:

---

1. E se traduziria por "Cervejaria Salsichão". [N. T.]

– Acho que os residentes de Dakota do Norte não são fáceis de descrever, mas creio que uma das coisas que você notaria neles, não importa de onde você venha, é que eles se importam com as pessoas que os cercam, com sua comunidade e tudo o mais. E é genuíno!

Isso é bonito.

✧ ✧ ✧

A verdadeira capital da Dakota do Norte é Bismarck. Se entendi direito, a cidade recebeu o nome de Bismarck, há quase 150 anos, em homenagem ao chanceler alemão Otto von Bismarck, o homem que unificou uma porção de territórios num país que hoje chamamos de Alemanha.

Pode ser que eles não falem alemão por aqui, mas se amarram nas raízes alemãs.

Dirijo até Bismarck.

Dirigir é a suprema experiência americana. Nos estados americanos que visitei até agora, excluindo Nova York, notei que o transporte público é principalmente para os pobres, em sua maioria pretos e hispânicos. O sistema ferroviário da maioria dos estados é inexistente ou inútil, e isso faz do carro, o carro particular, o principal meio de transporte. Com o tempo, você pode afeiçoar-se a seu carro. Ainda não cheguei inteiramente a esse ponto, mas desconfio que meu companheiro branco, o Malibu, sente-se meio chegado a mim.

Com essas ideias na cabeça, chego ao prédio do governo estadual em Bismarck.

O prédio do governo estadual da Dakota do Norte parece um edifício comercial, embora não dos muito modernos. Não há nada de espetacular em sua concepção arquitetônica, e ele me faz lembrar um grande edifício-garagem no Brooklyn.

Não é bonito dizer isso, eu sei.

Mas, enfim, estou aqui porque quero conhecer Wayne Stenehjem, o procurador-geral da Dakota do Norte. Wayne é de ascendência norueguesa e se orgulha muito disso. As pessoas que fundaram este estado, ele me diz, orgulhoso, eram norueguesas. Os alemães dizem que seus ancestrais fundaram este estado, mas, rapaz: estão enganados!

Não levanto objeções, e passamos a falar de justiça, criminalidade e outros petiscos apetitosos.

Os casos de agressão com lesão corporal grave diminuíram no ano passado, diz ele, mas as "áreas com que estamos muito preocupados são as detenções por posse ou tráfico de drogas". Em 2009, houve 2.063 detenções ligadas às drogas, mas, no ano passado, essa cifra subiu para quatro mil.

– Os tipos de crimes que estamos vendo agora são muito mais complexos – diz ele, e as quantidades de drogas oferecidas na rua são muito maiores.

Os traficantes vêm dos "cartéis de drogas do México e formam quadrilhas de motociclistas". Esse aumento está relacionado com o crescimento explosivo da exploração de petróleo na Dakota do Norte, que resultou em mais dinheiro para gastar na mão de um número maior de pessoas. Além disso, esse crescimento aumentou a população masculina, e, atualmente, o número de homens supera em muito o das mulheres, de modo que o estado assistiu a um aumento da prostituição.

Matemática elementar, eu diria.

Há também um aumento na atividade das quadrilhas na Dakota do Norte, graças ao afluxo de gangues vindas de outros estados.

– Temos visto um aumento enorme das quadrilhas na região leste da Dakota do Norte – diz ele.

Wayne me apresenta alguns dados estatísticos interessantes sobre a criminalidade: embora os assaltos tenham aumentado, os casos de agressão com lesão corporal grave diminuíram.

Não entendo. Para que essas duas informações estatísticas estejam corretas, os ladrões devem andar beijando e abraçando suas vítimas, enquanto as assaltam à mão armada.

Peço-lhe que me explique isso.

– As agressões com lesão corporal grave são um crime diferente – diz ele. Acho que essas estatísticas foram emitidas pelo departamento de relações públicas do estado da Dakota do Norte. Só o pessoal de relações públicas é capaz de inventar uma lógica dessas.

Amanhã tentarei ver as pessoas reais que estão por trás dos números: os prisioneiros.

Quanto ao resto do dia, caminho pelas ruas de Bismarck até anoitecer e presto muita atenção às bandeiras, para ver se elas seguem as normas que aprendi na Ilha de Mackinac, no Michigan.

Seguem. As bandeiras estão içadas e iluminadas.

Lá em Chicago, a comunidade judaica fez uma reunião e decidiu não decidir nada sobre o acordo nuclear com o Irã. Enquanto isso, os dois senadores com que o pessoal da CUFI tentou encontrar-se em Washington acabaram de anunciar suas decisões: o senador Chuck Schumer vai votar contra o acordo, e a senadora Kirsten Gillibrand votará a favor.

Vou para meu hotel, o Radisson, estendo-me no sofá e ligo a televisão.

O primeiro debate presidencial do Partido Republicano está sendo transmitido ao vivo pela Fox News. É um evento importante neste país, como posso perceber, já que todos os noticiários o discutem nos mínimos detalhes. Para muitos deles, também se trata de saber como Donald Trump se sairá num contexto de debate.

O mais interessante, pelo menos para mim, é como os candidatos mencionam avidamente sua fé em Deus e em Jesus. E seu apoio a Israel. O apoio americano a Israel, financeiro ou não, é uma das questões sobre as quais esses candidatos concordam. Isso é algo que jamais se verá em qualquer debate eleitoral de qualquer país da Europa nos dias atuais.

Um dos senadores, Ted Cruz, chegou até a declarar que transferirá a embaixada norte-americana de Tel Aviv para Jerusalém se for eleito. Eu já o tinha ouvido dizer isso num contexto privado em Nova York, mas agora ele o disse para o resto da América.

De acordo com a BBC, o número de pessoas que estão assistindo a esse debate chega a 24 milhões, "um recorde para uma disputa das primárias".

✧ ✧ ✧

Vem a manhã e dirijo até a penitenciária estadual. Entrar nela é um processo demorado, sem falar na obtenção da permissão para entrar lá, mas finalmente entro.

Primeiro conheço uma loura agradável, Leann Bertsch, diretora do DOCR – Department of Corrections and Rehabilitation [Departamento de Correções e Reabilitação]. Ela me fornece alguns números. Custo anual por detento: 39.000 dólares. Taxa de reincidência: 39%.

Ela é uma alemã orgulhosa, aliás – uma americana de ascendência alemã, entenda-se.

Em breve, irá ao exterior para estudar como outros países lidam com o crime e a justiça:

– Nós encarceramos mais pessoas nos Estados Unidos do que fazem os europeus; somos muito mais punitivos nesta nação – diz.

Por quê?

– História e cultura. É uma história completa. Houve um precedente, que deve ter tido início na década de 1980, no sentido de endurecer com a criminalidade, e muito dinheiro foi dado aos estados para que se tornassem realmente punitivos. Também estamos trancafiando uma porção de gente que poderia ficar solta em nossa comunidade, sem prejuízo para a segurança. Em nosso presídio feminino, eu sempre digo, provavelmente seria possível libertar 80% das detentas, sem pestanejar; nós nos sentiríamos igualmente seguros. Estamos encarcerando gente demais.

Agradeço a ela e inicio minha turnê por esta prisão, um presídio masculino. Andar por seus corredores requer protetores de ouvido. Há inúmeras portas antes de eu chegar às celas, e cada porta de ferro produz um som ensurdecedor para que o operador a comande, tanto ao abri-la para minha passagem quanto ao fechá-la atrás de mim.

Mais de metade dos prisioneiros, sou informado enquanto vou andando, trabalha na prisão. Escala de salários: o trabalho de menor remuneração paga 1,55 dólar por dia; o mais bem-remunerado, 10 dólares por dia.

Um dólar e cinquenta e cinco centavos por dia. A quem eles estão enganando?

Hora de conhecer o pessoal. Primeiro conheço dois prisioneiros, um branco e um índio. O que você fez que o trouxe para cá?, pergunto ao branco, que está cumprindo aqui seus três anos e meio de prisão.

– Faça-me outra pergunta – diz ele.

Reformulo a questão: de que eles o acusaram?

– DUI [Driving Under the Influence, dirigir sob a influência de álcool].

Só isso?

– E fuga.

Fuga de...?

– Da prisão.

O outro cara, o indígena, diz estar aqui por "aterrorizar e fugir".

Aterrorizar quem?

– Meu primo.

Ambos dizem ter-se declarado culpados.

✧ ✧ ✧

Os americanos nativos compõem aproximadamente 10% da população da Dakota do Norte, diz-me o diretor Braun, mas somam de 30 a 35% da população deste presídio. Não tenho certeza de que esses números estejam corretos e terei que verificá-los.

Gosto do diretor Braun. Quando ouvi seu nome e título pela primeira vez, antes de vê-lo, imaginei um sujeito durão, até cruel. Agora que estou com ele, porém, o diretor Braun me parece uma pessoa agradável, bondosa. Brinca com seus detentos, dá-lhes tapinhas nos ombros, e os prisioneiros parecem gostar dele.

– Tenho sorte de estar nesta prisão um deles me diz.

Os habitantes da Dakota do Norte se importam com as pessoas que os cercam, inclusive as que estão presas.

Exceto os juízes deste estado, os caras capazes de sentenciar alguém por três anos e meio por uma ocorrência de DUI. Será que eles são mesmo tão cruéis? Pergunto a um funcionário do presídio como é que uma DUI acaba em três anos e meio de pena.

– Ele não lhe disse a verdade. Está aqui por um crime sexual – diz o funcionário. Os presos que estão aqui por crimes sexuais são o nível mais baixo da comunidade de detentos. – Quando estão aqui por algum tipo de crime sexual, a probabilidade de lhe dizerem isso é muito, muito pequena.

Desloco-me para a parte mais rigorosa deste presídio, seu setor de segurança máxima: a Segregação Administrativa, doravante chamada de unidade de segregação. Trata-se de um presídio dentro do presídio, onde os prisioneiros não compartilham celas e passam o tempo no isolamento. Na unidade de segregação, o detento passa vinte e três horas por dia em sua cela. Na vigésima quarta, pode-se exercitar numa cela diferente, onde há alguma luz do sol, se o sol estiver descoberto. Essa outra cela tem um pouco mais de espaço para ele se movimentar do que a sua, porém não muito mais.

Aqui a vida não é bonita.

E é neste lugar que conheço Gerry. Gerry tem 55 anos de idade e sorri ao me ver. Você parece contente, eu lhe digo. Está?

–Estou contente por estar vivo.

Cynthia, de Englewood, disse exatamente a mesma coisa. Por que você está aqui?, eu lhe pergunto.

– Assalto com invasão de domicílio e agressão sexual.

Esse sujeito efetivamente fala da questão "sexual"... Quantos anos você pegou?

– Vinte.

Quantos ainda faltam para sair daqui?

– Pouco menos de dez.

Ele me explica a razão da severidade de sua sentença de prisão:

– Esta não é minha primeira passagem. Recebi essa pena toda porque já estive aqui antes.

Existe uma coisa chamada "recidivista", o criminoso reincidente, e esses transgressores da lei recebem o dobro da pena.

Você se declarou culpado?

– Sim. Eu sou culpado.

Ele estava bêbado, completamente bêbado, e furtou vídeos de uma loja de vídeos, o que só percebeu ao acordar no dia seguinte e notar os vídeos em sua casa. Quanto ao crime sexual, ele manteve relações com uma garota de dezesseis anos, sexo consensual, mas o sexo com uma pessoa dessa idade é considerado estupro. Por esse crime ele recebeu uma sentença de dez anos de prisão.

Gerry trabalha no presídio, no setor de segurança máxima, e é nisto que vê sua missão: ajudar seus colegas presidiários.

– Eu me cansei de minha vida de antes. Para mim, chega. Voltei minha vida para Cristo, e, por isso, agora faço toda a pregação que posso.

Vão se passar anos até que ele torne a ver a luz do sol, porque para ele não haverá concessão de licenças, exceto para comparecer ao enterro da mãe, quando ela morrer. Gerry só deixará essas paredes quando tiver 65 anos.

Dez anos por dormir com uma garota de dezesseis. Pergunto a um policial se isso não é ridículo, já que deve haver milhares de homens, só neste estado, que fizeram a mesma coisa e andam livres por aí, como cidadãos muito respeitados.

– O Gerry lhe disse a verdade. Em minha opinião, a pena dele é um exagero – retruca o policial. – Não sou juiz, e não há nada que eu possa fazer sobre isso.

O que você vai fazer quando sair daqui?, pergunto a Gerry.

– Vou conhecer meus filhos e meus netos. Vou viver. Vou cuidar, pregar, trabalhar. Espero ainda estar apto a trabalhar, fisicamente.

Continuo a caminhar entre celas e prisioneiros.

Os detentos podem comprar um televisor de tela pequena, que parece um *tablet*, e, por uma taxa de 15 dólares mensais, podem assistir à TV a cabo. Ao passar por suas celas trancadas, vejo alguns deles sentados, assistindo a filmes nesses aparelhos.

Ao todo, há cerca de oitocentas pessoas encarceradas na penitenciária. Por quantas horas diárias o prisioneiro médio fica trancado em sua cela?, pergunto a um dos guardas.

Os que têm "emprego" saem de uma cela e vão trabalhar em outros cômodos fechados da prisão, ele me diz. Também saem das celas na hora das refeições, que eles fazem juntos. Os da unidade de segregação comem nas próprias celas.

Outra oportunidade de deixar as celas são as cerimônias religiosas. Rezar na igreja do presídio, por exemplo. Mas nem todos aqui são Gerry, nem todos cultuam Jesus. Os indígenas têm seu próprio espaço de culto. É um lugar em formato de tenda, apesar de não ser uma tenda.

Supremacistas brancos, que têm presença respeitada aqui, também se dizem religiosos e têm seu próprio local de culto. Em que acreditam? Sua religião é a Àsatrú e "é uma religião reconhecida", de acordo com as autoridades do presídio.

O que é Àsatrú? Segundo a Asatru.org, "Muito antes de o cristianismo chegar à Europa setentrional, o povo de lá – nossos ancestrais – tinha suas próprias religiões. Uma delas era a Àsatrú. Era praticada nas terras que hoje constituem a Escandinávia, a Inglaterra, a Alemanha, a França e a Holanda, além de outros países. A Àsatrú é a crença religiosa original ou nativa dos povos que viviam nessas regiões".

É bom acreditar em alguma coisa enquanto se está na prisão. No cantinho de culto dos supremacistas deste presídio, um lugar pequeno, eles têm algumas pedras – ou uma coisa parecida com pedras. Eu gostaria de poder me demorar o bastante para ver os *skinheads* rezarem.

É aqui, aliás, que aprendo mais uma coisa: a lógica de ser um "*skinhead*".

Antigamente, os homens usavam cabelo comprido. Mas tinham muitos inimigos, que lhes desejavam mortes cruéis e os decapitavam quando eram capturados. Os inimigos seguravam seu cabelo com uma das mãos e os decapitavam com a outra. Foi por isso que os ancestrais dos supremacistas brancos, diz a lenda, passaram a raspar a cabeça.

Vivendo e aprendendo.

✧ ✧ ✧

Se eu esperava que a penitenciária fosse predominantemente povoada por negros, estava enganado. Aqui, a maioria dos prisioneiros é branca.

A composição efetiva dos prisioneiros estaduais, como descubro num boletim da DOCR chamado *The Insider*, é a seguinte:

Número de detentos sob a autoridade da DOCR da Dakota do Norte: 1.751. Média etária dos presidiários: 36 anos. Detentos do sexo masculino: 1.536. Do sexo feminino: 215. Presidiários brancos: 1.158. Pretos: 121. Indígenas: 358. Hispânicos: 99. Asiáticos: 8. Depois vem o resto.

Em geral, descubro, os americanos nativos constituem cerca de 6% da população total da Dakota do Norte. As pessoas que afirmam ter ascendência alemã somam uns 50%.

Não há classificação para os detentos "alemães", caso você queira saber.

Para quem gosta de estatísticas, o maior grupo de pessoas, em todo o território dos Estados Unidos da América, em termos de origem genealógica, não é o dos irlandeses ou dos ingleses, o dos hispânicos, nem o dos negros, mas o dos alemães. Até a data da última estatística disponível, para cada judeu neste país há dez germano-americanos. Quantas vezes você ouviu falar dos germano-americanos? Quase nunca. Mas ouve falar muito dos judeus. Por quê? Porque sim.

Ao que eu saiba, não há nenhum judeu neste presídio, no momento.

– Quando você for para o oeste, a população carcerária será muito diferente – diz-me o diretor Braun, o que significa que será uma população prisional muito mais violenta.

Ao sair desta penitenciária, digerindo o que acabei de ouvir e ver, eu me dou conta disto: na Terra dos Livres, abundam os prisioneiros.

Vou para o oeste. Mas não para ver mais presidiários; a visita de hoje foi suficientemente deprimente.

✧ ✧ ✧

Em meu trajeto para o oeste, vejo uma placa de uma cidade chamada Hebron, que é o nome da primeira cidade judaica da história. Que diabo faz aqui uma "Hebron"?

Paro para dar uma espiada. O lugar parece deserto, e as ruas têm buracos enormes. Não há vivalma neste lugar?

Perambulo um pouco, até encontrar Beth, o único objeto móvel entre os muitos buracos. Beth, uma testemunha de Jeová, me diz que Hebron é uma cidade religiosa. Aqui, diz ela, há diversas igrejas, além de um "Salão do Reino" das testemunhas de Jeová. Dez por cento da população, ela me informa, são testemunhas de Jeová.

Ela adora o Salão do Reino de Hebron:

– É um belo Salão do Reino – diz, e seus olhos brilham acima dos buracos. – Tomei a decisão pessoal de ser batizada como testemunha quando era adolescente – acrescenta. Obviamente, ela não é a moça com quem Gerry teve relações sexuais.

Ao contrário dos cristãos, as testemunhas de Jeová cultuam o pai de Jesus, ela me ensina, mas não Jesus.

– Quando eu rezo – continua –, deixo meu marido rezar em voz alta, e eu rezo em silêncio.

Por quê?

– Nós achamos apropriado e respeitoso que os homens rezem em voz alta, porque eles são os líderes. Nós, mulheres, ficamos submetidas aos homens. Não de um modo degradante. Os maridos cuidam de nós e tomam decisões espirituais.

Em quem você votou na última eleição para presidente?

– Ninguém. As testemunhas de Jeová são neutras e não participam de eleições.

Peço a Beth que me dê sua opinião sobre o Estado Islâmico. Os soldados do EI decapitam cristãos e qualquer outra pessoa de quem não gostem toda vez que os encontram.

Beth é testemunha, membro do Salão do Reino, e esta é sua posição a respeito do EI:

– Somos neutros quanto a isso.

Será que estou na Suíça? Não, estou em Hebron. Do outro lado da rua fica o escritório do jornal local, o *Hebron Herald*. Entro lá e conheço a dona, Jane Brandt. Ela me mostra diferentes exemplares de seu jornal e, enquanto os examino, pergunto-lhe: você é pró-vida ou pró-escolha? Jane se dispõe a responder a essa pergunta, desde que eu desligue o gravador. É incrível observar uma pessoa de jornal de cidadezinha do interior com tanto medo de emitir uma opinião política ou religiosa sobre os Estados Unidos de hoje.

Com frequência, ao serem inicialmente abordadas, as pessoas não querem falar de nada político nem religioso, porque, segundo dizem, querem evitar questões "controversas". Perguntas como "em quem você votou na última eleição para presidente?" costumam não ser respondidas, e algumas pessoas se aborrecem quando lhes pergunto isso. Outras respondem a essas e outras perguntas similares, mas dão uma guinada de 180 graus em suas respostas no instante em que se sentem à vontade conversando comigo.

Em todos esses casos, a razão subjacente de sua conduta é o medo. Ainda assim, Jane me surpreende, pois é a primeira vez que escuto, de maneira tão clara e direta, e de alguém da imprensa, ainda por cima, esta afirmação: eu lhe digo minha opinião sobre X, desde que você guarde segredo.

Por que tantos americanos têm tanto medo de dizer o que pensam? Talvez os Livres não sejam tão livres assim, nem os Valentes sejam tão valentes.

O Malibu tem se portado extremamente bem, e seguimos para Montana.

Portão 10

Bêbados e estupradores americanos nativos se divertem na faculdade local, a Faca Cega, e é você quem paga – Boa notícia: a poligamia logo será legalizada.

Eu sempre quis visitar Montana. Imagino-o como um estado de cores fortes. Não me pergunte por quê. Em minha imaginação, Montana é um estado de montanhas, cavalos, jovens vaqueiras sensuais, caubóis rebeldes, música excelente e toneladas de disciplina imposta com carinho.

É o lugar perfeito para esquecer Gerry e todos os outros detentos.

No centro de visitantes, nos arredores de Montana, chegando da Dakota do Norte, leio isto: "Montana é famoso por seus fósseis de dinossauro". E não é só. A placa diz ainda: "Os fósseis mais antigos de dinossauro encontram-se em rochas do período jurássico, que têm 155 milhões de anos".

Dinossauros de cento e cinquenta e cinco milhões de anos. Esqueça as jovenzinhas e os cavalos.

Não é uma boa notícia para mim. Devo deixar este estado? Consulto uma senhorinha encantadora que trabalha no centro, e ela me recomenda permanecer em Montana. Há muitos caubóis, ela me assegura, em Miles City, que fica a 160 quilômetros daqui. Mais rápido que um cervo, chego a Miles City.

Vejo cassinos, mas nenhum caubói.

– Os caubóis estão nos bares – dizem-me algumas pessoas.

Qual é o bar favorito deles?, indago.

– O Bison Bar – respondem.

No Bison Bar, vejo um casal mais velho e um homem mais moço, chamado Chad, que me parece ter bebido demais. Mas é meio interessante. Em resposta a uma gozação do casal mais velho, ele lhes diz:

– Não me façam corar, para isso eu tenho as meninas.

Grande tirada!

A pergunta é: onde estão os caubóis?

– Nos ranchos – diz a moçada que está bebendo.

Onde ficam os ranchos?

– Procure o Doug Martin, ele está em Kinsey.

Onde é Kinsey? Não sei, mas vou tentar descobrir.

✧ ✧ ✧

Ao dirigir por Miles City, reparo numa casa com uma grande bandeira dos confederados, ao lado de uma bandeira normal dos EUA e de outra que diz "Liberdade ou Morte". Estou à procura de vaqueiras e vaqueiros e encontro dinossauros e bandeiras. Tomara que Doug salve a pátria.

Chego a Kinsey com saúde e alegria, mas sem a menor ideia de como achar Doug. Nenhum GPS tem um local chamado "Doug".

Continuo a dirigir. Ao seguir para lugar nenhum, vejo um homem andando à beira da estrada com grandes fones de ouvido na cabeça. Para minha sorte, ele conhece Doug e me diz como chegar à casa dele.

De chapéu de caubói, Doug olha fixo para o Malibu que se aproxima. Estou muito contente por conhecer um vaqueiro, um vaqueiro de verdade, mas esse vaqueiro não me parece muito contente por me conhecer. Bem, sejamos francos: por que estaria? Ele vê um Malibu entrando em seu rancho, e eu deveria ficar feliz por ele não me receber a bala. Já li histórias desse tipo na imprensa americana.

Salto do carro e nossos olhares se encontram. Ele me encara e saca, imediatamente, que não vim roubar seus cavalos. Não faço o tipo.

Doug, percebo rapidamente, tem mais do que cavalos; também tem touros. Na verdade, mais touros que cavalos. Deveria chamar-se toureiro.

Começando pelo começo: Doug me diz que não é rancheiro, mas fazendeiro.

E tem mais novidades para mim: pouquíssimos indivíduos são os verdadeiros donos dos ranchos ou das fazendas. A maioria dos que trabalham nos ranchos são "trabalhadores contratados", a serviço de grandes empresas.

– A Koch Brothers tem centenas de milhares de acres – diz ele, à guisa de explicação.

Se ele está certo, e não tem razão de mentir para mim, os caubóis dos filmes não existem na vida real. Nos filmes, eles são donos da terra e do gado, mas, na realidade, são empregados de alguma Koch Brothers, suando muito e ganhando mal. Os poucos que são vaqueiros de verdade, em sua maioria, herdaram a terra e os animais, diz Doug.

Ele ganha a vida com uma empresa que possui; a fazenda, ele a mantém como *hobby*. Em sua fazenda, treina animais e homens na arte do rodeio, e é por isso que possui mais touros do que cavalos. Ao chegarmos mais perto dos animais, vejo duas estudantes montando dois cavalos e tentando desesperadamente pegar um touro a laço.

– Não crio gado de corte. Crio gado com chifres e gado que corre. – É essa a formulação dele.

Observo Doug e seus alunos trabalhando. É incrível ver os cavalos correndo dos touros, como se os touros fossem seus piores inimigos. Os cavalos assim fazem por serem treinados para isso, o que me leva a me perguntar se nós, os humanos, não somos exatamente iguais.

Doug também é um homem de fé e se interessa muito por política. É "definitivamente pró-vida", acha que a mudança climática "vem acontecendo há milhões de anos e vai acontecer por mais um milhão de anos", e é pró-Israel:

– Quando os Estados Unidos derem as costas a Israel, estaremos acabados como país. Estamos chegando bem perto disso – Doug me alerta.

Antes que os Estados Unidos acabem, porém, despeço-me dele, dirijo mais uns três quilômetros e avisto outro rancho ou fazenda, não sei bem qual dos dois. Entro com o carro e não tardo a ser saudado por alguns cães, e, em seguida, por uma mulher:

– Meu irmão é vaqueiro – ela me diz –, mas hoje não restam muitos. As grandes empresas e a tecnologia tornam os vaqueiros obsoletos. Não há necessidade de vaqueiros a cavalo para cuidar do gado, como eles costumavam fazer. Hoje, temos quadriciclos para fazer o trabalho que era dos cavalos.

Daqui a poucos anos, penso eu, o centro de visitantes de Montana terá um grande cartaz para contar a história dos fósseis dos vaqueiros, celebrando um povo que um dia viveu neste estado.

É triste ver uma cultura desaparecendo aos poucos, agonizando. Mas a vida continua. E sigo dirigindo.

✧ ✧ ✧

Seguindo na direção oeste, vejo uma placa com o nome Lame Deer [Cervo Manco]. O que pode ser um lugar chamado Lame Deer? Provavelmente, uma instituição psiquiátrica ou um hotel benevolente com a maconha. Sigo a placa. Deve ser interessante.

Adivinhe só! É uma reserva. Eu queria caubóis, e achei índios.

Imagine se a Chevrolet chamasse meu carro de Lame Deer, em vez de Malibu. Iria à falência em menos de uma hora. Mas os índios podem inventar qualquer desculpa esfarrapada[1] para um nome, e dá certo. Como fazem isso?

Na tentativa de descobrir, vou ao encontro de Winfield S. Russell, vice-presidente da Tribo Cheyenne Setentrional. Gosto dele desde o primeiro momento em que o vejo. Ele me diz que sua tribo possui 179.680 hectares de terra.

Já estive em reservas indígenas, mas nenhuma tão grande quanto esta. Aqui seria possível construir meio milhão de cassinos como o Soaring Eagle. Quantas pessoas vivem aqui?, pergunto a Winfield.

– Cinco mil e quinhentas – ele responde.

Isso dá mais de 32,37 hectares por índio, seja ele criança ou adulto. O fascinante nisso é que nenhum de nós cai na gargalhada neste exato momento.

O que é totalmente sem graça aqui é a taxa de criminalidade. Lame Deer tem uma taxa altíssima, Winfield me diz, especialmente no setor de drogas:

– A maioria das pessoas tem problemas com drogas – ele me informa.

Quantas pessoas falam a língua cheyenne?

– Cerca de trezentas, e ela está se deteriorando aos poucos – o que significa que, um dia desses, o número de falantes logo ficará pouco acima de zero. Este lugar, acrescenta ele, também sofre com a pobreza extrema. Se eu tivesse quase 180 mil hectares, não seria pobre; seria um Irmão Koch. Em Lame Deer, porém, tudo é diferente.

Considerando que a língua está morrendo, a criminalidade é alta, a pobreza é extrema, e as pessoas passam os dias bebendo, como observei ao entrar, por que não sair completamente dessa história de reserva e se integrar à vida americana?, pergunto.

---

1. O autor faz um trocadilho com o nome da cidade ao usar "desculpa esfarrapada", *lame excuse*. [N. T.]

– Temos nossa soberania, temos nossa terra, cuidamos de nossa gente – responde ele.

Por que não se juntar ao caldeirão cultural dos Estados Unidos?

– Temos nosso próprio estilo de vida. Temos o direito tribal tradicional, e ainda temos nossa soberania; temos nosso próprio governo; temos nosso código tribal da lei e da ordem. Se você tomar bebidas alcoólicas, se ficar embriagado, será detido por isso!

Vocês têm uma prisão aqui?

– Temos uma cadeia.

Quantas pessoas ficam na cadeia?

– Eu diria que, num mês, por embriaguez, uns 150 a 500.

Quanto tempo elas passam em sua cadeia?

– Depende.

De quê?

– Em geral, uma noite.

Você tem quinhentos criminosos, digo, considerando os que são apanhados, e é essa a razão para ter um Estado soberano?

– Não, acho que não.

Então, para que um Estado soberano?

A isso ele não sabe responder, exceto para dizer que outras tribos têm reservas, e a dele também deve ter. Gosto desse Winfield, mas não o entendo.

"Aviso", dizem as placas nas paredes dos prédios públicos daqui. "O uso de linguagem grosseira e abusiva não será tolerado neste local. O Artigo 7-7-5 do Código da Ordem Pública de Cheyenne Setentrional define essas atividades como perturbação da ordem."

Aqui eles têm seus próprios livros jurídicos, e, orgulhoso, Winfield me diz:

– Servi meu país. Fui do Corpo de Fuzileiros Navais. Servi no Vietnã.

E me conta mais uma coisa:

– Setenta a oitenta por cento das pessoas aqui estão desempregadas; recebem auxílio do governo federal.

Winfield diz todas essas coisas, mas não fica satisfeito com a imagem que está pintando para mim, por isso se empenha ao máximo em acrescentar ao retrato uma cor mais animada. Nem tudo é ruim, afinal, diz então. Lame Deer tem uma faculdade, e, nela, Winfield faz questão de que eu saiba, os residentes estudam a antiga língua de seus ancestrais. Será que eu gostaria de assistir a uma aula e ver por mim mesmo?

Vamos à Chief Dull Knife College [Faculdade Chefe Faca Cega]. Que nome esplêndido para uma faculdade! E, sim, há nela uma aula de língua cheyenne.

Junto-me aos outros estudantes. Tarefa da aula de hoje: traduzir títulos de canções de Elvis Presley para o cheyenne.

A turma se divide em grupos, e cada grupo é designado para traduzir alguns títulos.

Por exemplo: "Love Me Tender", "Heartbreak Hotel", "Love Me", "I Forgot to Remember to Forget". Há quinze alunos presentes na aula. O mais jovem tem quarenta anos; todos os demais passaram da idade da aposentadoria.

Nem uma única alma jovem.

Fora da sala de aula, no corredor, leio o seguinte:

"Atenção! O uso de linguagem grosseira e abusiva e/ou de violência física, no *campus* da Chief Dull Knife College ou em atividades patrocinadas pela Faculdade, será considerado agressão, e NÃO será tolerado."

Acho que deve haver alguns problemas com a linguagem nesta reserva.

Eis outro aviso público numa parede:

"ATENÇÃO! Todos os criminosos sexuais devem comparecer ao Escritório de Livramento Condicional de Adultos, o mais rápido possível, para atualizar todas as fotografias, o endereço físico e informações de arquivo."

Saio da reserva e vou para o Malibu. Acho que devo prosseguir na direção oeste até o estado de Washington, onde foi legalizada a compra de maconha e de toda sorte de produtos de cânabis. Preciso disso!

✧ ✧ ✧

Antes de começar a dirigir, sento-me no Malibu e procuro ordenar minhas ideias. O que vi até agora nos Estados Unidos da América?, pergunto a mim mesmo.

- A espiritualidade dos americanos nativos é forte candidata ao Prêmio Nobel do próximo ano na categoria ficção.
- Quando morrer um preto, chore. Quando morrerem muitos, ignore.
- Vaqueiros e vaqueiras vivem no Parque dos Dinossauros.
- Os brancos fogem, os pretos conquistam.
- As instituições culturais americanas são laboratórios de escapismo.
- Os judeus gostam de ser mártires pendurados na cruz.
- Fumar é um crime contra a humanidade.
- Num clima em transformação, os palestinos brilham.
- Jesus é divertido.
- O Hezbollah é ótimo.
- Expressar opiniões políticas é uma atividade perigosa na Terra dos Livres.
- O Lar dos Valentes é um estádio de beisebol.
- Uma centena de armas de fogo para cada duas pessoas não basta.
- Ioga é o que os judeus fazem em seus templos.
- Os pretos matam pretos porque essa é a cultura "da crioulada".
- Faca é o nome de uma faculdade.
- Os *quakers* gostam de silêncio e da Palestina.
- Meus dedos gordos vão quebrar meu iPad.

Há mais coisas que aprendi nos últimos dois meses, mas paro de pensar. Acendo um charuto indonésio e vejo a fumaça sair de minha boca. Haverá uma multa de 250 dólares, se o pessoal da locadora me pegar fumando no carro. Por sorte, os empregados hispânicos que me entregaram este carro não entram em reservas indígenas e nunca me pegarão fumando.

✧ ✧ ✧

Antes de inalar maconha para introduzi-la em meu organismo, resolvo me demorar mais um pouco no Estado dos Fósseis. Montana, que é rico em depósitos de petróleo, passou recentemente por um crescimento financeiro explosivo, graças ao "fraturamento hidráulico", uma técnica recém-desenvolvida de exploração de petróleo.

Quero conhecer pessoas do ramo petrolífero. De preferência, ricas e, melhor ainda, riquíssimas. E, em menos de 48 horas, havendo entrado em contato com uma pessoa que conhece uma pessoa que conhece outra pessoa, vou ao encontro de um multimilionário chamado Carter Stewart. Não é preciso perguntar a Carter se ele é republicano ou democrata; descobre-se o que ele é fazendo uma visita a seu banheiro.

Sim.

Como?

Os rolos de papel sanitário trazem impressa a imagem de Obama.

Vi uma coisa parecida na Ucrânia; lá, o rolo de papel sanitário tinha a imagem do líder russo, Vladimir Putin.

Enfim, depois de eu pagar à natureza o que lhe era devido, Carter fala. Primeiro, fala sobre os Estados Unidos:

– Temos visto nossa liberdade ser corroída nos últimos trinta anos, e, pouco a pouco, nossas liberdades individuais vão sendo retiradas.

Dê-me um exemplo.

– Certo, vou dar-lhe um exemplo. Se você achar um navio naufragado ou um tesouro em terras federais, não pode ficar com ele, é o governo que fica. Antigamente, era você, como indivíduo, que ficava com o achado.

Com ou sem abolição das liberdades, Carter é dono de três armas de fogo. Também tem em sua escrivaninha uma nota (falsa) de um milhão de dólares, com a foto de Obama no lugar do retrato do "presidente morto". Além disso, o lema "In God We Trust" ["Em Deus nós confiamos"] é escrito na nota como "In Obama We Trust".

Os multimilionários sabem ser engraçados.

Será que a liberdade de expressão também foi cerceada nos últimos trinta anos?

– Sim, pela turma do politicamente correto, das pessoas que dizem "Você não pode dizer tal ou qual palavra".

De que palavras nós estamos falando?

– Não quero usar a palavra.

Use-a!

– Não, não vou usar. Você sabe exatamente de que palavra estou falando, aquela que se refere às pessoas negras.

Está falando da palavra *nigger* [crioulo]?

– Sim. Mas este é apenas um exemplo.

Ele me dá outro exemplo: a bandeira dos confederados.

– Posso compreender por que algumas pessoas não querem ter esse símbolo. Mas, se outras pessoas quiserem hastear essa bandeira, para recordar sua herança, por seus ancestrais terem lutado e morrido nessa guerra, por que tirá-la delas?

Carter, como você talvez já tenha adivinhado, é pró-vida, opõe-se ao casamento entre *gays*, é contra o acordo com o Irã, pró-Israel "até o fim", e acha que "não existe nada de mudança climática".

– Sou geólogo – diz ele. – Geologia significa estudo da Terra. Estudei a Terra desde que comecei a frequentar a faculdade, e continuo a estudá-la diariamente. Por isso, sei que essa história não poderia ser mais falsa.

✧ ✧ ✧

Acho melhor falarmos de mercados de petróleo, não de política.

Por que o mercado de petróleo teve uma queda tão acentuada?

– A Arábia Saudita inundou o mercado, há mais ou menos um ano.

Por que os sauditas fizeram isso?

– Queriam recuperar uma parcela de 5% do mercado que haviam perdido. Mas, até pelo que eles mesmos admitem, agora dizem que não foi uma ideia brilhante. Agora, o preço de suas exportações é metade do que era. Foi uma medida estúpida da parte deles. Estão tentando pressionar-nos e levar-nos à falência.

Quanto vale seu patrimônio?

Ele me diz que sua fortuna é aproximadamente metade do que era um ano atrás, mas que não sabe realmente qual é seu patrimônio neste momento.

Qual era o valor dele no ano passado?

– Eu diria uns 150 milhões de dólares.

Quer dizer que, agora, sua fortuna líquida é de 75 milhões?

– Provavelmente.

O senhor perdeu 75 milhões de dólares?

– Provavelmente.

Por causa da queda do preço do petróleo?

– Sim.

Está preocupado?

– Estou preocupado com o curto prazo, porque agora estamos tendo que pegar todo nosso dinheiro e devolvê-lo ao banco, porque tomamos empréstimos. Fazemos o possível para cumprir isto, para pagar ao banco todo mês, e continuamos a trabalhar na tentativa de vender outros ativos.

O que é o pior que lhe pode acontecer? Até que ponto seus 75 milhões ainda podem cair?

– Podem chegar a zero, mas acho que isso não vai acontecer, porque ainda temos ativos que nos trazem dinheiro.

Descreva o pior quadro para mim.

– O pior quadro é o petróleo voltar a cair para dez dólares por barril, ou nove dólares por barril.

Se isso acontecer, o que o senhor fará?

– Sou um cara bem talentoso, vou pensar em alguma coisa.

Está preocupado?

– Estou. Penso nisso toda noite, sabe? Penso nisso todos os dias, em solucionar os problemas todos os dias. Faz parte do trabalho.

O senhor perde o sono por isso?

– Não.

Dê-me uma estimativa de quanto acha que será o valor de sua fortuna daqui a dez anos.

– Meio bilhão.

O senhor cresceu com dinheiro?

– Não. De modo algum. Sepultei meu pai com meu próprio dinheiro, meus últimos dois mil e quinhentos dólares.

Carter se apresenta como um homem de grande autoconfiança, sempre certo de que aquilo em que acredita é a única verdade. Acima de tudo, porém, é um homem de negócios.

– Há muita riqueza no chão por aqui. Quando o preço cai, todo mundo desiste, libera-se uma porção de arrendamentos, e, a rigor, isso cria uma oportunidade. Estive conversando com um de meus amigos sobre o preço do petróleo, e ele disse: "Bem, são todas essas grandes empresas judaicas de Wall Street que estão basicamente vendendo a descoberto todas as companhias de petróleo e reduzindo o preço do petróleo e o puxando para baixo".

O senhor acha mesmo que é isso que está acontecendo?

Ser pró-Israel, que estranho, não significa, necessariamente, ausência de antissemitismo. O sujeito pode amar Israel e, apesar disso, achar que há um bando de judeus que controla os mercados mundiais e as finanças mundiais.

Penso em Abe Foxman e no que ele me disse: "Os americanos são preconceituosos".

Ocorre-me uma ideia. É óbvio que preciso de uma folga dos liberais, dos conservadores, dos brancos sempre temerosos, das quadrilhas, dos judeus, das testemunhas de Jeová, dos antissemitas, dos índios e de tudo que fica no meio. Então, por que não ir ao Parque Nacional Yellowstone?

Ouvi dizer que o parque é um lugar fascinante, mas não sei grande coisa a seu respeito.

O serviço de turismo de Montana define o Parque Nacional Yellowstone como "a melhor ideia que os Estados Unidos já tiveram". Esse parque nacional é o primeiro da América do Norte e, de acordo com o serviço de turismo de Montana, é também "o primeiro parque nacional do mundo".

Vamos lá!

✧ ✧ ✧

Chegar ao Yellowstone requer um certo tempo dirigindo. Mas que trajeto! Pego a autoestrada Beartooth, uma típica estrada americana. O que é uma típica estrada americana? Assim a definem as autoridades do turismo:

> Designada como rodovia genuinamente americana em 2002, a Autoestrada Beartooth foi descrita por Charles Kurait, ex-correspondente da CBS, como "o mais lindo trajeto da América". Atingindo altitudes superiores a 3.300 metros, essa estrada de 86 quilômetros, que se percorre em três horas, oferece mirantes com paisagens de picos nevados, geleiras, lagos e planaltos alpinos. Sazonal.

Tal como a vivencio, eles mais ou menos acertaram. De fato, percorrê-la toma um tempo enorme, por causa das curvas fechadas, dos trechos estreitos e dos baixos limites de velocidade, mas é, sem dúvida, uma estrada belíssima. Combina direção e natureza no que elas têm de melhor. O tempo muda drasticamente, criando uma queda de temperatura de mais de 27 °C quando se chega ao topo, e é assombroso! As montanhas são maravilhosas e o lugar praticamente não é povoado, a não ser por animais.

Em geral, Montana é um estado imenso, mas com muito pouca gente. Acho que nele poderíamos instalar todos os refugiados da Síria, Líbia, Sudão, Palestina, Afeganistão e praticamente qualquer outra área de conflito do mundo inteiro, e continuaria a haver terras desocupadas suficientes para todos os caubóis sobreviventes de Montana.

Em si, o Parque Yellowstone, quando se entra nele, é meio decepcionante. Mas, depois de duas horas dirigindo lá por dentro, chego ao "Grande Cânion de Yellowstone".

Imagine se um mestre da pintura, aquele mesmo cara do lago Superior, pegasse um grande trecho de área rochosa, rasgasse-o em pedaços enormes, moldasse formas previamente desconhecidas com essas rochas imensas e, em seguida, pintasse-as magistralmente. Como você reagiria? Trata-se de uma obra de arte do outro mundo: rochas nuas, muito fundas e muito altas, em várias formações; formatos e cores que rendem homenagem às aguas que fluem lá embaixo, dando a impressão de combinar vida e morte, a um tempo paradisíacas e terrenas.

Para os seguidores da Bíblia, essas imagens fabulosas são prova da brilhante imaginação de Deus; para quem acredita na evolução, constituem um testemunho da brutalidade e da beleza da natureza.

Os Alpes austríacos, meu antigo amor, são eclipsados por essa beleza.

Desculpe, Áustria.

Mais adiante, vejo carros estacionados em todos os espaços disponíveis e gente aglomerada em todas as colinas visíveis; há pessoas equipadas com câmeras de objetivas longas e com binóculos, e todas miram um ponto ao longe. Há quem tenha estacionado carros e *vans* nos morros e esteja de pé sobre os veículos para ter uma visão melhor. O que há para ver do outro lado? Um urso, dizem-me. Será que essa gente nunca viu um urso?

Bem, há uma história ligada a esse alvoroço nas montanhas. Na semana passada, um homem de 63 anos que fazia uma trilha foi atacado por um urso-cinzento em Yellowstone, e seu corpo, parcialmente devorado, foi encontrado no local por um guarda florestal. Será que esse é o mesmo urso? É o que as pessoas querem saber. Seria ele irmão do outro? Filho dele? Ninguém sabe, mas todos querem ver exatamente esse urso.

Para mim, a visão mais interessante é a aglomeração tentando captar um vislumbre do urso que teria comido um homem.

Isso também é os Estados Unidos da América. Continuo a avançar.

Até chegar ao Vulcão de Lama, que é outra maravilha a ser contemplada. Líquidos coloridos brotam do ventre da terra. Perto do vulcão vagueiam búfalos, alguns se aproximando do Malibu, mas, por sorte, sem consumi-lo.

Há mais locais interessantes à frente.

Os gêiseres. Há trezentos neste parque, sou informado, e eles são banquetes para a alma, os olhos e o coração.

A princípio, eles me lembram as ruas de Nova York: um buraco no chão e um vapor branco e quente irrompendo dos trens do metrô lá embaixo. Só que aqui não existe metrô. Além disso, não é só vapor, mas jatos de líquido fervente que irrompem da terra e sobem. Não, isto aqui não é Nova York, é o Wyoming (o Parque Yellowstone fica parcialmente localizado em Montana, e, em sua maior parte, no Wyoming).

Isto aqui, permita-me dizer, é o verdadeiro caldeirão dos Estados Unidos da América!

Imagine Berlim e Varsóvia durante a Segunda Guerra Mundial, com todas as explosões e nuvens de fumaça, só que aqui não há ninguém morrendo, e as nuvens não são fumaça, porém vapor e água. É a Terra em sua mais animada interação consigo mesma, revelando a ira terrestre sob os nossos pés. Mexendo-se, gritando, rindo, berrando, chorando, explodindo e dançando sem parar.

Passo oito horas no parque – o Malibu fica lindo em Yellowstone, aliás – e, na nona hora, volto dirigindo para a vida "real".

✧ ✧ ✧

Chego ao centro de Bozeman e dou uma conferida na cidade. É uma cidade maneira, com lojas chiques e realmente legais, para pessoas que têm uma necessidade urgente de transferir o dinheiro de suas poupanças para o bolso do povo montanhês.

Há também muitos estudantes aqui, da Universidade Estadual de Montana, o que confere a Bozeman um toque cultural.

Encontro Todd, por exemplo. Todd, um homem preocupado com a mudança climática, amarra-se na natureza: maconha e haxixe. Na verdade, está numa missão para legalizá-los no estado.

E é antitabagista. Cigarro, não; baseado, sim. Ele é o que se chamaria de "liberal progressista".

– As pessoas não deveriam ser presas por causa de maconha – argumenta comigo, como se eu fosse o presidente do tribunal de justiça de Montana e pudesse fazer alguma coisa a esse respeito.

Todd tem outros problemas na cabeça, além da maconha. Segundo me diz, é pró-escolha, pró-meio ambiente, pró-*gays* e pró-Palestina. Bom saber.

Dentre os *millennials* que conheci na Dakota do Norte e em Montana, ambos estados republicanos, muitos tinham opiniões mais esquerdistas do que a geração mais velha. Será essa a tendência geral dos jovens?, pergunto a Todd.

Ele responde que é isso mesmo:

– As pessoas só estão começando a se dar conta de que mentiram para nós durante muito, muito tempo, e a geração mais nova, acho, está mais sintonizada com isso e percebendo que quase tudo que se vê na televisão são mentiras ou invenções. É o que eu acho.

Quando estou quase deixando Montana para sempre, pergunto a mim mesmo: será que nunca, jamais verei um caubói com meus próprios olhos? Talvez eu deva dar um empurrãozinho mais forte, quem sabe até verificar com os caras da NASA, ou com algum outro *nerd*, para ver se alguém por aí é capaz de me dar alguma ideia.

Recebo uma dica de uma fonte altamente sigilosa e a sigo.

✧ ✧ ✧

Continuo a dirigir. E sou recompensado. Depois de transitar por intermináveis estradas solitárias, algumas inacabadas, coloco-me à vontade no rancho de Mike. Ele me leva para dar uma volta no seu rancho de 1.012 hectares e masca fumo sem parar, enquanto me explica o rancho, cuspindo a cada três ou quatro passos do caminho.

Será ele a personificação do caubói? Talvez. Quem sabe?

Mike é "cristão, mas não de nenhuma religião estabelecida. Vou à igreja uma vez por ano, no Natal", e não gosta, de jeito nenhum, do "filho da mãe" do Obama. Usa chapéu de caubói e se opõe firmemente a leis sobre o controle de armas. "Se você não controla sua arma, não acerta nada." É assim que ele formula a ideia.

É preciso ter doutorado em filosofia para entender os vaqueiros. Mike não é republicano nem democrata.

– Não me faça começar a falar de política.

Às vezes, como nessa hora, eu sou surdo. Você é pró-escolha ou pró-vida?, pergunto.

– Pró-vida.

Casamento *gay*?

– Eu sou cristão!

Pró-Israel ou pró-Palestina?

– Acho que deveriam pegar essa gente e levar de volta para a Alemanha. Eles estão brigando por lá desde o primeiro dia, então deveriam voltar.

"Essa gente" são os judeus?

– São.

Diga-me: devemos fazer a mesma coisa com os americanos? Muitos deles vieram da Alemanha e tiraram a terra das pessoas que viviam aqui antes deles. Por que não devolver os judeus e os americanos à Alemanha?

Isso irrita Mike, que cospe três vezes mais vezes que de hábito.

– Não há lugar para todos eles na Alemanha – diz, depois de tornar a cuspir.

Suas cabeças de gado ficam a uns cinco quilômetros daqui, num pedaço de terra de 26.305 hectares, arrendado do governo federal por ele e algumas outras pessoas, e todo dia ele vai até lá a cavalo, para ver como estão as vacas e levar blocos de sal para os animais.

No entanto, mal ganha seu sustento com o gado. São necessárias quinhentas a setecentas cabeças de gado para ganhar a vida numa família de três pessoas, diz Mike, e ele só tem 150 cabeças. Como sobrevive em seu rancho? Ele vem arrendando parte das terras, trabalha para outros rancheiros, treina cavalos para outros e, além disso, trabalha como bombeiro hidráulico e soldador. E parte do rancho é arrendada por outros membros de sua família como uma hospedaria para turistas.

Mesmo assim, sejam quais forem suas dificuldades financeiras, esse homem usa seu chapéu com orgulho. É um caubói!

Convida-me para jantar na hospedaria e me apresenta aos outros convivas.

Pessoal interessante. Ali está um casal judaico da Califórnia – dois judeus que, pagando uma taxa, sentem-se caubóis. Esses dois vaqueiros não cuspidores têm dinheiro e patrocinam filmes palestinos. É o que me dizem. Depois, corrigem-se: patrocinam qualquer filme que faça críticas a Israel.

Outro casal, da Itália, não patrocina ninguém.

Tampouco Mike. O cuspidor Mike, homem trabalhador, ilustra-me as dificuldades de ser vaqueiro. É fácil pôr um chapéu de caubói e ficar ocupado ouvindo uma excelente música *country*, mas ser caubói é outra história, completamente diferente.

Talvez seja boa ideia, afinal, mandar os americanos para a Alemanha. Os índios terão mais hectares e um número maior deles poderá cantar músicas do Elvis Presley em indígena perfeito.

Só vendo para crer.

✧ ✧ ✧

Despeço-me do caubói e entro na realidade: o Malibu. E este Malibu me conduz a Missoula, a caminho de Seattle. Descanso um pouco em Missoula.

Vou a um bar e peço um conhaque. Não me perguntam que tipo de conhaque eu quero, e me dão um Christian Brothers, aquele que tomei em Chicago. O país é um só, e somos todos irmãos cristãos.

Aqui não há judeus, graças a Deus; estão ocupados na Califórnia, procurando filmes palestinos para patrocinar.

Bem a meu lado senta-se um homem interessante, chamado Pat Williams, que se apresenta como "ex-deputado de Montana. Representei o estado inteiro e trabalhei por dezoito anos no Congresso". Hoje em dia, ele leciona na Universidade de Montana.

Você saberia me explicar por que há tantas bandeiras americanas em quase todos os lugares por onde passo?

– Os americanos gostam de mostrar seu patriotismo. Acho que os que desfraldam sua bandeira são nacionalistas. Isso pode ser visto como bom ou ruim, mas acho que eles estão sendo nacionalistas.

Por que os Estados Unidos da América são tão patrióticos?

– Deve ser por causa da experiência militar do país. Duas guerras, várias guerras menores. Umas perdidas, outras vencidas, mas muitos americanos lutaram, alguns foram feridos, e alguns morreram, e isso os tornou patrióticos.

Você está falando das guerras do Vietnã e da Coreia?

– Vietnã, Coreia, Panamá, pelo amor de Deus, e a proteção da Europa por meio da OTAN. Muito caro, caríssimo.

Pat é pró-escolha, pró-casamento *gay* e pró-Palestina. Quando estava no Congresso, era pró Israel, contou-me, mas mudou de ideia desde que se tornou professor. Pois que mude.

Você também é pró-poligamia?

– Não.

Por que não? Eu sou pró-casamento *gay* e pró-poligamia. As pessoas maduras devem poder decidir como se querem casar e com quem. É uma questão de direitos humanos. Um direito humano básico.

– A família formada por um homem e uma mulher, casada com um homem só, tem sido um pilar da vida americana...

Agora você está falando como aqueles americanos que são contra o casamento entre homossexuais: eles dizem a mesma coisa.

– Não.

Sim! Você está falando como...

– Eu me dou por satisfeito com uma mulher e um homem, uma mulher e outra mulher, um homem e um homem.

Por que não ter...

– Porque não estou acostumado com isso!

E daí? Se eu tiver duas mulheres que queiram casar-se comigo, ou se houver uma mulher com dois homens que queiram casar-se com ela, devemos ter esse direito, assim como os *gays*!

Nesse ponto, o deputado Pat está ficando meio perdido. Mas é democrata, e qualquer afirmação que pareça invalidar os direitos *gays* é pior do que estupro. E então ele muda de ideia rapidamente:

– Certo – diz.

Então, agora você é pró-poligamia?

– Sim, posso aceitar isso.

Posso fazer esta declaração: "O deputado Pat é pró-poligamia"?

– Sim.

O medo leva os Valentes a lugares que eles nem sabiam existir.

O professor Pat leciona "história dos parques nacionais e da vida selvagem" na Universidade de Montana. Um dia, espero, farei a mesma coisa. Serei professor de cerimônias poligâmicas do Parque Yellowstone.

A vida é linda!

Amanhã sairei de Montana.

Gosto das pessoas de Montana. São hospitaleiras e amistosas e têm montanhas deslumbrantes. Para minha surpresa, esse pessoal das Montanhas Rochosas sabe tanto sobre questões das relações exteriores quanto os nova-iorquinos. Seu conhecimento não é grande coisa, admito, mas a turma de Nova York não sabe um pingo mais do que eles.

A oeste de Montana fica Idaho, um estado cujo nome não estou certo de pronunciar direito.

Amanhã faço uma parada lá.

Portão 11

Um prefeito embriagado corre atrás de moças feias e sobrevive para contar a história.

Estive no centro do universo. Onde fica? Em Wallace, no estado de Idaho. Para ser um pouco mais exato, fica exatamente no cruzamento das ruas Bank e Sexta. Está escrito lá, bem no meio do cruzamento: Centro do Universo. Quem decidiu que esse é mesmo o centro do universo?

Rich, que sabe tudo que há para saber sobre esta região, diz que a ideia se originou com seis caras, num bar próximo. Sua teoria filosófica era assim: "Se não se pode provar que uma coisa não existe, ela bem que poderia existir".

Após essa decisão tomada no bar, conta Rich, o prefeito de Wallace fez uma proclamação que foi aprovada pelo conselho municipal. E agora, para todos os efeitos jurídicos, este é o centro do universo.

Escutando os moradores locais, aprendo a pronunciar Idaho. Ao pronunciar o nome, acho que é engraçado.

Em Idaho, sussurra em meus ouvidos um vento que passa, há muita gente engraçada.

Como Mac Pooler, o prefeito da cidade de Kellogg. Sua Excelência me diz a seu respeito:

– Nasci em Kellogg, onde frequentei a escola. Passei dois anos na faculdade e não me formei. Destaquei-me em beber cerveja, jogar futebol americano e perseguir garotas feias. Quando saí da faculdade, meu teor de álcool no sangue era maior do que minha nota média. Mas eu não tinha que pagar a faculdade, contava com uma bolsa de estudos. Assim, fui recrutado pelo exército, depois saí e voltei para Kellogg. Tive a oportunidade de ser prefeito de Kellogg, a cidade em que me criei, onde as pessoas me conheceram quando eu estava crescendo.

Ele é engraçado, acho. Deixe-me descobrir de que é feito esse homem. Os grandes problemas dos Estados Unidos são, reiteradamente, o aborto e os direitos dos homossexuais. O senhor é pró-escolha ou...

– Não assumo posições políticas. Essas eu guardo comigo.

Sua resposta faz parte da fala livre americana, da liberdade de expressão, da autonomia e liberdade?

– Eis uma boa pergunta. Há duas coisas que não se discutem nos Estados Unidos, religião e política, porque, ou você leva um tapa, ou leva um tiro. Essa é minha filosofia. Não quero entrar nessa área. É uma opção minha, como cidadão, não discutir política.

Esse homem divertido, como tantos americanos, é movido pelo medo. Não posso culpá-lo por ser quem é.

Conversamos mais e mais e mais, e ele me diz, a respeito dos EUA:

– O país passou de moderado a liberal. Os liberais estão morrendo de rir; ficam felizes por ele ter ido para a esquerda, finalmente. Há três lados em nosso país: os moderados, que em geral são os republicanos, os independentes e, do lado esquerdo, os doidos, os democratas.

Sim, a vida é assim. Quando a gente é paciente e fica perto das pessoas, quase sempre elas acabam-se abrindo.

Para onde estão indo os jovens: direita ou esquerda?, eu lhe pergunto.

– Esquerda.

Por quê?

– Porque 94% dos professores das faculdades são de esquerda; são liberais. Mais de 80% do ensino [público] são lecionados por liberais. Por isso, eles [os estudantes] ficam mais do lado liberal. Os canais de televisão, exceto a Fox News, são de esquerda.

É nesse ponto que Mac fica pronto, finalmente, para externar suas opiniões sobre o aborto e os direitos dos *gays*. Aborto:

– Acho que o governo não deve envolver-se, dizendo à mulher o que ela deve fazer.

Direitos dos *gays*:

– Eles que façam tudo que bem entenderem, desde que me deixem sossegado.

Os Estados Unidos da América têm-se envolvido em muitos conflitos internacionais, seja pondo tropas em terra, seja disparando mísseis do céu. Por quê?

– Quer saber minha opinião sobre isso? Nós não temos nada que nos metermos lá.

Por que os governos americanos continuam a fazer isso?

– Porque são compostos por um bando de idiotas. Metemos o nariz em lugares em que não deveríamos estar e, depois que chegamos lá, não sabemos sair.

Isso posto, Mac abre uma exceção: Israel. Ele é pró-Israel. Ella, sua neta de nove anos, aproxima-se para dar um alô ao avô.

Diga-me, Ella, qual é a melhor coisa de Idaho?, eu lhe pergunto.

– A liberdade – diz a menina.

E fico pensando. É assim que se forma um americano, quase desde o berço. *Papai, mamãe, vovô, liberdade*: são essas as primeiras palavras que a criança aprende.

Quando estou prestes a me despedir desse prefeito caloroso e divertido, ele me diz:

– Vá para o oeste, para Washington, é lá que pomos todos nossos doidos.

✧ ✧ ✧

No caminho para os "doidos" do estado de Washington, sou informado de que a Federação Judaica de Chicago acabou de voltar atrás em sua posição anterior, e sua diretoria chegou à decisão de se opor ao acordo nuclear com o Irã. O que os levou a mudar de ideia? Talvez outro salmão.

Por outro lado, o *Hollywood Reporter* escreve que "98 judeus ilustres de Hollywood apoiam acordo nuclear com o Irã em carta aberta". Para quem não compreende a importância dessa notícia: os cineastas são os maiores especialistas em física nuclear e direito internacional. Abe Foxman, agora aposentado, deve estar lendo isto e explodindo de gargalhar.

Com ou sem acordo iraniano, os incêndios florestais campeiam mais adiante, enquanto sigo em direção aos "doidos". Faço uma pausa para conhecer Jason Kirchner, do Serviço Florestal dos Estados Unidos, em Coeur d'Alene, em Idaho, e ele me diz que "esta é a pior temporada de incêndios no Idaho desde 1926, possivelmente a pior desde 1910".

Será por causa do "aquecimento global"?

– Não há como saber.

Com base na previsão do tempo, ele prevê que os incêndios florestais continuarão a arder por mais algumas semanas.

Nossa!

Volto para o carro e, à medida que continuo a dirigir, sinto o cheiro dos incêndios. Ligo o rádio e o deixo sintonizar na estação que quiser. Fico escutando. O tema de hoje nessa estação é: Jesus, o Arrebatamento e o Segundo Advento. O Estado de Israel, diz a voz, é uma prova sólida de que Jesus está a caminho.

Isso são eles que dizem, não eu; eu apenas escuto.

Entro no estado de Washington, e a paisagem é bem sem graça. Quando passo por Ellensburg, porém, ela vai ficando mais e mais bonita a cada quilômetro. Gosto disso.

Desligo o rádio e apenas dirijo.

Tenho que descobrir de que são feitos os Estados Unidos da América, além de Mike, de Mac, de Pat, de Lame Deer e dos 98 de Hollywood. Encontro-me no Estado dos Doidos; vamos conhecê-los pessoalmente!

Portão 12

Há um excelente restaurante norte-americano a cada mil e seiscentos quilômetros.

Seattle, Washington.

Escolho um hotel no centro da cidade, um Sheraton, para poder dar um descanso ao Malibu e usar meus pés tal como foram feitos para serem usados. Depois de cuidar do Malibu, eu me aproximo da moça da recepção e lhe faço a pergunta mais premente que há: por que esta cidade se chama Seattle?

– A cidade recebeu este nome em homenagem ao chefe Seattle.

Quem é ele?

– Um índio.

Ah. E quando ele esteve entre os vivos?

– Não sei.

Esse hábito americano de dar a ruas e cidades os nomes de pessoas que seus ancestrais assassinaram é algo que realmente não entendo. Imagine se a Alemanha pegasse esse hábito. Seria engraçado. Berlim se chamaria Abraão e Hamburgo receberia o nome de Sara.

Alguma coisa para se ver nesta cidade?, pergunto à recepcionista.

– Vá andando uns quinze minutos, e o senhor verá as carrocinhas de comida em que os rapazes indianos almoçam. Mas o senhor precisa ir logo, porque a hora do almoço está quase acabando.

O que eles fazem lá?

– Seattle é a sede da Amazon; eles têm muitos prédios aqui e empregam muitos indianos.

Ah, que bom. Ela não está falando de índios norte-americanos; fala de indianos de verdade, pessoas que vieram da Índia para trabalhar aqui. Vou até lá ver os indianos famintos.

O centro de Seattle é belíssimo. Os arranha-céus são diferentes dos de Nova York; aqui, alguém considerou o projeto arquitetônico antes de entrar na construção.

A caminhada pelas ruas da cidade me faz lembrar a Europa. Há aqui certa semelhança com Hamburgo, penso, especialmente pelas lojas, pela arquitetura geral das ruas e, é claro, pelas águas – neste caso, a baía de Elliott. Até o trem que corre nos trilhos acima de minha cabeça, neste momento, é estiloso e fica a mundos de distância dos empoeirados trilhos de aço "americanos" de Chicago. Também gosto dos bondes daqui; são lindos.

Continuo a andar. Ao chegar cada vez mais perto de onde deveriam estar os caminhões e não os ver, desconfio que talvez eu esteja atrasado. Mas continuo a caminhar, assim mesmo. Quem sabe? Talvez eu encontre um descendente do chefe Seattle, o que fará meu tempo valer a pena.

Infelizmente, em vez de multidões indianas famintas, encontro dois americanos bem-alimentados. A Amazon fica aqui perto?, pergunto.

– Quase todos os prédios aqui são da Amazon – responde a moça.

Você trabalha na Amazon?

– Por sorte, não!

Por que "por sorte"?

– Não leu a reportagem do *New York Times*?

Dias atrás, o *Times* publicou uma longa matéria sobre a Amazon, que eu li, na verdade. Na reportagem, o jornal falou sobre empregados maltratados da Amazon que caíam no choro em suas mesas, além de outros fuxicos saborosos.

Despeço-me dos dois americanos e continuo a andar, até que vejo um indiano. Onde estão os indianos e sua comida?, pergunto-lhe.

Acho, embora não possa jurar, que esse sujeito me daria um tiro se estivesse armado. Fica muito aborrecido.

– Que indianos? Aqui não há indiano nenhum.

De onde você é?

– Da Índia.

Sigo em frente.

Sim, esse é um dos doidos.

Passam três americanos, todos usando crachás da Amazon. Com licença, peço-lhes, vocês podem me ensinar o caminho para os indianos que estão comendo? Eles acham que sou doente mental. Que indianos estão comendo?

Tenho que me expressar melhor, percebo. E assim faço. Explico-lhes exatamente o que estou procurando.

– Ah, eles! É muito tarde. A esta hora, os caminhões de comida já se foram – diz um deles.

Quantos indianos trabalham na Amazon?

Eles se entreolham, cada um determinando quem se disporia a responder primeiro. O que vocês estão fazendo?, pergunto. Estão com medo de falar, por causa daquela reportagem imbecil?

Um deles, o mais alto e mais gordo, responde:

– Andamos mais sensíveis nestes últimos dias, é verdade, mas não por acharmos que fomos desmascarados. Sinceramente, posso lhe dizer: trabalho na Amazon há três anos e nunca vi uma única pessoa chorando em sua mesa. Aquela reportagem tem muitas falhas.

Quantos indianos trabalham na Amazon?

– Não sei.

Calcule. Dê um palpite.

Ele não quer. Nenhum dos outros dois se dispõe, tampouco. São americanos médios e têm medo. Será que aqui é o Lar dos Medrosos?

Uns seis metros adiante, encontro um casal indiano, ambos empregados da Amazon. Quantos indianos trabalham na Amazon?, pergunto-lhes.

– Quatro por cento – responde a moça.

Ouvi dizer que pelo menos 40% dos empregados dela são indianos!, digo-lhes. Não ouvi isso, na verdade, estou apenas arriscando um número.

– Com certeza, não. Talvez vinte por cento – diz o homem.

Que tal trinta?

– Vinte a vinte e cinco por cento – diz a mulher nessa hora.

É uma doida clássica, sem dúvida.

Em geral, se você der às pessoas tempo suficiente para falarem, já notei que elas se contradizem. Será que as pesquisas de opinião têm muito valor? Acho que depende do assunto.

Em resumo: o número de indianos que trabalham na Amazon é um grande segredo militar.

✧ ✧ ✧

Continuo andando. Andar faz bem.

O centro de Seattle exibe uma população mais diversificada do que consegui ver nas últimas semanas. Por exemplo, negros. Não muitos, pelo menos não hoje, e a maioria dos que vejo compõe-se de sem-teto, drogados ou ambas as coisas.

E então conheço Greg, um *gay* bonito que está apaixonado por um advogado. Vocês são casados?, pergunto, já que o casamento *gay* vem conquistando cada vez mais o coração dos americanos.

– Não, meu parceiro não está pronto.

Seu parceiro, o advogado, tem aversão a documentos e obrigações legais. Os héteros que façam isso.

Greg me conta que os moradores de Seattle passam a vida fingindo que são felizes e relaxados, mas que, por trás dessa fachada, são pessoas extremamente tensas. Morar em Seattle é muito caro, ele me diz, e as pessoas trabalham muito, só para sobreviver.

✧ ✧ ✧

No dia seguinte, enquanto percorro a metrópole aqui, num estado que legalizou o consumo "recreativo" da maconha, vejo muitas pessoas sem-teto, mais do que tinha visto desde que saí de Nova York. Alguns desses sem-teto parecem drogados. Devem ter álcool e maconha, LSD, heroína e o que mais houver, tudo misturado no corpo. A maioria é branca.

Logo à noite, o 5th Avenue Theatre vai apresentar o musical da Broadway intitulado *Matilda*, leio num cartaz pelo qual passo.

Não faço ideia de qual seja o tema dessa peça, mas gosto do nome Matilda e tomo a decisão de vê-la hoje à noite. Sim, é verdade, estou totalmente decepcionado com o teatro americano, mas ainda quero dar-lhe uma chance.

Em matéria de comida, vou a um restaurante chamado Palace Kitchen. No Estado dos Doidos, nunca se sabe, talvez eles tenham bons *chefs*.

Sento-me e pego o cardápio. Todas as palavras são escritas em minúsculas, com exceção de "Palace Kitchen". Ou esse pessoal é muito maneiro, ou está completamente dopado.

Seja qual for o caso, peço um prato chamado "milho doce frito de washington", que consta na lista de entradas. Sua descrição diz: "cebolinhas crocantes, queijo parmesão, maionese picante com limão". Preço: 14,5 dólares. Por que os cinquenta centavos? Porque assim parece mais "exato".

Minha entrada chega em cerca de vinte minutos. Vale cada tostão, inclusive os cinquenta centavos.

Sentindo-me bem, passo ao prato principal. Peço "atum-germano grelhado", que vem com acompanhamento de "tomates amarelos novos, vagem, ovo quente e alho tostado ao vinagrete". Preço: 32 dólares. Sem cinquenta centavos.

Essa porção leva uns trinta minutos para chegar. E é uma Delícia, com D maiúsculo. Cada garfada é repleta de um sabor divino, preparada por um *chef* celestial. De verdade. Os "tomates novos amarelos", que na verdade são vermelhos, são os melhores tomates que já provei. Nunca, jamais imaginei que tomate pudesse ser mais saboroso que sorvete, mas pode. Em Seattle.

De sobremesa, peço "bolo kentucky de *bourbon*". Não me peça para explicar este; apenas venha aqui e experimente. Preço? 9,5 dólares.

Embora este lugar não defina a si mesmo nem sua cozinha, a palavra *francês* está escondida em cada garfada. Isso é culinária francesa no que ela tem de melhor. Encontrar comida boa nos Estados Unidos não é tarefa simples. Hoje é meu dia de sorte.

✧ ✧ ✧

Caminho até o teatro e chego a minha poltrona no instante em que a cortina está subindo. O papel-título é representado por uma atriz filipina e há mais negros no palco do que na plateia. Desde o primeiro minuto, *Matilda* faz maravilhas, transformando o palco num mundo de magia. O musical, que fala de uma menininha apaixonada por livros e desdenhada pelos pais, é fantástico, inspirador, magnífico. A coreografia, a música, o texto, a iluminação, os cenários, a direção, a dança, é tudo de primeira linha.

Hoje meu dia está sendo realmente bom: ótima comida, ótimo espetáculo. E ambos nos Estados Unidos!

No intervalo, verifico quem está por trás dessa peça. Ah, meu deusinho do céu, é uma importação britânica. Por que os americanos não podem criar espetáculos tão encantadores? Se sentissem menos medo, talvez escrevessem peças melhores.

✧ ✧ ✧

A maconha recreativa está legalizada, e quem fuma maconha é visto como "maneiro", mas os fumantes de cigarros são classificados como leprosos, ou coisa pior. Ande pelas ruas de Seattle e você encontrará placas de Proibido Fumar em toda parte, até nos bancos das calçadas.

Assim, eu fumo em pé. Entre uma tragada e outra, sou abordado por jovens drogados que, um após outro, recitam a mesma fala: "Desculpe, pode me arranjar cinquenta centavos?".

Seattle tem muita gente rica, muitas empresas de destaque e um desfile de automóveis de luxo rodando por suas ruas, mas quem fica ao deus-dará em seu ambiente dourado não tem esperança. As pessoas que se dizem "liberais" quase sempre se orgulham de ser gente que se importa com os pobres e os fracos. Mas aqui é diferente; aqui, o liberalismo se restringe aos que podem pagar por ele.

Um tempo atrás, este mês, ativistas de um grupo chamado Black Lives Matter (BLM) interromperam um discurso do senador Bernie Sanders, que disputa com Hillary Clinton a vaga de candidato democrata à presidência. Os simpatizantes de Bernie, que, como ele, são os mais liberais e progressistas da política americana, vaiaram os ativistas negros. Mais tarde, um dos ativistas do BLM disse: "Eu ia dizer a Bernie quanto esta cidade é racista, cheia de seus [chamados] progressistas, mas vocês fizeram isso por mim", e acusou a plateia de praticar um "liberalismo supremacista branco", de acordo com o *Seattle Times*.

Essa acusação, é triste admitir, soa verdadeira quando se anda pelas ruas de Seattle, observando os pobres desta cidade elegante. "Progressista"? De jeito nenhum!

O único problema do BLM é este: eles só se envolvem quando há brancos no meio. Quando os pretos matam pretos, o que é uma das principais causas da morte de negros nos Estados Unidos, as vidas negras não têm importância. Por quê? Porque não.

Até que ponto Seattle é liberal? Uma olhada em seu teatro de ópera proporciona uma dica. A Ópera de Seattle, caso você não saiba, sente um orgulho danado de sua maior realização: Richard Wagner. Em suas publicações, ela define orgulhosamente sua história nos seguintes termos: "A companhia é internacionalmente reconhecida pela qualidade de suas produções e por ser a apresentadora preeminente da ópera de Wagner nos Estados Unidos".

Até sua missão declarada gaba-se do amor por Wagner: "Ao dar continuidade a sua ênfase na obra de Richard Wagner e ao conquistar o reconhecimento nacional e internacional pela qualidade de sua programação, a Ópera de Seattle compromete-se com a promoção da vida cultural do noroeste do Pacífico pela educação e encenação".

Pessoalmente, não tenho problemas com Wagner, apesar de ele ter sido o compositor mais querido de Adolf Hitler e dos nazistas. Mas, levando em conta essa história, acho estranho ver o fascínio da Ópera de Seattle por ele, uma vez que se trata de uma organização cultural pública, que deveria demonstrar uma sensibilidade extra a alguns grupos minoritários, como a comunidade judaica.

Para muitos judeus, "Wagner" conota a glorificação do período nazista, época em que muitos de seus ancestrais terminaram a vida em crematórios.

Por que a Ópera de Seattle não leva esses sentimentos em consideração? Talvez sua diretoria se componha de pessoas que sofrem da doença do "liberalismo supremacista branco".

Seattle, com sua grande massa de desabrigados, falha no teste mais importante do verdadeiro liberalismo.

✧ ✧ ✧

Está na hora de eu arranjar um ou dois baseados, não acha? Por que procrastinei até agora? Ande logo, gorducho!, digo a mim mesmo. E assim o faço.

Encontro as lojas que vendem o bagulho e vou até lá. Mas sou barrado na entrada por um guarda, um preto gordo. O gordo me pede minha identidade.

– Só é permitida a entrada de pessoas com 21 anos ou mais.

Santo Deus! Isso é um elogio que vale mil baseados! Mostro-lhe minha carteira de habilitação, e ele me deixa entrar.

Aqui há baseados diferentes, e peço à vendedora que me dê o mais popular. Ela assim faz, e eu o compro.

Saio da loja e acendo o bagulho. Inalo mais fundo, bem fundo. De novo. De novo. De novo. Baforada após baforada, tragada após tragada. Não tardo a ficar voando; sinto-me mais leve do que jamais fui. Feito uma abelhinha. Valeu os oito dólares que paguei por ele, acho.

Mas não por muito tempo.

Logo, logo, que pena, esta abelhinha cresce e se torna um passarinho, o passarinho vira uma águia, a águia vira cordeiro, o cordeiro vira cervo, o cervo vira urso, e o urso se torna um elefante. Sinto-me pesado, confuso, e mergulho numa tonteira completa. Não sei dizer a diferença entre Wagner e Moisés.

Preciso dormir, mas meu quarto de hotel fica muito longe daqui. Não estou com o Malibu e não há táxis em parte alguma, não que eu os veja, pelo menos. Com a última energia que me resta, embarco num ônibus do transporte público, no qual há muitos pretos.

Minha cabeça gira; perco a capacidade de falar. Tento, mas minha língua não funciona mais. Como não posso falar? Será que virei peixe?

Não sei.

Ei, você aí, pode me arranjar cinquenta centavos?

✧ ✧ ✧

Com a cabeça desanuviada, vou para a região dos prédios do governo estadual de Seattle. Lugar engraçado. Para começar, os principais cruzamentos daqui são enfeitados com as cores LGBT. Pode uma cidade ser mais receptiva do que isso?

Essa Seattle, deixe-me ser claro neste ponto, é a própria definição do liberalismo.

Caminho por alguns quarteirões e vejo um "Centro de Visitantes LGBT". Lindo. Maravilhoso.

Greg, que vem saindo do centro, diz-me que "as pessoas de fora dizem que não somos simpáticos, que não temos tempo para conversar com gente de fora de Seattle".

É verdade?

– Estou conversando com você, não estou?

Você é liberal?

– Com certeza.

Pró-Israel ou pró-Palestina?

– Palestina. Decididamente. Eu adoraria conversar mais com você, mas realmente não tenho tempo. Preciso ir andando.

E vai.

E eu continuo a caminhar, passando por alguns sem-teto agressivos, drogados até a alma. Ando mais.

Eis um rapaz dormindo na calçada, ao lado de um pedaço de papelão em que escreveu o seguinte: "Feio demais para me prostituir. Bom demais para roubar! Qualquer ajuda serve".

Está deitado ao lado de uma placa de Não à Guerra. Afinal, este é um sem-teto de Seattle.

Alguns passos adiante, há uma moça que se oferece para desenhar o rosto dos passantes, cobrando uma taxa, ou vende o autorretrato dela por uma taxa. Quanto? O que você quiser pagar. Ela é sem-teto e precisa de grana. É uma garota animada, de nome Latisha, e tem dezenove anos.

Como você se tornou sem-teto?

– Fui expulsa de casa quando tinha quatorze anos.

Por quê?

– Porque a minha mãe é maluca, absolutamente insana. Mas eu estou bem.

Ela chegou até a frequentar a faculdade, na Universidade do Kansas.

Quantos anos você cursou lá, e o que estudou?

– Ciência política, durante um ano.

Só um ano? O que aconteceu?

– Na primeira semana, fui a uma festa, e um cara que estava bêbado para valer me levou para o quarto dele no dormitório, e eu dormi o dia inteiro. Aquilo me afetou o ano todo; eu não ia a nenhuma das minhas aulas, só dormia o dia inteiro. Pois é. É foda. Passei um ano ferrada. Acabei acordando e me dando conta de que não poderia mais fazer faculdade. O garoto que tinha feito isso comigo era da minha turma, e não dava para eu o encarar. Aquilo estava me matando. Fiz as malas e enfiei todas minhas coisas no carro. Parei de beber, parei de usar drogas. Vim para a Costa Oeste e agora estou aqui! Gosto daqui. Faz meses que estou aqui. É mesmo um lugar maneiro. Eles oferecem um monte de ajuda aos sem-teto, essas coisas, por exemplo, têm o Centro Orion. E eu recebo cupons de alimentação.

Quanto você recebe em cupons de alimentação?

– Cem dólares.

Cem dólares por semana?

– Por mês.

Cem dólares para um mês?

– Sim. Este mês, acabou tudo. Passo o dia inteiro vendendo retratos, para ganhar algum dinheiro.

Quanto ganha por dia?

– Dez paus por dia.

Você recebe alimentação de graça?

– Café, almoço e jantar eu tenho de graça no Centro Orion. Com os dez dólares que ganho, posso comprar mais comida ou gasolina. Às vezes, compro cigarros e circulo perto dos bebuns, e vendo cada cigarro por um dólar. Consigo vinte dólares por um maço de cigarros. Pois é.

Isso é criativo.

– Sim!

Você pode dormir nesse centro para os sem-teto?

– Não. Quer dizer, se você ligar antes das seis da tarde, há uma chance de conseguir uma das vinte camas para passar a noite, mas quase nunca a gente consegue. Sabe como é?

O abrigo para os sem-teto só tem espaço para vinte pessoas?

– Sim. É um abrigo para a garotada, de 25 anos ou menos. A regra é essa.

Quantos abrigos como esse existem aqui?

– Dois abrigos juvenis. O Orion é o bom, é fantástico. Você pode passar três horas por dia lá, pode tomar banho, lavar a roupa, arranjar comida grátis; e eles dão uma porção de roupas, sapatos. É ótimo. Ajuda mesmo. O outro abrigo parece um hospital psiquiátrico, quando a gente entra. Lá só tem maluco. Eles ficam balançando para a frente e para trás que é um horror. E são violentos.

Com todos seus problemas, Latisha é positiva:

– Vou votar no Bernie – ela me diz, falando do senador de Vermont. – Receberemos educação de graça, e eu vou voltar a estudar.

Latisha, que é bissexual, é liberal. É o que me diz. Muito liberal. Se você está querendo saber, ela é pró-Palestina.

✧ ✧ ✧

Continuo a andar. Bem diante de mim, entre um restaurante indiano e outro, há uma loja "de moda" onde é possível comprar uma echarpe palestina ("*pali*", como a chamam alguns europeus) por cinco dólares. Seattle tem de tudo.

Por exemplo, Qatar. Qatar é um homem de Seattle que nasceu na Somália e ganha a vida dirigindo um táxi.

Qatar, que chegou aos Estados Unidos como refugiado, afirma:

– Seattle é uma cidade liberal. Eles não gostam de mim aqui porque sou preto, mas não demonstram isso. Em Dallas, eu estive lá, eles são conservadores e demonstram que não gostam da gente.

"Essa é a diferença entre os conservadores e os liberais", ele continua. "Aqui, quando as pessoas são liberais, mostram uma cara simpática, mas não é real; elas não são amigas de verdade. Seattle é uma cidade liberal; eles não odeiam ninguém e não gostam de ninguém. Para eles, só interessa o dinheiro. Não me incomodo com os brancos daqui, porque eles não me incomodam, mas não gosto dos afro-americanos."

Por quê?

– Sou da Somália, e os afro-americanos dizem que não sou preto.

Mas você é! Você é muito preto!

– Não tenho nariz grande, como os afro-americanos, e eles dizem que não sou negro por causa do meu nariz pequeno. De onde você é: da Grã-Bretanha?

Não, da Alemanha.

– Gosta de Adolf Hitler?

Ainda não cheguei a uma conclusão a respeito dele. E você?

– Eu gosto. Acho que ele fez coisas boas.

Por ter matado judeus?

– Sim.

Existem judeus em Seattle?

– Sim.

Eles são bons ou maus?

– Maus.

Você os conhece?

– Sim.

E sabe que eles são maus?

– Sim.

Explique!

– Eles vivem entre eles, ajudam uns aos outros, são donos de tudo. São donos do Uber, são donos da Starbucks, são donos do Facebook, são donos do Google.

Também são donos da Apple?

– Sim.

E também são donos da Coca-Cola?

– Sim!

E do que mais?

– São donos da Microsoft. O Bill Gates é judeu.

É?

– Sim. Os judeus também são donos do McDonald's, da Taco Bell, da Diamonds. De tudo. E não ajudam ninguém que não seja judeu. Foi por isso que Hitler os matou. Nos Estados Unidos, não há nenhum Hitler, e isso é um problema, porque ninguém vai matá-los.

Então, o que vai acontecer?

– Só Deus sabe. O presidente Obama tentou combater os judeus, tirar o dinheiro deles, aumentando os impostos, mas eles são mais espertos que ele. São os donos do dinheiro e mandam. Os Estados Unidos não são um país, uma nação. São uma empresa. Todo mundo cuida de seus próprios interesses, e acabou-se.

Despeço-me dele e me sinto pronto para dizer adeus a esta cidade. Aprendi bastante aqui, mais do que queria saber. Que o povo daqui fique com seu Wagner, seu Hitler, sua Palestina e sua maconha. Estou pronto para cair fora. E ir para o mais longe possível.

Longe quanto? Longe.

Em alguns dias, Barack Obama vai ao Alasca. Antes dele, o secretário John Kerry está programado para chegar lá. Se o Alasca é bom o bastante para eles, também deve ser bom o bastante para mim.

Adeus, Malibu. Devolvo o carro à locadora e pego um avião para Anchorage, no Alasca.

Deixem-me ver de perto os líderes deste país.

Portão 13

Os jornalistas não podem urinar, a menos que sejam acompanhados por jovens recepcionistas.

Em Anchorage, no Alasca, a pessoa precisa de um carro para se locomover, e alugo um Ford Fiesta ES. É o menor carro que já dirigi até hoje, mas foi o único que encontrei no estacionamento.

O presidente e seu secretário de Estado virão aqui para discutir a mudança climática, numa conferência internacional organizada pelo Departamento de Estado, intitulada GLACIER – Conference on Global Leadership in the Arctic: Cooperation, Innovation, Engagement and Resilience [Conferência sobre Liderança Global no Ártico: Cooperação, Inovação, Engajamento e Resiliência]. Em termos menos grandiloquentes, trata-se de uma conferência sobre o combate às mudanças climáticas.

Num artigo redigido pelo senador Dan Sullivan, do Alasca, publicado hoje no *Alaska Dispatch News*, o autor escreve: "Quando o presidente Obama nos visitar, espero que veja o Alasca tal como ele é: um símbolo do que há de melhor no caráter e no espírito americano, mas também um lugar real, com pessoas reais".

Talvez sim, talvez não. Uma coisa que aprendo, minutos depois de aterrissar em Anchorage, é esta: nem todos os alasquianos estão contentes com a chegada de Obama, ou, mais precisamente, muitos alasquianos prefeririam que ele voasse para outro lugar. A razão? Quando o presidente estiver aqui, os aviões particulares ficarão sob severas restrições ao voo, e, para os alasquianos, isso é um transtorno inaceitável; eles gostam de se deslocar de um lugar para outro em seus aviõezinhos. Muitos locais no Alasca só são acessíveis de avião, e, quando Obama chegar, muitos alasquianos ficarão presos.

Pior ainda, a chegada programada do presidente coincide com o início da temporada de caça ao alce, quando nossos bons amigos do Alasca voam de avião para os melhores locais de caça; agora, porém, Obama veio atrapalhá-los. Quanto a mim, não planejo caçar alce nenhum.

Como salmão num restaurante chamado Simon & Seafort, onde divido uma mesa com três residentes do Alasca – proprietários particulares de aviões e pilotos licenciados. Estou interessado em saber o que eles pensam da GLACIER e da mudança climática. Depois de conversar com pessoas do norte do território continental dos Estados Unidos, algumas das quais mencionei nas páginas anteriores, descobri que quase todas as ligadas na questão da mudança climática também se ligam na Palestina. Qual é a relação entre mudança climática e Palestina? "Nenhuma" é a resposta curta. "Não sei" é a longa.

O peixe não está ruim, aliás. Custa dois braços e duas pernas, mas o que posso fazer? Estou sentado com gente rica, e eles gostam de restaurantes caros. Uma das pessoas à mesa, Chris, parece ser o mais rico de todos. Trabalha no setor financeiro, caça, pilota e é dono de muitos imóveis. E é um pensador, para completar.

O Alasca, ele me diz, é o mais livre de todos os estados americanos. No Alasca, diz, e os outros concordam, as pessoas exercem mais a liberdade do que qualquer outro americano. Como assim? Bem, são os aviões particulares. Aqui no Alasca, você pode pousar seu avião praticamente onde quiser: perto de uma praia, em cima de um morro, na base de um vale, seja onde for, excluindo as áreas residenciais. Em suma: o estado é um estacionamento para aviões particulares.

Isso é autonomia. Isso é liberdade.

Por que, pergunto a Chris, terminado o peixe, grandes aviões americanos voam para países estrangeiros, como a Líbia, o Iraque, o Afeganistão etc. etc., e acabam com eles mediante bombardeios?

– Você precisa compreender os Estados Unidos da América. Construímos este país com base numa ideia, a ideia de liberdade, e, quando há países no mundo que não tratam bem seus cidadãos, é nossa obrigação ir lá e corrigir o problema.

Quem lhes deu esse direito?

– Eu não disse "direito", disse "obrigação".

Quem lhes deu uma superioridade moral que justifique voar para outro país, outra cultura, e matar sua população, só porque eles não seguem as mesmas regras da cultura americana?

Chris está ficando muito aborrecido comigo. Mais do que apenas aborrecido. Está furioso. Chama a garçonete, pede a conta e lhe dá seu cartão de crédito.

Num instante, ela volta com a conta e o cartão.

– Estou pagando a despesa, mais de 300 dólares, por uma razão – diz ele, enquanto assina o comprovante. – É para poder dizer-lhe o que penso de você. – Repõe o cartão no bolso, espalma as mãos sobre a conta e me diz: – Você só diz besteira, e fará um favor a si mesmo se for embora do Alasca o mais depressa possível.

Com isso, retira-se cerimoniosamente da mesa. Esse tal de Chris, caso você esteja em dúvida, também é um "doido", um doido conservador.

Outra pessoa à mesa me diz:

– Espero que você compreenda o que acabou de fazer. Se planeja permanecer no Alasca, não fique surpreso se enfrentar alguns problemas sérios. Chris conhece todo mundo aqui. É um homem muito poderoso e pode prejudicá-lo.

Aprendo um novo significado das palavras *autonomia* e *liberdade*.

Olho para a figura de Chris, que se vai afastando, e me ocorre uma ideia: o que ele acabou de fazer não é diferente do que o mundo ocidental tem feito no Oriente Médio nos últimos anos. Com uma abundância de dinheiro e força, ele diz às pessoas do Oriente que elas só falam besteira, que devem sair imediatamente daquela área, e depois as bombardeia.

Mudança climática. Será que ela está mesmo acontecendo? A confiar nos especialistas em clima de nossa época, ela está acontecendo e pondo o planeta inteiro em perigo. Os especialistas em clima também dizem que amanhã de manhã o tempo será chuvoso em Anchorage. Será que isso vai acontecer?

Esperemos por amanhã para ver.

✧ ✧ ✧

O amanhã chegou. Está chovendo? Não. Está nublado? Basicamente ensolarado. Será possível que esses especialistas, que não conseguem fazer a previsão do tempo para o dia seguinte sejam capazes de prever o clima daqui a cinquenta anos? Sim. Tudo é possível nos Estados Unidos.

Isso me lembra: dias atrás, o mercado de ações despencou, destruindo os lucros obtidos em muitos meses anteriores, e alguns pastores evangélicos "profetizaram" que haveria uma quebra imediata da bolsa de valores. Não houve. Na verdade, o mercado de ações vai muito bem, obrigado.

Pessoalmente, eu gostaria de poder me posicionar a respeito da mudança climática. Todos fazem isso, e, hoje em dia, pareço um tremendo idiota nos Estados Unidos por não tomar uma posição. Por outro lado, há menos de um século, se você não matasse um judeu, causaria má impressão, porque quase todo mundo o fazia. Antes disso, neste mesmo país, se você não tivesse um escravo preto, também faria má figura. E, não faz muito tempo, quase todo mundo tinha certeza de que os *gays* eram doentes mentais.

✧ ✧ ✧

Mudança climática ou não, eu gostaria de ver as geleiras. Estou no Alasca, afinal! Dirijo até Whittier, que fica a uns 96 quilômetros de Anchorage, a fim de participar de uma excursão de barco para ver as geleiras. Preciso verificar as condições: estarão geladas? Estarão derretendo? Está acontecendo alguma coisa?

Subo a bordo de um barco de turismo, também conhecido como "navio de cruzeiro", e fico pronto para meu encontro com as geleiras.

Neste navio, o almoço é servido em mesas predeterminadas. Na minha, há quatro mórmons de Utah; na mesa vizinha, há dois intelectuais do Novo México. Seja qual for a crença dos mórmons, os intelectuais acreditam em seu oposto diametral, o que é uma coisa realmente revigorante de se ver. Os mórmons creem que os americanos são geniais e maravilhosos, e os intelectuais creem que os americanos são criaturas egoístas, movidas pelo dinheiro e por um agudo narcisismo. Esqueça as geleiras. Essas pessoas são uma delícia!

Quase todos os outros participantes desta viagem são turistas asiáticos, que antecipam efusivamente a perspectiva de logo avistarem as geleiras. Só quando esses asiáticos elevam a voz, numa língua que me é incompreensível, gritando consoantes empolgadas e as mais estrídulas vogais, é que me dou conta de que chegamos às geleiras.

Vou para o convés e as contemplo. O que meus olhos veem é realmente uma geleira, definida pelo dicionário *Merriam-Webster* como "uma grande massa de gelo que se desloca lentamente, descendo uma encosta ou um vale, ou se espraiando por uma superfície terrestre": uma massa branca gelada em cima de montanhas marrons. O gelo é espesso, realmente espesso, e, de vez em quando, pedaços enormes dele caem na água abaixo. Será isso que chamam de mudança climática? Como vou saber? Não sei.

Olho atentamente para as geleiras. Cores azuladas emanam da face do gelo. Algumas geleiras no caminho de nosso cruzeiro são tão deslumbrantes que, por um momento, eu as confundo com diamantes gigantescos. Depois, o navio faz meia-volta, rumando de novo para terra firme.

O bom é isto: estou gostando da companhia aqui e ainda temos algum tempo para passar juntos. Os mórmons me dizem que Jesus Cristo veio aos Estados Unidos, ou ao que quer que o país se chamasse então, logo depois de haver ressuscitado. Isso foi há dois mil anos.

Os intelectuais da outra mesa rejeitam inteiramente a história dos mórmons. Sentem-se ofendidos por ela. Os intelectuais, um homem e uma mulher que mantêm um relacionamento mais ou menos desde os tempos de Jesus, não são casados e acham que o casamento é apenas um papel idiota, mas são vigorosos defensores do casamento entre homossexuais.

Isso me lembra: a questão do casamento *gay* teve um papel importante na recente eleição para prefeito de Anchorage. No calor da batalha pela prefeitura, um dos candidatos disse: "Apoio a ideia de que os adultos são capazes de escolher com quem querem se relacionar. Pai e filho devem ter permissão para se casar, se ambos consentirem nisso como adultos".

Apesar da estupidez dessa colocação, o sujeito acabou vencendo a corrida para a prefeitura. Seu nome é Ethan Berkowitz. Acho que devo me encontrar com ele quando acabar esta viagem. E, de fato, ao voltar à terra firme, vou procurá-lo.

✧ ✧ ✧

Tal como Rahm Emanuel, Ethan Berkowitz é judeu. Ao contrário de Rahm, não tem policiais armados sentados na recepção, apenas uma secretária risonha e alguns outros empregados. O prefeito Ethan Berkowitz anda muito ocupado nos últimos dias. A conferência GLACIER logo será aberta, e

muitas Altezas e Excelências vão comparecer. Entre elas se incluem: Sua Alteza, o presidente Barack Obama; o Excelentíssimo Sr. John F. Kerry; Sua Excelência, o Sr. Tang Guoqiang, da China; Sua Excelência, o Sr. Kristian Jensen, da Dinamarca; Sua Excelência, o Sr. Gunnar Bragi Sveinsson, da Islândia; Sua Excelência, a Sra. Kazuko Shiraishi, do Japão; a Excelentíssima Sra. Henryka-Moscicka-Dendys, da Polônia; Sua Excelência, a Sra. Margot Wallström, da Suécia; e muitos outros. São todos convidados de Ethan, mas ele arranjou tempo para se sentar comigo e bater papo sobre temas abstratos, como ser judeu no Alasca. Sinto-me grato.

Ethan nasceu em San Francisco e mora no Alasca há vinte e cinco anos. O que o trouxe para o Alasca?, pergunto.

– Eu trabalhei na Antártida; tirava pás de neve; dirigia levando pessoas para lá e para cá; fazia a descarga de aviões e navios. Agora vivo no Ártico. Posso dizer à minha mãe que subi na vida! É o que digo a ela!

O que o fez vir para cá?

– Eu trabalhava para um juiz, lá na Antártida, e queria ter outra boa aventura antes de me acomodar e crescer. Como não cresci, ainda não voltei para casa...

E o senhor ainda é uma criança?

– Há um garoto de doze anos em todos nós.

Conte-me algumas de suas aventuras no Alasca.

– A gente passa a ver um país que não veria em nenhum outro lugar. Não há nada que se assemelhe propriamente a ver a aurora boreal, ou a ouvir o som da neve extremamente seca ao andar sobre ela. São coisas profundas. Ou a partilhar refeições com pessoas que cresceram em culturas nativas.

O senhor pode fazer isso no Michigan.

– Não se pode comer *muktuk* [iguaria esquimó feita de pele de baleia] no Michigan.

Mas se pode comer *paktak* (palavra que acabei de inventar) no Michigan!

– Talvez!

Acha que as pessoas se relacionam com você de maneira diferente pelo fato de ser judeu?

Ele faz uma pausa nesse ponto. Começa a dizer uma ou duas palavras, para, recomeça, torna a parar, começa e para. Depois, finalmente, diz:

– Acho que a maioria das pessoas não pensa nisso. – Mas, alguns minutos depois, acrescenta: – Acho que o antissemitismo existe.

Às vezes, segundo me diz, ele escuta pessoas dizerem a seu respeito que "ele não é igual a nós".

Estarão essas palavras vindo de pessoas do lado direito do espectro político?

– Sim. É um código, palavras codificadas. Eu as escuto.

Quantas vezes já ouviu essas palavras codificadas?

– Em todas as campanhas de que participei.

Como é a história do antissemitismo no Alasca?

– Temos uma porção de militantes aqui, os militantes da direita.

Em termos percentuais, quantos são eles?

– Não sei.

Dê um palpite.

– Há alguns bolsões. Não aqui em Anchorage, mas em outras partes do estado.

Bolsões grandes?

– Significativos.

O senhor ficou mais judeu ou menos judeu no Alasca?

– Essa é uma pergunta realmente interessante.

Após uma pausa, ele diz que estar no Alasca "fortaleceu minha identidade judaica. Aqui, nós, judeus, somos os Escolhidos Congelados".

✧ ✧ ✧

Muitos alasquianos me dizem estar no Alasca por causa de sua beleza natural imaculada. Você precisa sobrevoar as geleiras, dizem. São pessoas do lugar, devem saber o que estão dizendo.

Entro em contato com uma companhia local, chamada Rust's Flying Service, e vou a seu encontro para pegar o voo seguinte. O avião em que embarco é uma pequena aeronave anfíbia conhecida como hidroavião. Esse avião navega na água e voa no ar.

O piloto, Bruce, é o suprassumo do profissional. O pai era piloto, os filhos são pilotos, e a mulher também é. Instalo-me no assento ao lado dele, onde ficam os copilotos nos aviões que os usam, e Bruce decola. "Os controles do copiloto foram retirados", diz a placa à minha frente. Graças a Deus; eu não saberia o que fazer se alguma coisa desse errado.

O avião começa a deslizar pela água, como um barco, o que é um certo barato. E então, quando o Bruce recebe a liberação da torre, levantamos voo.

– Um em cada cinco alasquianos é piloto – diz ele, ao atingirmos uma altitude de quatrocentos metros. Não é a altitude normal dos aviões comerciais. Voar a quatrocentos metros de altitude não leva ninguém a parte alguma num voo de passageiros.

Pessoalmente, prefiro esta altitude; ao menos posso ver alguma coisa. Bruce aponta para a esquerda, onde há uma estrutura branca que, desta distância, parece uma igreja ortodoxa russa ou uma mesquita. Deve ser uma igreja, suponho. A Rússia vendeu o Alasca aos norte-americanos há muitos, muitos anos, e é razoável que eles rezassem aqui, antes de irem embora.

– É uma mesquita – Bruce me corrige. Como uma mesquita veio parar aqui? Teremos voado tão depressa que chegamos à Arábia Saudita? Não. Será que muçulmanos do escaldante Oriente Médio vieram refrescar-se aqui? Não exatamente. Ninguém reza naquela mesquita, diz Bruce.

Pergunto-lhe se poderíamos pousar para uma oração rápida, só para a mesquita não se sentir solitária, mas ele responde que não. A área onde se encontra a mesquita, informa, é uma instalação militar norte-americana. É uma base do exército, na qual soldados norte-americanos praticam a guerra em países islâmicos.

Será que agora alguém poderia repor os controles do copiloto, por favor? Se eles estivessem funcionando, eu orientaria o avião para a mesquita, mas o Bruce não quer saber desta ideia. É um homem de uma dimensão só: geleiras.

– Todas as geleiras do Alasca estão encolhendo – diz, e não tardamos a nos aproximar da primeira delas.

Bruce reduz a altitude. Agora estamos uns 185 metros acima do chão, e a visibilidade do que está abaixo de nós é excelente. Estamos sobrevoando a geleira Knik, que Bruce diz ser "como um rio de gelo".

A exposição gelada sob meus pés, abaixo deste avião, é uma visão fascinante. Não consigo tirar os olhos da geleira. É uma obra-prima de arte no gelo. É uma escultura, uma pintura, um ser que não tem igual. É uma imensa exposição, sem começo nem fim, de infinita beleza. É ondulada, é reta, brilha num branco angelical e tem uma alma celestial. Pense em ficar cercado por reluzente gelo branco de todas as formas concebíveis. É de uma beleza tão incrivelmente grandiosa, com miríades de camadas dentro e acima, que nenhuma câmera é capaz de captá-la. Acredite, eu tentei.

Bruce continua a voar; ora pilota o avião para a direita, ora para a esquerda, para lá e para cá, simplesmente por prazer. Errou de profissão: deveria ter sido bailarino. Em seguida, vai dançando pelo caminho para outra geleira. Eu queria poder morar aqui, entre as geleiras.

Por alguma razão, elas me levam de volta a minha infância, quando estudei a Bíblia e a história da origem do mundo. Já não sou religioso, mas, por um momento, posso ver ali o Sopro Divino voando a meu lado, acima dessas geleiras mais brancas e mais azuis que há.

Irreal!

Bruce aponta para uma geleira específica, seja qual for seu nome, e diz que ela recuou um bom número de jardas apenas nas últimas semanas. Isso se deve à mudança climática? Bruce, piloto alasquiano dedicado, não é dado a frases feitas da esquerda nem da direita.

– Uns dizem que se deve à mudança climática, uns dizem que é um ciclo natural – ele responde. Não sabe quem tem razão. – Não temos registros suficientes para responder a isso.

Não sou a única toupeira do mundo. Que alívio!

✧ ✧ ✧

Ao acordar na manhã seguinte, imponho-me o dever de ler as notícias. Amanhã, segundo o *Washington Post*, o presidente Obama "anunciará a troca do nome do Monte McKinley, que homenageava o 25º presidente da república, por Monte Denali, um nome atapasca usado por gerações de nativos do Alasca, que significa 'o grandioso'". Os americanos adoram seus índios. Especialmente os mortos.

De acordo com a previsão do tempo, a temperatura em Anchorage logo chegará a 3,9 °C. Em Nova York, onde iniciei esta viagem, subirá para 33 °C hoje. Fico muito contente por estar no Alasca.

✧ ✧ ✧

Bom dia. A conferência GLACIER, organizada pelo Departamento de Estado dos Estados Unidos, será iniciada em alguns minutos, no Centro Cívico e de Convenções Dena'ina, em Anchorage. Dignitários nacionais e estrangeiros estão prestes a se reunir para solucionar os problemas do mundo. No programa de hoje, há discursos do presidente dos Estados Unidos, Barack Obama, e do Secretário de Estado dos Estados Unidos, John F. Kerry. O discurso de abertura desta prestigiosa conferência será proferido, naturalmente, pela pessoa mais importante a comparecer: o Sr. Lee Stephan, "presidente e chefe supremo" do Conselho Tribal Tradicional de Eklutna, uma aldeia nativa.

Depois dele discursará o Exmo. Sr. Ethan Berkowitz, seguido por alguns outros oradores ilustres; o último a falar na primeira sessão da manhã será o Exmo. Sr. John F. Kerry. A conferência se encerrará, ao final do dia, com "comentários feitos pelo presidente dos Estados Unidos".

Às 9h15min, os presentes são solicitados a fazer silêncio. E obedecem. Às 9h19min, entram Kerry e os dignitários. Os integrantes da plateia ficam de pé.

O chefe supremo discursa:

– Em sua homenagem, eu tentei, hmm, falar minha língua. Nunca a aprendi, mas vou tentar – diz, e trata de proferir algumas palavras na língua nativa, que devem ser todas as que ele conhece.

O chefe supremo volta rapidamente a falar inglês e agradece ao presidente Obama a honra de abrir esta ilustre conferência.

Será que o segundo orador, o Exmo. Sr. Ethan, vai falar em hebraico? Não. Em vez disso, ele fala da diversidade do povo do Alasca e comenta que "estamos vivendo a mudança climática todos os dias". Antigamente, diz ele, "vender aparelhos de ar refrigerado aos alasquianos" era o fecho de uma piada, mas hoje é uma realidade. Antes de concluir, ele enuncia uma palavra numa língua nativa, transformando-se, orgulhosamente, de judeu em aborígine.

Preciso de um intervalo. Levanto-me da poltrona, dou três passos, e uma moça se aproxima, perguntando de que preciso. Do toalete, respondo.

Siga-me, diz ela. Faz-me contornar o salão de conferência, de uma ponta à outra, e percorrer todo o trajeto até o toalete. Mostra-me a porta do banheiro masculino e espera ali. Quando termino, ela me escolta de volta a meu assento.

A duas poltronas de mim está uma jornalista alasquiana, uma beldade ruiva que se identifica como "homossexual casada", e ela quer sair. Levanta-se da poltrona e caminha para a porta da saída, mas é detida pelos seguranças. Eles lhe dizem que ela não pode deixar o salão de conferência. Ponto final.

Sim, ninguém tem permissão de sair deste lugar durante as sessões. Estamos presos do lado de dentro. Não temos alternativa senão ouvir os oradores, que, um após outro, profetizam o fim do mundo que conhecemos, a menos que tomemos providências deliberadas para deter a mudança climática. Se não agirmos, somos alertados, os incêndios florestais aumentarão, as geleiras derreterão, vilarejos e cidades desaparecerão, as temperaturas subirão até atingirem níveis africanos, e todos os brancos se tornarão pretos. Alguma coisa assim.

E então John F. Kerry discursa.

Informa-nos que, em todos os lugares para onde viaja, "os líderes e pessoas comuns me falam dos impactos da mudança climática", e diz sentir-se "muito grato por toda esta manifestação de interesse dos numerosos países que estão aqui hoje, para participar desta discussão". Com que frequência Kerry fala com "pessoas comuns"? Não tenho certeza, mas sei o que acontecerá com elas, se quiserem fazer xixi enquanto ele fala com outras pessoas.

Apesar de todo o discurso empolado de Kerry, esta conferência não tem um bom público; há muitos lugares vazios. Mesmo assim, ele parece gostar do palco:

– Vilarejos do Alasca já têm sido açoitados por tempestades, e alguns tiveram que se mudar, ou terão que fazê-lo. [...] Casas e outras construções estão-se transformando em escombros, literalmente. Isso já está acontecendo – afirma.

Depois de seu discurso, as sessões se dividem em salas diferentes. Vou para uma delas. Escoltado, é claro.

Devagar e sempre, vou me acostumando a ser escoltado. A maioria dos acompanhantes é de moças alasquianas ou militares americanos em trajes civis. Falam-me do seu grande amor pelo Alasca e de algumas outras histórias íntimas, porém todos param no meio da narrativa, no exato momento em que chegamos a meu destino seguinte, seja ele um toalete ou outra sessão.

Meu mais novo destino, por enquanto, é uma sessão sobre os perigos enfrentados por nosso mundo, com ênfase nos aborígines alasquianos cujos vilarejos estão sofrendo erosão neste exato momento, ou estão prestes a sofrê-la. Fotografias de toda sorte de vilarejos com nomes de som nativo são projetadas nas paredes. E são eficazes. Por mostrarem pessoas reais, e não apenas termos científicos com consoantes estranhas, transmitem a mensagem com muito mais clareza. É uma mensagem de mudança climática referente a pessoas, pessoas que se afogarão ou desaparecerão de outras maneiras, se não detivermos a erosão das geleiras.

Fico impressionado.

Embaixo, depois de ser acompanhado por mais uma jovem, encontro alguns alasquianos do tipo branco. Quantos aldeães nativos vivem no Alasca?, pergunto a uma moça entre eles.

– O senhor se refere a aldeias distantes?

Sim, aos nativos.

– A minha ENC diz que são umas 125 mil pessoas. Mas é só uma ENC.

O que é ENC?

– Estimativa no chute.

Saquei. E quantas delas correm o risco de perder suas casas?

Bem, essa resposta ela não sabe. Na verdade, ninguém que eu aborde nesta conferência sabe.

O que todos sabem, por outro lado, é isto: não se pode fumar em parte alguma do prédio, inclusive na sacada. Em geral, é permitido fumar na sacada, mas hoje isso constitui um risco para a segurança. O que um cigarro tem a ver com a segurança? Não sei, e ninguém me revela a sofisticada relação entre a segurança nacional e o Marlboro.

Vou à sala de imprensa, e nela vejo três telões: o do meio mostra uma sessão que está acontecendo no andar de cima; no da esquerda, a CNN está no ar; e, no da direita, a MSNBC, ambas redes de emissoras favoritas do lado esquerdo da política. Nada de Fox News por aqui. Acho que os conservadores não são bem-vindos.

Quero fumar um cigarro, e me dizem que, entre as sessões, quando não houver oradores falando, terei permissão para sair.

Assim faço.

Do lado de fora, vejo umas duzentas pessoas de pé, prontas para dar as boas-vindas a Obama quando sua carreata passar, algumas segurando cartazes que declaram seu amor por ele. Entre essas pessoas estão uma avó e seus netos, Justin e Amelia. Pergunto às duas crianças se elas gostam de Obama e por quê.

– Sim. Ele é o presidente – diz Justin.

Alguma outra razão?

Sim. O presidente faz leis boas, diz o menino. Sua avó não fica impressionada. Tenta cochichar razões melhores no ouvido do neto. Digo-lhe que estou interessado nas opiniões de Justin e de Amelia, e que seria realmente ótimo e superlegal se ela os deixasse dizerem o que quiserem.

Justin gosta de meu comentário e se dispõe a explicar quais foram as leis que o presidente criou:

– A lei que manda as pessoas pararem nas placas de Pare – diz ele.

Vovó não fica contente. E o demonstra com expressões faciais severas.

Justin quer agradar a avó, e saca outra boa lei:

– Os meninos e as meninas podem-se casar.

Segue-se uma discussão entre as duas crianças quanto ao significado dessa lei, e então elas se viram para mim e explicam que duas meninas podem casar uma com a outra, e dois meninos também.

Vovó fica muito contente.

Justin conhece outra lei feita pelo presidente e a compartilha comigo. O presidente, diz ele, está trocando nome do Monte McKinley por Monte Denali. Surge um grande sorriso no rosto da vovó.

Por que esse presidente está trocando o nome por Denali?, pergunto ao menino.

– Porque ele gosta desse nome – responde, e Amelia concorda.

Vovó não fica nada satisfeita. O fato de Denali ter sido indígena, e McKinley ter sido branco, que foi a ideia por trás da troca de nomes, escapa inteiramente à compreensão dessas crianças. Mas elas gostam de Obama por ter tido a ideia do nome "Denali". Também gosto dele. Gosto muito mais do nome Denali que de McKinley.

Retorno para assistir à conferência.

✧ ✧ ✧

À medida que o tempo passa, descubro que, depois de amanhã, Kerry estará em Filadélfia, para fazer um importante discurso sobre o acordo nuclear com o Irã. É um homem atarefado, esse ministro.

Escoltado por uma beldade alasquiana de dezenove anos, subo ao terceiro andar, onde o presidente fará um discurso em aproximadamente uma hora. Lá conheço um homem chamado Dr. Matthew Sturm. Matthew está apresentando uma exposição de gelo – todos os tipos de gelo – com placas ao lado, que dizem "Toque em mim". Sua esperança, ele me diz, é que o presidente Obama passe por ele e toque no gelo. Uma das amostras de gelo, de cor preta, tem trinta mil anos de idade, ele me informa.

Pergunto ao Dr. Matthew quem tem razão: os conservadores, que não acreditam na mudança climática, ou os liberais, que acreditam nela. Ele me responde que a prova está diante dos meus olhos: esse pedaço de gelo de trinta mil anos comprova que a mudança climática vem acontecendo há muitos, muitos anos. Além disso, censura, os empresários conservadores têm planos de contingência para a mudança climática; contam muita vantagem, mas fazem pouco.

Talvez ele não saiba, mas o que diz também é dito por muitos conservadores. Eles afirmam que a mudança climática é um processo natural que acontece há milhares de anos, desde muito antes de as pessoas começarem a queimar combustíveis fósseis, porém não acreditam na "mudança climática" da maneira que nela acreditam o atual governo e muitos países europeus, a saber, como predominantemente criada pelo homem e passível de ser revertida.

Como quer que seja, "mudança climática" assumiu um significado inteiramente novo na atual guerra da cultura: ou o sujeito é pró-mudança climática ou é contra a mudança climática. E, seja por que razão for, os liberais acreditam nela, e os conservadores, não.

Ainda não sei quem está certo, e quem está errado. Só sei uma coisa: o presidente Obama está para chegar.

Tento entrar no salão em que ele vai discursar, mas me dizem que não posso. Por que não? Não são permitidos repórteres no salão principal. Quem disse? A instrução é essa. Protesto. Fui convidado a vir aqui por autoridades da Casa Branca, com o único objetivo de assistir ao discurso de Obama, argumento, e não vou aceitar um não como resposta.

Sem saber o que fazer comigo, um acompanhante negocia com outro, depois mais dois se envolvem, e, em seguida, mais um funcionário. Ninguém sabe o que fazer. Até que, milagre dos milagres, aparece mais uma autoridade, desta vez com um esclarecimento: serei bem-vindo na sessão, mas primeiro terei que descer, e só depois tornar a subir com alguns outros repórteres.

Descer e subir, subir e descer. É por isso que este prédio tem escadas rolantes – para serem usadas!

É possível, não sei, que tenha sido exatamente assim que os Estados Unidos andaram negociando o acordo com o Irã nos últimos anos.

Seja como for, desço e saio. Para fumar.

Do lado de fora, vejo a carreata do presidente, cerca de vinte a trinta carros, avançando lentamente em direção ao edifício. Parte da comitiva, diz-me em voz baixa uma pessoa que entende do assunto, compõe-se de um banco de "repórteres da Casa Branca" e de uma ambulância. Para que uma ambulância? Pelo sim, pelo não. Por que os carros estão andando tão devagar?

– Isto aqui é Anchorage; eles estão procurando vagas para estacionar.

É bom ter gente divertida por perto.

Fumado o cigarro, torno a entrar no edifício. Os guardas já me conhecem e riem toda vez que me revistam para me deixar entrar.

Recebo um acompanhante e subo.

Faltando quinze minutos para a hora marcada, todos ficam em silêncio. É incrível como as pessoas se calam quando acham que há um presidente prestes a entrar. Passam-se alguns minutos, e John Kerry sobe ao pódio para apresentar o presidente. Entre bombas nucleares e geleiras, esse homem encontra tempo para enunciar frases como:

– Senhoras e senhores, o presidente dos Estados Unidos da América, Barack Obama!

Respondendo à deixa, Barack aparece.

– Obrigado aos muitos alasquianos – diz ele –, aos nativos do Alasca e a outros povos indígenas do Ártico. – Os americanos, como todos sabemos, a esta altura, adoram seus nativos. Obama passa a falar de negócios: – Nossa compreensão da mudança climática avança a cada dia que passa – diz. – A atividade humana vem perturbando o clima, e mais rápido, em muitos aspectos, do que pensávamos antes.

Ao lado dele há dois telepontos, um à direita e um à esquerda, que lhe facilitam falar de climas, ventos e tempestades como um homem versado na ciência das geleiras, dos *icebergs*, das emissões de poluentes, de geologia, química, biologia e uma porção de outras ciências.

Eu tinha visto Obama antes, quando ele ainda era candidato à presidência. Na época, era um homem jovem, ágil. Agora, quando começa a se preparar para a vida após a Casa Branca, parece ter envelhecido bastante.

Não se mexe muito, a não ser pela cabeça, que vira de um lado para outro, do teleponto da direita para o da esquerda. Ele parece cansado.

Surpreendentemente, parte da mídia americana, a exemplo do noticiário da NBC, retrata esse discurso como "um pronunciamento incisivo". Talvez esses repórteres tenham fumado um baseado antes de virem para cá, já que a atividade é legalizada neste estado.

Como quer que seja, o que falta em desenvoltura cênica a Obama, pelo menos hoje, é compensado por suas profecias e previsões assustadoras:

– As pessoas vão sofrer. As economias vão sofrer. Nações inteiras se descobrirão com problemas graves, muito graves. Mais secas, mais inundações, elevação do nível dos mares, maior migração, mais refugiados, mais escassez, mais conflitos – a menos que tomemos medidas para deter a mudança climática.

Será que é uma tática para assustar? Talvez sim, talvez não.

Há um momento em que ele se eleva à altura da arte da oratória. É quando profere esta frase:

– Aqueles que querem ignorar a ciência vão ficando cada vez mais sozinhos; estão em sua própria ilha, mais e mais encolhida.

Seguem-se aplausos imediatos.

Como é comum acontecer com Obama, ele se apresenta como um homem acima de todos os demais:

– Qualquer líder que se recuse a levar este problema a sério, ou que o trate como uma brincadeira, não está apto a liderar – diz, como se fosse o único a ser digno do título de "líder". E conclui suas observações de um modo que praticamente nenhum líder europeu jamais faria: – Que Deus os abençoe e abençoe seus países.

Agora que dei uma espiada mais de perto nos líderes dos Estados Unidos, terei aprendido alguma coisa?

Sim. Antes de mais nada, eles são políticos. Enquanto ouvia o presidente Obama, não pude deixar de pensar no 13º Distrito Eleitoral de Illinois. É concebível que um homem que não se incomoda com um distrito eleitoral, o que votou nele pela primeira vez, importe-se com o mundo inteiro? É possível que um homem que não dê a mínima para as pessoas que estão vivas hoje se importe tão profundamente com as que viverão amanhã?

Talvez, como pessoa, Obama se importe, mas, como "líder", falta-lhe a força para conduzir as pessoas para fora de sua miséria. Talvez, apenas talvez, ele seja um sujeito que não está apto a liderar.

Seja qual for o caso, a descoberta mais interessante nesta conferência, para mim, é o tratamento dado aos repórteres. Qual é a história? Um militar mais velho aqui presente, que afirma ter trabalhado com mais de um presidente, me diz que o governo Obama tem muito a ver com o "controle". Esse governo, diz ele, quer controlar a mídia e mantê-la na rédea curta.

O presidente George W. Bush não era a mesma coisa?

– De modo algum!

E o presidente Bill Clinton?

– O senhor deve estar brincando! Sem incluir o presidente Obama, os presidentes costumam ser muito displicentes com a mídia. O senhor jamais seria escoltado para ir ao toalete! Esse governo é diferente. Esse governo quer controlar tudo, e controla.

E consegue.

Ao término da conferência por hoje, quando todos deixamos o prédio, um grupo de cantores cristãos nos espera do outro lado da rua, exortando-nos a acreditar em Jesus. Mas já tive pregação demais por um dia, e tomo o rumo de um bar local.

Acredite se quiser, mas, em vez de pedir uma dose de Christian Brothers, peço um café.

A meu lado sentam-se algumas pessoas que vieram de Washington, Distrito de Columbia, como parte da visita do presidente ao Alasca. São todos funcionários do governo, alguns de escalão mais alto que outros, e todos estão tomando cerveja ou vinho. É bom conversar com funcionários do governo enquanto eles bebem.

A pessoa de escalão mais alto nesse quadro de bebedores é uma moça encantadora, que diz o que pensa e cujo nome não fornecerei. Eis o que ela tem a dizer:

– O governo Obama, do ponto de vista de pessoas como eu, uma funcionária do governo, está entre os piores. O pessoal desse governo chegou sem nenhuma base ou experiência de governo e não sabia o que estava fazendo. Eles tinham ideias, grandes ideias, mas lhes faltava o conhecimento para executá-las. Nós, funcionários do governo, sabemos como ele funciona. As políticas precisam ser administradas e executadas, e o dinheiro tem que estar lá, para que a coisa seja feita.

Ela continua:

– Por que apoiamos Israel? Apoiamos Israel por causa dos judeus deste país. Os judeus deste país dão dinheiro aos políticos, e os políticos têm que fazer o que os judeus querem que façam. Todo mundo é judeu em Hollywood, e eles deram a Obama o dinheiro para concorrer. Ele venceu, tornou-se presidente e trouxe as pessoas que conhecia: gente jovem e inteligente, mas sem experiência de governo. Os novos políticos não entendem que não podem fazer nada se não estiverem cercados por pessoas capazes de executar suas políticas. Eu me lembro de quando eles chegaram, e tudo que queriam fazer era "discutir" o que deveria ser feito; pensavam que aquilo era uma universidade.

Por que essa coisa dos "judeus" continua a pipocar? Peço uma cerveja belga. Bebo sem parar. Terminado o copo, vou embora.

Daqui devo ir para onde? Talvez para a Califórnia. A Califórnia tem muitos liberais, o tipo de pessoa que acredita em mudança climática. Talvez lá eu fique mais inteligente e compreenda melhor essas pessoas.

Portão 14

Brancos sensuais gostam de prostitutas pretas.

Onde devo parar primeiro na Califórnia? Vamos ver se está acontecendo alguma coisa que me chame a atenção. Eis o que leio no *San Francisco Business Times*: "UC Berkeley lança Universidade de Filantropia financiada por sauditas".

Como é?

Segue-se uma pequena explicação: "A Universidade da Califórnia em Berkeley, junto com sua Faculdade Haas de Administração, está lançando uma 'Universidade de Filantropia' *on-line* para ajudar as pessoas do setor sem fins lucrativos nas finanças, angariação de fundos, estratégia, liderança e outros desafios".

Até onde conheço os sauditas, eles estão tão interessados na caridade quanto eu na silvicultura. Mas a vida traz suas surpresas, e, um dia, talvez eu descubra um interesse na silvicultura.

Seja qual for a razão deles, fico intrigado com essa universidade em Berkeley. Ouvi falar muito da UC Berkeley ao longo dos anos, e está na hora de conhecê-la e de arranjar para mim um ou dois sauditas caridosos.

A tarde vai começando quando chego ao *campus*. Ah, meu Deus, o que vejo?! Um fluxo interminável de pessoas que se deslocam em torno de inúmeras mesinhas, todas tentando convencer todas as outras a se ligarem a tal ou qual clube em particular. O que está havendo aqui?, pergunto a alguns estudantes.

– Pondo na mesa – eles respondem.

Berkeley, explicam, tem cerca de mil e quinhentos grêmios diferentes, cada um dos quais ambiciona membros. Alguns são apenas para diversão, como grêmios esportivos, porém outros são mais sérios: "Associação de Estudantes Muçulmanos", "Administração e Liderança *Gay*", um grêmio de ateus, vários grêmios católicos; vejo aqui um que é favorável à Palestina, e, a uma boa distância, um grêmio judaico.

Há até um grêmio republicano, que é, por acaso, um dos maiores de Berkeley. Eu achava que essa universidade fosse liberal, então, como o grêmio republicano daqui é um dos maiores?, pergunto a um jovem republicano.

– Em Berkeley, os republicanos se sentem constantemente atacados, e querem ficar juntos para se proteger – responde ele.

Você é pró-escolha ou pró-vida?

– Dediquei muita reflexão a esse assunto e cheguei a uma ideia simples: o imposto do aborto. Você quer fazer um aborto? Não há problema, mas vai ter que pagar.

Caminhando por entre os estudantes, uma imensa manada de carne jovem, noto que quase uma pessoa sim, outra não, é asiática. Quanto a negros, eles são pouquíssimos; quase não se consegue vê-los aqui. Os pretos estão em Germantown e Englewood.

Não se pode fumar em parte alguma deste *campus*, nem mesmo nas ruas. Berkeley tem um tamanho colossal, mas ninguém acende um cigarro. Quando eu o faço, as pessoas me olham como se eu fosse um candidato a estuprador. Enquanto não se aproximarem de mim, não tenho razão para negá-lo. Com o tempo, como quero me sentir parte deles, também paro de acender cigarros. Deixem-me ser um cara de Berkeley.

Continuo a andar, como um bom e saudável cidadão.

Eis alguns alunos judeus. Berkeley tem o maior número de agraciados com o Prêmio Nobel entre todas as universidades, eles me informam, e é uma honra estudar aqui.

Como é ser judeu aqui?

– Não é fácil – responde um deles.

O que quer dizer?

– Para mim, é difícil, porque dou importância a Israel, e quase todos os alunos de Berkeley são pró-Palestina. Quando digo coisas positivas sobre Israel, eles se afastam de mim. Mas, para a maioria dos estudantes judeus daqui, ou os que não se envolvem em política, ou os que são pró-Palestina, tudo bem.

Alguns alunos judeus, eu soube, não se envolvem em temas políticos, por medo de serem malvistos pelos outros estudantes. Como são os professores?, pergunto a uma moça.

– Nove em cada dez são contra Israel e a favor dos palestinos.

Você se arrepende de ter escolhido esta universidade?

– Não! Berkeley é uma ótima universidade!

Se você tivesse filhos, recomendaria que estudassem aqui?

– Sim!

Não posso dizer que a compreenda inteiramente. Para entender melhor essa prestigiosa universidade, vou conversar com o chefe dos chefes, Nicholas Dirks, que é o reitor de Berkeley.

Nicholas Dirks, como o nome implica, é de ascendência alemã. O senhor tem características alemãs?, pergunto-lhe.

– Como o senhor caracterizaria um alemão?

O que as pessoas costumam dizer sobre eles, sabe como é: a exatidão, a franqueza, um certo racismo...

Ao lado de Nicholas senta-se o porta-voz de Berkeley, um judeu americano chamado Dan. E esse judeu americano solta uma gargalhada alta ao ouvir isso. Nicholas também ri e diz:

– Não quero entrar nesse assunto, o senhor sabe. Só pode me meter em encrencas!

É ótimo se o senhor se meter em encrencas, pelo menos para mim!

– Sim. E eu sou despedido!

Quando as risadas se extinguem, Nicholas diz:

– Sou obsessivamente pontual.

Também é direto com as pessoas, dizendo-lhes exatamente o que pensa?

– Sim.

Eu sou ou não sou gordo?

– O senhor não tem nada de gordo! Um pouco mais de exercício lhe faria bem, mas isso se aplica a todos nós.

Novas risadas. E, quando termina essa série, sigo adiante. Ontem, na tarefa de "pôr na mesa", tive a impressão de que cerca de metade dos alunos da UC Berkeley é asiática. É verdade? Qual é a percentagem de estudantes asiáticos em Berkeley?

– Quase 40% – interrompe Dan. – Os asiáticos formam o maior grupo.

Qual é o número de negros?, pergunto a Nicholas, ignorando Dan.

– Três por cento – responde Nicholas.

Como Berkeley tem tantos asiáticos e tão poucos negros?

– Hoje de manhã, anunciamos uma nova iniciativa afro-americana, com a qual nossa esperança é aumentar drasticamente a percentagem de estudantes afro-americanos em nosso corpo discente.

Justo hoje de manhã? O senhor fez esse anúncio em homenagem a mim?

– Sim, com certeza! É para o senhor!

Deixe-me perguntar-lhe: Berkeley é conhecida, pelo menos em alguns círculos, como muito anti-israelita. É verdade?

– A rigor, não sei muito bem de onde veio essa impressão.

O senhor sabe que essa impressão existe...

– Não ouço muitas queixas de alunos judeus sobre isso.

Conversei com alguns estudantes judeus, e eles me disseram que aqui é difícil. Alguns até me disseram que não se envolvem em questões políticas no *campus* por não quererem ser isolados por outros alunos. O senhor tem conhecimento de alguma dessas coisas?

– Não – responde ele, e se corrige de imediato: – Estou ciente de parte disso, mas temos buscado o contato com os alunos judeus, e queremo-nos certificar de que eles se envolvam, se quiserem. Fizemos uma pesquisa, aliás, em toda a comunidade estudantil judaica, e constatamos que há um alto nível de satisfação com a vida deles em Berkeley.

Não sei nada sobre Berkeley. O que eu lhe disse agora há pouco foi o que os alunos me disseram. Por exemplo, eles disseram que, na estimativa que fazem, nove em cada dez professores são contra Israel.

É nesse ponto que Dan, o judeu, me interrompe. Está aborrecido por eu haver levantado essa questão. Se soubesse que eu levantaria essa questão, teria assegurado que eu não estivesse aqui agora, sentado com o reitor.

E vai falando sem parar, defendendo repetidas vezes o nome de Berkeley. Deixo-o dar alguma vazão à sua raiva, depois pergunto a Nicholas: é verdade que nove em cada dez professores são contra Israel?

– Antes de mais nada, eu não teria como saber. Não fazemos levantamentos, na verdade, sobre as opiniões políticas dos professores. Digo, temos um compromisso com a liberdade acadêmica, um compromisso muito profundo nesta universidade, e por isso não temos nenhum teste político deci sivo para descobrir nenhuma posição política. O importante é que todos nossos professores, e eles figuram entre os corpos docentes de reputação mais elevada de qualquer universidade do mundo, são aprovados nas mais rigorosas provas de desempenho disciplinar. Quer tenham sido contratados na cadeira de ciência política, quer na de antropologia, ou seja lá em qual for, eles estão no topo de sua profissão.

Mudo de assunto e pergunto a Nicholas se o mundo acadêmico molda o pensamento popular sobre questões como os direitos humanos e outras questões sociais.

– A relação da universidade com qualquer dessas coisas, penso eu, tem sido crucial.

Na opinião dele, as universidades também tiveram, no passado, "um grande impacto cultural e político nos Estados Unidos".

Ao caminhar por Berkeley, notei menos bandeiras que na maioria das outras cidades em que estive até aqui. Berkeley é menos patriótica do que outras cidades? A população daqui é antiamericana, antigoverno?

– Deus do céu, não!

O senhor se orgulha de ser americano?

– Com certeza!

Antes de eu sair, Dan me diz que gostaria de falar comigo em particular. Sentamos para uma conversa rápida, e ele me afirma que, de acordo com uma pesquisa feita pela universidade, "90% dos estudantes judeus dizem sentir-se bem-recebidos e respeitados neste *campus*". Se é verdade, essa é a primeira vez, em quatro mil anos, em que 90% dos judeus concordam a respeito de algum assunto.

✧ ✧ ✧

A Califórnia exige que se dirija. Se você quiser ir de um lugar para outro, terá que dirigir. Se usar o transporte público, vai passar a vida inteira no ponto de ônibus.

Torno a alugar um carro. Desta vez, como o pessoal do setor de admissões de Berkeley, escolho um asiático, o Versa Note japonês, da Nissan. Instalo meu corpo atrás do volante e ligo o motor. Este japonês, permita que eu lhe diga, tem um manejo muito mais suave que meus carros anteriores, e dirigi-lo é puro prazer.

A pergunta é: para onde devo ir, saindo daqui? Um pouco de história talvez ajude.

O local em que se tomou a decisão de criar a Organização das Nações Unidas foi nada menos que este, os Estados Unidos. Para ser mais exato, a Califórnia. Para ser ainda mais exato, San Francisco. Anos e anos atrás, muito antes de o tabagismo ser criminalizado, a carta das Nações Unidas foi assinada em San Francisco. Especificamente, em 26 de junho de 1945. Três anos depois, essa Organização das Nações Unidas adotou a Declaração Universal dos Direitos Humanos, uma declaração que é parte fundamental do pensamento de hoje no Ocidente.

Acho que devo travar conhecimento com San Francisco.

Chego à cidade pela ponte Golden Gate. Eu achava que a ponte de Brooklyn, em Nova York, era a mais bela ponte do mundo. De jeito nenhum! Comparada a ela, esta Golden Gate é majestosa, uma ponte que parece não ter fim. Mas tem, depois de 2.737 metros.

Conforme vou dirigindo, reparo em todos os nomes em espanhol nesta parte dos Estados Unidos, *San* isto, *San* aquilo. Antigamente, esta parte do país era uma colônia espanhola, e sua população celebra os colonizadores. Sinto muito, índios. Vocês deviam ficar felizes com o fato de o presidente ter batizado uma montanha em homenagem a vocês; isso é mais que suficiente.

Dirigir em San Francisco, acredite, tem um preço: os motoristas de San Francisco. Trata-se de criaturas em cujo vocabulário falta uma palavra: paciência. Sou novo na cidade e quero absorver a paisagem, por isso dirijo meio devagar. Cara, esse pessoal tem ódio disso! Todos apertam a buzina como se a Terceira Guerra Mundial houvesse acabado de eclodir. Calma, turma!

San Francisco, permita-me revelar-lhe outro detalhe, tem um probleminha, um velho elefante que se recusa a sair da sala: as pessoas sem teto, quase todas negras. É triste ver a quantidade de pobres, de pobres pretos, neste país rico.

Desisto de dirigir aqui. Estaciono o carro perto do hotel, que fica no centro da cidade, e saio para andar a pé. Há muitas semelhanças entre esta cidade e Manhattan: trânsito constante, ricos privilegiados e alto custo de vida. Conheço pessoas que pagam três mil dólares por mês por um apartamento de quarto e sala, sem incluir despesas de condomínio, fornecimento de água, energia, gás etc.

No nível térreo de meu hotel, um quatro-estrelas, pretos sem teto estão se preparando para uma noite de sono. Meu hotel fica perto da Union

Square, uma grande área de compras, e o fedor de urina enche o ar. As calçadas são de uma sujeira chocante, que me faz lembrar as cidades mais pobres do Terceiro Mundo.

Isso são os Estados Unidos da América? Pessoas vestidas com requinte, do tipo que se encontraria em eventos beneficentes de alta classe, passam por ali, mas não notam os pobres deitados a seus pés. Os únicos pobres que elas veem são as prostitutas, que são escolhidas por alguns e levadas para hotéis das imediações. San Francisco, tal como vista aqui, é o lar de dois tipos de cidadãos: os ricos e os sem-teto.

Subo para meu quarto de hotel e ligo a televisão. O televisor é de uma beleza requintada. Gosto de suas formas, cor, aparência, de sua suavidade ao tato e seus atrativos gerais. Mas aí vem o conteúdo. Nenhum dos canais oferece nada remotamente interessante. Como podem tantos canais serem tão chatos? Quem escreve essas coisas horrorosas? Estamos numa era, desponta a ideia na minha cabeça, de gênios da embalagem e escritores retardados.

Vou dormir. Meus sonhos costumam ser mais intrigantes do que posso ter a expectativa de encontrar na tela.

✧ ✧ ✧

Logo cedo, na manhã seguinte, leio as notícias. Esta vem do *New York Times*: "Autoridades austríacas disseram que 6.500 imigrantes, muitos provenientes da Síria, chegaram à Áustria na tarde de sábado, e pelo menos 2.200 já estavam a caminho da Alemanha".

Maravilhosos austríacos! Vendem suas pistolas Glock a lojas americanas, para que as quadrilhas de Mineápolis e outras partes dos Estados Unidos possam matar umas às outras com facilidade, mas, dentro de suas fronteiras, são ótimos e muito humanos. Leio em outro ponto que a Alemanha vai aceitar oitocentos mil refugiados este ano, quase todos sírios, e talvez até mais.

Mencionei que os alemães são exagerados? Os Estados Unidos concordaram em receber dez mil refugiados, mas a Alemanha está partindo para um milhão.

Para os alemães, isso é uma enorme promoção de sua imagem. Desprezados durante muito tempo pelos horrores que seu país infligiu aos judeus e a outros durante a Segunda Guerra Mundial, os alemães têm uma necessidade constante e extrema de absolvição. Na realidade, quase todo mundo por aí gosta dos alemães, mas eles próprios não sabem ao certo se esse é um sentimento profundamente arraigado e temem que todos os outros possam voltar-se contra eles, a qualquer segundo. Ainda não convenceram o mundo, eles acham, de quão esplêndidos realmente são.

Entram em cena os sírios. A guerra civil da Síria, que tem produzido um sem-número de refugiados que vagam pela Terra à procura de abrigo, é uma oportunidade de ouro para os alemães mostrarem ao mundo que se importam com os outros e são uma grande nação, melhor do que qualquer outra. O mundo inteiro deixa os refugiados caírem mortos na areia ou se afogarem no mar, porém a Alemanha, somente a Alemanha, demonstra compaixão. Gente do mundo inteiro repara nisso, e todos aqueles que têm coração elogiam os alemães.

A Alemanha é também um dos maiores fabricantes mundiais de armas, porém quase ninguém presta atenção a esse pequeno detalhe no momento atual.

Francamente, fico feliz por não estar na Alemanha hoje em dia. Da última vez que o povo alemão se sentiu tão bem a seu próprio respeito, durante os anos do Reich, a coisa não acabou bem.

De um modo engraçado, os únicos que se lembram daqueles anos são alguns refugiados sírios. Foram eles que, ao chegarem à Alemanha, fizeram esta solicitação educada: você poderia me mostrar o caminho para o museu de Adolf Hitler? Na cabeça deles, os alemães são ótimos por terem matado tantos judeus no século passado, e eles, refugiados, querem mostrar sua apreciação a seus anfitriões alemães, homenageando o *Führer*.

Desço para fumar. Uma jovem negra, segurando um iPhone, aproxima-se de mim:

– E aí, benzinho, quer dar uma volta?

Obrigado, respondo, agora não. Ela passa ao benzinho seguinte.

Dou outra tragada no cigarro, e duas moças pretas me abordam:

– Oi, Tesão. Está a fim de se divertir? – pergunta uma delas.

Fica para a próxima, queridas.

Rezo para não ser esse o destino dos refugiados sírios na Alemanha. É muito fácil abrir as portas do país para estrangeiros, mas a história é totalmente diferente depois que eles entram. Serão necessários anos e mais anos de amor e dedicação para ajudar os refugiados a esquecerem seu passado sombrio e a marcharem, com toda a cautela e paciência, para um futuro mais brilhante. Será que a Alemanha tem estrutura para isso? Este homem sensual aqui não sabe.

✧ ✧ ✧

Vou ao Castro District, bairro também conhecido como Castro. Construído por imigrantes alemães, irlandeses e escandinavos há bem mais de um século, ele se transformou, no correr dos anos, em algo completamente diferente. Mencionado por alguns como "o lugar mais *gay* do mundo", Castro é um bairro mundialmente conhecido por seus moradores homossexuais e seu ativismo homossexual.

Quando chego eu, o Tesão, meus olhos captam a visão de pessoas nuas perambulando por ali, exibindo a genitália para quem quiser ver. É uma coisa interessante de se ver: jovens e velhos nus, cercados por pessoas com cartazes variados, que dizem, em parte: "Pagar por *Gay* é *Okay*", "Abraços Grátis, Sexo Barato", "Parem com a Guerra às Prostitutas", "Meu Corpo, Minhas Regras" e "Meus Amigos São Trabalhadores do Sexo". Um homem, vestido como uma espécie de padre e chamando a si mesmo de irmã Pedro Alegre, caminha por ali com uma sacola da Whole Foods, recolhendo dinheiro, enquanto, ao fundo, vários oradores atacam a plateia com mensagens elevadas.

A Whole Foods é uma cadeia nacional de supermercados que conquistou a insígnia de "liberal". Não sei direito por quê; talvez tenha a ver com a política das lojas de só fornecer sacolas de papel, não de plástico, porque plástico faz mal ao meio ambiente.

Quem é você?, pergunto ao "padre".

– Sou uma irmã da perpétua indulgência. Somos uma ordem internacional de freiras *gay* que trabalham para libertar a comunidade da vergonha e da culpa e para ajudar todos a descobrirem sua alegria singular.

Você acredita na Virgem Maria?

– Meu bem, são tantas as Virgens Marias que não tenho tempo para acreditar em todas.

Acredita no Filho de Deus?

– É claro que acredito, querido! Eu me encontro com ele ali na esquina toda terça-feira, para um café, e, em geral, passamos o tempo fofocando sobre o que aconteceu na noite anterior e sobre aquela puta da Virgem Maria. Ela foi uma mãe muito sofredora.

Adoro essa freira!

Por que essa gente está aqui, esses padres e nudistas? Dias atrás, o Departamento de Segurança Interna, um órgão do governo cuja tarefa é proteger os

Estados Unidos de ataques terroristas e outras violações da segurança pública, fechou um *website* chamado rentboy.com e prendeu seus operadores.

O Rentboy, que funcionou durante umas duas décadas, especializava-se em promover encontros entre acompanhantes *gays* e clientes ricos do sexo masculino. Por que o governo dos Estados Unidos resolveu fechar o *site*, e por que agora, fica para quem quiser adivinhar. Meu palpite é este: os homens jovens e atraentes emitem um excesso de gases perigosos na atmosfera. O grupo reunido aqui, nesta manifestação, almeja repor o *website* em funcionamento e livrar seus operadores de todas as acusações.

Pense o governo o que pensar, gosto de Castro. As pessoas daqui são almas audaciosas, e, como muitas minorias perseguidas, esses *gays* desenvolveram um ótimo senso de humor – que eu adoro. Sim, nem todo *gay* é engraçado, mas, coletivamente, eles criaram um ambiente "divertido" que é absolutamente revigorante.

Entro na diversão em minutos. Pego alguns cartazes feitos à mão e os agito bem alto, cada vez mais alto. Parada perto de mim está uma mulher que se refere a si mesma como "puta". Conversamos um pouco, e ela me explica o ato da prostituição em termos jurídicos, como se realmente me interessasse saber. O "Artigo 646 do Código Penal", diz ela, é a lei contra a prostituição na Califórnia.

– No começo, a prostituição era ilegal, com base no delito de solicitação de prostituição – acrescenta, porém, mais tarde, o governo ampliou a lei, fazendo-a incluir a concordância com a prostituição.

A mulher vai falando sem parar, detalhando a história do direito e da prostituição, de como os dois se relacionam e não se relacionam, e toda uma porçao de outras questões. É, sem dúvida, a prostituta mais intelectualizada da história.

Gypsy, mulher de 46 anos e mãe de três filhos, circula em pleno nudismo e me diz estar ali "para apoiar esta manifestação em prol dos direitos das trabalhadoras sexuais. Elas merecem ser tratadas como qualquer outra pessoa, e não como criminosas".

Você, pessoalmente, faz parte da indústria do sexo?

– Já fiz. Eu também fazia *strip-tease*. E faço filmes pornográficos.

Você é lésbica?

– Não. Completamente hétero.

Do outro lado da rua está o Sr. Pam. Nem é preciso dizer que, como isto aqui é o bairro de Castro, o Sr. Pam é mulher, na realidade, conhecida entre os fiéis como Mamãe Pornô *Gay*. Está meio acima do peso, sempre sorrindo, e me diz:

– Sou uma pornógrafa *gay* orgulhosa e apaixonada. – Ela foi criada como católica e ainda segue a religião, porque "nunca se escapa realmente do catolicismo".

Como foi seu primeiro filme pornô? Qual foi a sensação?

– Incrível!

O que é mais divertido: filmes de *gays* ou de lésbicas?

– Com os meninos, a gente sabe como acaba. Eles ejaculam e pronto. Com as meninas, não sei quando vai terminar.

E quanto ao pornô heterossexual?

– Nunca participei de filme pornô hétero, porque gosto de assistir.

Ah, então você é bissexual. Por que não faz filmes de sexo heterossexual?

– Seria perturbador demais. Eu iria querer entrar de cabeça! Iria ficar com inveja!

Finalmente achei alguns liberais, a coisa genuína. Gosto desses americanos!

Do outro lado da rua, há um posto de combustíveis onde cobram 3,89 dólares por galão de gasolina. Em Wisconsin, paguei 2,29 dólares por galão. Quando assinalo isso às pessoas daqui, ninguém se aborrece. No que lhes concerne, o governo pode cobrar o que quiser, desde que eles, o povo, possam alugar um garoto por hora.

Quais são as outras novidades de hoje? Mais uma pessoa, dentre uma série de legisladores judeus, a deputada Debbie Wasserman, presidente do Comitê Democrático Nacional, anunciou seu apoio ao acordo nuclear com o Irã.

É provável que o acordo com o Irã receba tanto apoio no Congresso que, em pouco tempo, deverá tornar-se realidade. O Rentboy é um risco para a segurança – o Irã, não. O pastor John, da CUFI, deve relaxar e dar um pulo aqui, para se divertir um pouco. Temos um padre no pedaço, por que não um pastor?

✧ ✧ ✧

O meu Versa gosta de se mexer – por isso é um automóvel. Hoje ele me leva a Palo Alto, na Califórnia. Adeus, San Francisco; alô, Palo Alto.

Estaciono o carro e saio andando a pé, para me familiarizar com o povo e o lugar.

O falecido Steve Jobs, fundador da empresa Apple, morou nesta região antes de falecer – o que me fala do tipo de gente que mora aqui. Há umas casas ótimas neste tal de Palo Alto, que só posso ver pelo lado de fora. Algumas dessas casas, pelo que me disseram, custam só uns dez milhões de dólares por unidade.

E é aqui em Palo Alto que conheço dois estudantes de Stanford: ela tem doutorado em engenharia, e ele vai receber seu grau de doutor no ano que vem. Ambos são legais. Muito legais.

– Se você tem instrução, se é um cientista – diz ele –, não há dúvida de que será um liberal progressista.

A mulher concorda. Ambos – que grande surpresa! – acreditam na mudança climática e são pró-Palestina.

Vou de carro à Universidade Stanford. Quero ver onde são criadas essas pessoas instruídas e científicas. Que lugar deslumbrante! Um parque enorme, prédios lindos e – que gratidão a minha! – nenhum cheiro de urina. Fabuloso!

Ao contrário de Berkeley, Stanford ainda não iniciou o semestre letivo. Tento entrar em alguns prédios, mas só os fantasmas respondem. Uma exceção é o grêmio Hillel da universidade, chamado Taube Hillel House. O Hillel é uma organização estudantil judaica, e acho que os judeus gostam de trabalhar com um pouco mais de afinco que os outros.

Entro no prédio. Há uma mulher sentada ao lado de uma escrivaninha e, atrás dela, um filhote de cachorro deitado numa caixa transportadora. É alguma raça alemã, e a moça me diz que, na Segunda Guerra Mundial, um cachorro parecido costumava perseguir judeus. Ela adora seu cão, e o leva para trabalhar, para não deixá-lo em casa sozinho.

Há na sala alguns estudantes com ela, todos judeus. Este grêmio é vermelho ou azul?, pergunto-lhes.

Opa, esta é uma pergunta proibida por aqui, e todos os presentes, além do cachorro nazista, sentem-se imediatamente constrangidos.

Esses são os verdadeiros Escolhidos Gelados. Somente sob questionamento reiterado, e por medo de que este que lhe escreve aqui solte os cachorros em cima deles, se não responderem, é que os estudantes admitem que, no passado, o Hillel recebeu oradores de esquerda, e dizem não se lembrar de nenhuma situação em que oradores direitistas tenham aparecido por ali.

Quer dizer que vocês são democratas, certo?

Eles ficam ofendidos com a pergunta, e, com medo de que eu faça outras, todos se retiram.

Também vou embora e tento encontrar outras criaturas por aqui. Ao lado de um grêmio estudantil de nome engraçado, encontro alguns alunos, nenhum deles judeu, que me dizem que posso fazer-lhes qualquer pergunta, desde que eu prometa que, no fim da conversa, haverá umas cervejas.

Esse é o espírito! Adorei. Mas onde diabos vou arranjar cerveja?

Principais notícias de hoje na grande mídia americana: 1. A Alemanha vai gastar 6,7 bilhões de dólares com os refugiados. 2. Uma palestina da Cisjordânia morreu nas mãos de israelenses.

✧ ✧ ✧

A Califórnia é democrata, e San Francisco é mais azul que todos os azuis, mas o candidato que disputa a indicação dos republicanos para concorrer à presidência da república, o neurocirurgião aposentado Ben Carson, vai-se apresentar em San Francisco amanhã. Sinto curiosidade de ouvi-lo.

Dirijo-me ao Commonwealth Club of California, que é "o mais antigo e maior fórum de assuntos de interesse público da nação", de acordo com sua literatura, para ver e ouvir o homem em pessoa. O que um bom sujeito como você está fazendo numa disputa dessas?, pergunta a Ben o moderador, um jornalista local.

– Ora, essa é uma ótima pergunta –, responde Ben. Conta-nos que, depois de certo Desjejum Nacional da Oração, – houve tanta gente clamando para eu me candidatar à presidência, que achei que a ideia era meio ridícula; mesmo assim, continuei a topar com americanos, particularmente mais idosos, que me diziam haver desistido dos Estados Unidos e só estar esperando a morte. – E, por isso, ele resolveu concorrer.

Não faço ideia do que ele está dizendo, mas ele fala. Fala-nos de sua vida:

– Minha mãe estava tentando me fazer vestir uma coisa que eu não queria usar, então, peguei um martelo e fui bater na cabeça dela com ele. Felizmente, meu irmão o pegou por trás. Afora isso, fui muito bom menino.

Acho que ele e Shanta se dariam bem, já que ambos adoram martelos.

Ben não tem carisma, e, mesmo quando diz a frase mais idiota, ela sai sem graça. Quando esse homem fala, sinto dizer, eu me pego fazendo muita força para não dormir. Se ele se tornar presidente, vou virar neurocirurgião.

Estou pronto para deixar a Califórnia. Para onde devo ir agora?

Escolho o Havaí, um estado com uma história singular nos Estados Unidos: o ataque a Pearl Harbor.

Dispenso meu Versa no aeroporto e embarco num voo para o Havaí. No avião, leio que o senador Richard Blumenthal, de Connecticut, que é judeu, anunciou seu apoio ao acordo com o Irã, garantindo efetivamente que esse acordo não será rejeitado pelo Senado. Em outras palavras, agora o acordo nuclear com o Irã é uma certeza. Eu me importo? Não. A caminho do Havaí, ninguém se importa com iranianos. É o Havaí!

Portão 15

É permitido fumar parado no meio da rua e com o trânsito em movimento.

O Havaí, o arquipélago mais remoto do mundo e o sonho mais excitante dos surfistas e dos casais em lua de mel, aguarda que seu filho pródigo, eu, entre em seu ventre.

A propósito, o Havaí é o mais novo estado dos EUA. Só se tornou o quinquagésimo estado americano em 1959. E mal posso esperar para ver esse jovem. Vou aterrissar na ilha mais movimentada e populosa do Havaí, Oahu. Waikiki é onde vão parar quase todos os turistas do Havaí e onde a maioria dos hotéis e *shoppings* de Oahu espera para agradar seus estimados hóspedes.

Sigo a multidão.

Minha primeira impressão, ao sair do bojo da aeronave e respirar o ar desta ilha tropical, é que o Havaí não fica nos Estados Unidos. Ouve-se o tal de "*aloha*" por toda parte, uma palavra que não é exatamente do inglês. Segunda impressão: o Havaí não é um estado, mas uma padaria. É quente aqui, e úmido; trata-se de um caldeirão nuclear.

Ouço dizer que o Havaí tem o mais azul dos sangues e é totalmente democrata. Suas autoridades eleitas, senadores e deputados, além de seu governador e vice-governador, são todos democratas. Ora, Barack Obama nasceu aqui.

O Havaí, também me dizem umas pessoas no aeroporto, é uns 40% asiático. Que *déjà-vu*! Será que estou em território da Universidade da Califórnia em Berkeley?

Seja qual for a situação, torno a alugar um Versa Note, da Nissan. Na Ásia, seja asiático.

Ligo o ar-condicionado e me refresco. Que coisa boa! Talvez seja por isso que as pessoas se despencam lá de longe até o Havaí.

Dirijo um pouco, mas, passado algum tempo, como acontece com todas as coisas boas, o trajeto atinge seu final, e, chegando ao hotel, salto do Versa. Espero que seja um bom hotel. Bom ou não, é muito liberal. Liberal progressista. Como prova de suas tendências ultraliberais, a moça severa da recepção me obriga a assinar um formulário em que digo estar ciente de que, se fumar em meu quarto ou na varanda, terei que pagar 425 dólares.

Saio para fumar um cigarro na praia, que fica do outro lado da rua. Esqueci que estou no estado inteiramente liberal. Há enormes placas de Proibido Fumar a cada meia dúzia de passos, na praia e na calçada paralela à areia.

Sigo as placas, na esperança de que terminem em algum lugar, mas elas não acabam. Atravesso a rua e há outras placas de Proibido Fumar ao lado de qualquer coisa construída pelo homem, como hotéis e lojas. Tenho que estar a uma distância segura de qualquer uma delas se quiser fumar. É o que dizem as placas.

Tendo me formado em matemática, resolvo medir a localização exata das áreas legalmente permitidas para fumantes em Waikiki. O estudo é demorado, e, após muito suor e múltiplas medições, encontro a resposta: as áreas legalmente permitidas aos fumantes ficam exatamente no meio da rua, entre as pistas, no trânsito em movimento. Qual é a lógica disso? O Havaí quer que todos os fumantes morram antes de acenderem um cigarro.

Opto pela vida e acendo o meu na calçada, bem ao lado de uma porcaria de placa de Proibido Fumar. Uns não fumantes virtuosos me dizem que estou numa zona proibida para fumantes, e eu lhes retruco: não falar inglês, falar romeno. Eles me deixam em paz. Otários.

✧ ✧ ✧

Pearl Harbor.

O Havaí tem um lugar único no coração dos americanos. Foi neste estado que os Estados Unidos da América sofreram um ataque de uma potência estrangeira, uma ocorrência rara na história nacional. Aconteceu em 7 de dezembro de 1941, quando o Japão atacou a base naval de Pearl Harbor, a uma curta distância daqui.

Pergunto a meu Versa se ele se disporá a me levar lá, dado o conflito de interesses, mas o japonês diz que sim.

Durante o ataque, vários navios de guerra americanos afundaram, e seus tripulantes morreram no local. O USS Arizona, um desses navios, nunca foi içado do mar, e é, até hoje, o repouso final de mais de mil marinheiros americanos.

Como se poderia esperar, ergueu-se um museu nesta área. Entro nele e me junto a um grupo de turistas num trajeto de balsa até o monumento erigido acima dos restos desses marinheiros. Um guarda florestal, ex-integrante da Marinha, vem-nos receber.

– Alguma pergunta? – indaga.

Sim, respondo. Desde quando esta parte do mundo é americana?

– O Havaí tornou-se estado em 1959. Antes disso, na época do ataque japonês, era um território dos Estados Unidos.

Como ele se tornou território?

– É uma questão complicada.

Simplifique-a para mim.

– O Havaí foi ilegalmente tomado pelos Estados Unidos. Aqui havia uma monarquia, mas os Estados Unidos derrubaram a monarquia, aprisionaram a rainha havaiana, e, pronto, acabou-se.

Mais devagar, amigo. Conte-me a história toda!

– Sugiro que o senhor vá ao Palácio Iolani para se informar melhor.

Assim faço.

✧ ✧ ✧

O Palácio Iolani foi destruído, na verdade, o que significa que o que vejo aqui é um palácio restaurado, uma réplica. Ainda assim, é um lugar lindo e tem uma história para contar.

Eis a versão resumida. Era uma vez um reino chamado Reino do Havaí. Um dia, bondosos missionários cristãos brancos chegaram a ele, para compartilhar Jesus com os havaianos, e então, uma coisa levou a outra, muito sangue foi derramado, e nasceu o estado americano do Havaí.

Aqui também fico sabendo da Carta de Protesto da Rainha, na qual a soberana do Havaí renunciou ao trono, sob protesto, para evitar mais derramamento de sangue, na vã esperança de que a coroa logo lhe fosse devolvida. Mas isso não aconteceu. O que foi restaurado foi este prédio, este museu.

Mas é aqui que sou dominado por um sentimento de história e uma imagem ganha forma diante de meus olhos: os Estados Unidos anexaram

este arquipélago porque, como me disse o sujeito da aeronáutica no *pub* irlandês de Nova York, "nós podemos".

Avanço acelerado para um século depois, e aqui está você, no presente. No Havaí de hoje, os descendentes dos carniceiros, aqueles que trucidaram um povo a sangue-frio e obliteraram sua cultura, proclamam o mais extremo amor à cultura original que um dia se ergueu aqui, orgulhosa. Dizem mil *alohas* por dia nos hotéis e nos *shoppings*, tudo em nome de extrair imensos lucros dos crimes de seus ancestrais.

E eles sabem disso. Em 1993, o Congresso dos Estados Unidos (Lei Pública 103-150) pediu desculpas ao povo havaiano pelos atos ilegais praticados pelo governo americano em relação ao Havaí. A resolução foi aprovada na Câmara e no Senado e transformada em lei ao ser assinada pelo presidente Bill Clinton. Diz ela, em parte:

> O Congresso [...] pede desculpas aos nativos havaianos, em nome do povo dos Estados Unidos, pela derrubada do Reino do Havaí em 17 de janeiro de 1893, com a participação de agentes e cidadãos dos Estados Unidos, privando os nativos havaianos de seu direito à autodeterminação.

Em outras palavras, os Estados Unidos admitem ter se apossado ilegalmente deste território. Será que planejam retirar-se do Havaí? A resposta vem no fim da resolução: "Nada nesta Resolução Conjunta tem a intenção de servir como indenização por qualquer queixa contra os Estados Unidos". Adoro Bill! Que toque refinado!

Fora do palácio, vejo um homem chamado Kalani, um sem-teto havaiano que esbraveja contra os Estados Unidos da América. Um dia virá a justiça, ele me diz, e os Estados Unidos da América se arrependerão de haver anexado esta ilha.

Quando vai acontecer isso?

– No ano que vem!

Sim, é claro.

✧ ✧ ✧

O maior *shopping* de Honolulu, segundo me informam, é o Ala Moana Center. Dirijo até lá. Em meus primeiros passos dentro deste centro de comércio, vou transitando por vários quiosques, estrategicamente dispostos nas passagens e corredores que levam às lojas regulares. Um bom número desses quiosques, como em outros *shoppings* dos Estados Unidos, é operado por jovens israelenses capazes de lhe vender qualquer coisa de que nenhum ser humano necessita. Aqui no Havaí, eles vendem saias que viram camisas, roupa íntima que se transforma em vestidos, óleos do Mar Morto que transformam qualquer um num adolescente e perfumes feitos de diamantes.

Os turistas japoneses adoram essas quinquilharias. Costumo ignorar esses israelenses, mas, por algum motivo, hoje sinto vontade de me deter por um instante. Você está enriquecendo aqui?, pergunto a uma israelense que está no Havaí há sete anos.

– Essa é uma pergunta muito complexa e complicada – ela me responde, e, infelizmente, não tem tempo para conversar. Está ocupada com uma senhora japonesa que, acho eu, quer tornar-se uma jovem chinesa.

Quase todos esses jovens israelenses são direitistas. Acreditam que Israel deve lutar com todas as forças possíveis contra os palestinos, enquanto eles próprios vendem perfumes de diamante no Havaí. *Grosso modo*, esses israelenses me parecem um bando de ladrões de Ali Babá. É muito provável que seus produtos do mar Morto venham de Bangladesh.

✧ ✧ ✧

O Havaí se mostra no que tem de mais deslumbrante fora das áreas turísticas. Passo dias dirigindo pela ilha de Oahu, e não me canso de sua beleza. Mas só em minha última noite no Havaí é que obtenho uma imagem mais completa e muito mais realista da vida neste estado. Um morador local, que por acaso é judeu ortodoxo, pergunta se eu gostaria de dar um passeio com ele, longe dos compradores japoneses e dos perfumes de diamante da ilha, para ver a face verdadeira de Honolulu.

– Vai ser duro – diz ele.

Vamos lá, respondo.

Os judeus ortodoxos, ao contrário da maioria de seus irmãos não ortodoxos, são pessoas que se orgulham de ser judias, e que também têm espaço suficiente em seu psiquismo para se importarem com outras pessoas. Não é que todos os judeus ortodoxos se importem, assim como não seria verdade dizer que todos os não ortodoxos não se importam, mas, entre os ortodoxos, aqueles que se importam não falam apenas da boca para fora quando se referem aos menos afortunados. Não têm que fazer esse jogo, porque não se importam com o que os outros pensam deles, para começo de conversa. Para eles, "pobre" não significa um "palestino" em algum lugar, lá do outro lado do planeta, mas pobres reais que vivem ao lado deles.

Seguimos em direção aos pobres não palestinos do Havaí. É um trajeto para o inferno. O local infernal é uma cidade dentro de outra cidade, um estado dentro de um estado, uma realidade dentro de outra. Chama-se "acampamento". Este acampamento, meu guia me informa, é apenas um dentre vários existentes no Havaí.

O que é um acampamento? Deixo meus olhos responderem. Fileiras de barracas, uma atrás da outra, de ambos os lados da rua, lotadas de pessoas que não têm casa, endereço nem futuro, e que mal chegam a ter vida. Aqui se encontram os que não têm voz e os esquecidos: cidadãos americanos, idosos e bebês, homens e mulheres, todos membros da Sociedade da Zona Vermelha dos Estados Unidos da América.

Travo conhecimento com alguns, e eles me deixam com o coração partido. Aqui há crianças pequenas, e ali há velhos. Uns têm menos de um ano de vida, outros são muito idosos, mas estão todos afundados na falta de teto, e é provável que a maioria nunca saia disso.

O atual presidente americano, que foi criado nesta ilha e gosta de passar férias nela, não veio ao mundo como estas crianças. Frequentou uma escola particular numa parte boa da cidade, enquanto essas crianças não frequentam escola alguma. A escola delas, por assim dizer, é a vida em meio a montes de lixo.

Vejo aqui um homem nascido na Samoa americana, que se identifica como "Cão Raivoso". Peço-lhe que me explique o que meus olhos estão vendo, mas ele me fala do que meus olhos não veem:

– Aqui não tem gente branca.

Os brancos, ele me diz, nem passam por aqui. E, quando porventura passam, seja por que razão for, não param para conversar. Cão Raivoso se emociona com meu simples ato de parar a seu lado, tocá-lo, apertar sua mão e querer ouvi-lo.

– Não sou sem-teto – ele me diz, com o restinho de orgulho que ainda guarda em si. – Sou um sem-casa.

Antes de qualquer outra coisa, ele culpa a si mesmo. Apontando para a garrafa de cerveja que está bebendo, diz:

– Eu não estaria aqui, não fosse por isto.

Quanto você bebe?

– Duas embalagens de dezoito.

Trinta e seis garrafas por dia!? Como arranja dinheiro para isso? E como consegue beber tanto?

Emocionado com o mero fato de eu manifestar interesse por ele e por sua vida, ele me conta sua história. Para começar, saiu da prisão recentemente. Em Oklahoma.

Para encurtar a história, as autoridades do Havaí preferem economizar o dinheiro que seria gasto com detentos e contratam empresas privadas que têm presídios fora do estado – sim, elas existem nos Estados Unidos –, para "hospedar" seus prisioneiros.

É muito interessante ver como isso funciona. Quando um homem – ou mulher – é sentenciado a passar um período na prisão, as autoridades o vestem com uma roupa boa, colocam-no num voo comercial e o despacham para um presídio de sua escolha, dependendo da prisão particular com a qual tiverem assinado contrato, e o prisioneiro vai cumprir sua pena lá. Quando ele é solto, as autoridades tornam a vesti-lo direito e o colocam num avião de volta. O negócio dos presídios particulares, aliás, é um dos que crescem mais depressa no país.

Que crime você cometeu?

– Vender drogas.

Você cumpriu sua pena e voltou ao Havaí. Voltou a vender drogas?

– Quer tomar uma cerveja comigo, hein?

Sim.

Ele me dá uma garrafa.

Há umas quinhentas a mil pessoas vivendo em barracas, desde o Bulevar Ala Moana até o oceano e a JABSON – John A. Burns School of Medicine [Faculdade de Medicina John A. Burns], ali perto, dependendo de quantos indivíduos as autoridades tenham conseguido chutar para fora na última limpeza. Sim, fazem isso por aqui. De tempos em tempos, querendo certificar-se de que nenhum turista depare com os pobres, as autoridades passam por aqui e dão uma "varrida", na qual empurram as pessoas para longe e derrubam suas barracas.

Número de crianças aqui, hoje: entre cinquenta e setenta. Cão Raivoso gasta uma grana e tanto em cerveja, mas não bebe sozinho. Dá garrafas grátis a outras pessoas deste acampamento, como acabou de fazer comigo.

Você se orgulha de ser americano?, eu lhe pergunto.

– Eu amo os Estados Unidos, mas não me orgulho de ser americano. Nos Estados Unidos, você pode ser o pior dos criminosos, mas será absolvido no tribunal se tiver dinheiro para pagar um bom advogado.

Você se sente feliz por Barack Obama ser o presidente dos Estados Unidos?

– Fico feliz por um escurinho ter conseguido ser presidente.

Acha que ele se importa com você?

De algum modo, não sei por quê, esta pergunta o sensibiliza. Ele não fala. Faz uma pausa. Olha em volta, depois para cima, depois para mim. Está emocionado:

– Você me deu a honra de ficar aqui, e não vou mentir – diz, antes de responder à minha última pergunta. E então a responde: – Aquele filho da puta está cagando e andando para mim.

A mulher do Cão Raivoso passa e lhe dá um tapinha nos ombros. Ela o ama. Observo os dois e as crianças pequenas que circulam por perto. Dá vontade de chorar.

Dou um abraço no homem, o mais apertado que posso, e vou embora.

Os Estados Unidos da América, assim como os ricos europeus e asiáticos que perpetuam a catástrofe dos sem-teto, ao passarem férias aqui, nunca me pareceram tão ruins quanto neste exato momento. Desculpem. Não fosse por eles, não haveria nenhuma "limpeza" aqui, e a moradia na ilha teria um custo viável. Mas acaso eles se importam? Não. Querem uma camisa que se transforme em saia. Ponto final.

Alguns turistas comemoram aqui seus aniversários de casamento. Melhor fariam se celebrassem o funeral de seu espírito.

✧ ✧ ✧

Antes de terminada a noite – que dia estranho foi hoje! –, encontro-me com uma professora judia, transplantada da Califórnia para o Havaí, num restaurante local não turístico fora de Waikiki. Inteligente, arguta, culta e bem informada, ela fala de sua vida como se falasse de outra pessoa, não de si mesma.

Ano após ano, conta-me, os dirigentes de sua universidade na Califórnia tentaram forçá-la a dar aulas no Yom Kippur, o dia mais sagrado do calendário judaico e um dia em que a maioria dos judeus não trabalha. Assim, ela se mudou para o Havaí, onde leciona numa universidade local e tira folga no Yom Kippur.

– O Havaí é o estado menos antissemita da União – diz. Não é que gostem loucamente de judeus por aqui, mas, para os havaianos, os judeus são apenas outro tipo de "brancos", aos quais eles se referem coletivamente como *haole*, o que significa gente sem alma.

Que melhora!

À medida que o relógio vai avançando e que comemos um prato de peixe após outro, eu lhe pergunto: é verdade que os professores de Berkeley são contra os judeus ou contra Israel?

Até onde ela se lembra, diz-me, há nove professores de lá que externaram opiniões antijudaicas ou contra Israel. Reitor Nicholas Dirks, preste atenção!

Alguns dos intelectuais que conheci acham que este é o ano mais quente que já se registrou, e ficaram todos muito satisfeitos por compartilhar essa informação comigo. Essa moça é intelectual, tal como eles, mas não me parece ser liberal progressista, razão por que me interessa saber o que ela pensa.

– Os registros que temos sobre o clima são limitados – diz ela –, e só nos contam uma pequena parte da história completa. Por exemplo, uns bons anos atrás, houve uma onda de temperaturas extremamente altas na Califórnia, seguida por uma onda muito fria. Não sabemos o que as causou naquela ocasião e não sabemos o que as causa agora. Não temos dados suficientes. Hoje em dia, "mudança climática" é uma religião, e, assim como a existência de Deus, não se pode provar que ela existe nem refutar sua existência. É tudo uma questão de fé.

Aloha.

✧ ✧ ✧

Um *e-mail*:

Amigo,

Acabo de chegar a Simi Valley, na Califórnia, para o debate desta noite do GOP[1] (Partido Republicano), e, como muita gente por aqui, não poderia estar mais animada para ver esses republicanos subirem naquele palco e nos dizerem o que realmente pensam. Ou seja, posso dizer muitas coisas sobre como são ruins as políticas deles, porém não há nada mais convincente do que ouvi-las diretamente da fonte.

Debbie Wasserman Schultz
Presidente, Comitê Nacional Democrata

Esses dois grupos, os democratas e os republicanos, realmente se detestam.

E eu vou ao estado de Utah ver as pessoas mais ridicularizadas da América: os mórmons. Deixo para trás os 33 °C de Honolulu e pego um avião para os 7,8 °C de Salt Lake City. A temperatura deveria estar muito mais alta, já que a mudança climática não para no Alasca nem no Havaí, mas, no estado dos mórmons, o clima é mais cauteloso ao fazer seus joguinhos traiçoeiros.

1. "Grand Old Party", "Ilustre Velho Partido", é o apelido tradicional do Partido Republicano dos Estados Unidos desde a década de 1880. [N. T.]

Portão 16

Os adolescentes mais bonitos são mórmons.

A primeira coisa que noto é que, muito provavelmente, Salt Lake City não é democrata. A prova está bem ali no terminal do aeroporto: as pessoas podem fumar no interior do prédio, em áreas designadas. Em Nova York, isso é algo com que só se pode sonhar.

Isto aqui não é Nova York. É outro mundo. Mórmons. Joseph Smith. Poligamia. *O livro de Mórmon*. Estas são apenas algumas palavras de ordem associadas a esta cidade e a este estado. Sessenta e dois por cento das pessoas deste estado são mórmons. Quem são os mórmons? Saio para procurá-los.

Um passeio pela Temple Square e suas imediações, no centro de Salt Lake City, revela as moças mais bonitas com os vestidos mais recatados que há, os rapazes mais bonitos, com os sorrisos mais celestiais, os edifícios-garagem mais limpos do mundo, as mais belas flores em qualquer rua de qualquer lugar, os mais belos edifícios, os *shoppings* mais acolhedores – e tudo isso eu pude vislumbrar em meus primeiros dez minutos.

Essas pessoas perfeitas são mórmons. Os prédios e as propriedades lhes pertencem. Quem são os mórmons? Os mórmons, dizem-me as beldades sorridentes, são cristãos. Simples assim.

Não mórmons?

Mórmon, dizem elas, é só um apelido.

Qual é o nome verdadeiro?

Santos dos Últimos Dias. Essas jovens beldades, devo admitir, parecem mesmo santas, como os lindos santos da Capela Sistina, na Cidade do Vaticano. A única diferença entre eles é que lá as beldades são pintadas nas paredes; aqui, são de carne e osso.

Teria eu entrado no paraíso islâmico, com sua fonte abundante de virgens sensuais? Bem que eu gostaria. Isto aqui não é a Arábia, é Utah.

Esses jovens, as belas e os rapagões, vêm em todas as cores. É o que se poderia chamar de diversidade.

O que me deixa pensando. Em praticamente todos os estados em que estive até agora, as pessoas se gabavam da "diversidade" estadual, mas ninguém incluiu "mórmons" na lista de seus diversos grupos. Na verdade, durante muitos anos, as figuras culturais mais elitistas dos Estados Unidos fizeram troça dos mórmons, de um modo pelo qual ninguém sequer sonharia tratar os muçulmanos, por exemplo. Vejam alguns espetáculos teatrais americanos, como o satírico *O livro de Mórmon* ou *Anjos na América*, de Tony Kushner, que apresenta o mormonismo sob o pior prisma possível.

Há uma palavra para eles: hipócritas.

Seja como for, as beldades me orientaram para salões e edifícios, livros e missionários, locais em que sou tratado como um rei, na esperança de que também eu me torne um homem apelidado de mórmon. "Mórmon" deriva do nome de um anjo chamado Moroni, que um dia veio visitar um americano oitocentista chamado Joseph Smith e o conduziu a placas de ouro enterradas no chão, nas quais estava escrito, em egípcio reformado, o livro que mais tarde Joseph traduziu, imprimiu e intitulou de *O livro de Mórmon.*

Essa é a história, a história oficial. O que é "egípcio reformado"? Ninguém sabe. Em que templo ou museu é possível dar uma olhada nas placas de ouro? Em nenhum. Por quê? Porque o anjo as levou consigo.

O que é parecido com Jesus e sua sepultura. Não se pode vê-la, porque ela não existe.

Joseph Smith, nascido em 1805 e assassinado em 1844, foi o fundador da religião mórmon, que hoje, de acordo com as fontes da Igreja, soma quinze milhões de seguidores. Essa religião fundada por americanos tem mais membros do que existem judeus.

Bem, não exatamente. Em sua maioria, os mórmons são descendentes diretos de Efraim, filho do José do relato bíblico das doze tribos de Israel, ao passo que os judeus são sobretudo descendentes da tribo de Judá, o irmão de José. Em suma, tanto os judeus quanto os mórmons vêm do Abraão bíblico, bisavô de José e Judá, que por acaso foi o primeiro judeu da história. Em outras palavras, mórmons e judeus são israelitas, o que significa que ambos são judeus.

Como sei que os mórmons têm alguma coisa a ver com Efraim? Bem, eles escrevem isso. Vejamos um exemplo, de uma publicação de 1923 intitulada *The Improvement Era* [A era do aprimoramento]: "A grande maioria dos que se tornam membros da Igreja compõe-se de descendentes literais de Abraão através de Efraim, filho de José".

E agora é hora de indicar alguns pontos básicos. Os mórmons são membros da Igreja de Jesus Cristo dos Santos dos Últimos Dias (SUD), e os

SUD de Utah têm um departamento de relações públicas cujo pessoal destinou dois integrantes de sua equipe para me ensinarem muito sobre esses israelitas. Jesus Cristo, eles me informam, fez uma aparição nas Américas depois de sua ressurreição. Adorei! Nenhum cristão, vivo ou morto, jamais inventou uma razão mais convincente a respeito de por que Jesus teve que ressuscitar. Até surgir Joseph Smith. E ele apareceu com essa ideia quando estava na casa dos vinte anos.

Tal como Jesus, esse fundador de uma religião era bem moço quando mudou o mundo.

✧ ✧ ✧

Assim como o cristianismo é uma espécie de judaísmo com algo a mais, o mormonismo é um cristianismo com algo a mais. Esses "algo a mais" modificam uma religião de A a Z, mas é importante não esquecer suas raízes.

Os mórmons não acreditam na Santíssima Trindade, como também me dizem seus profissionais de relações públicas, e não rezam para Jesus. Acreditam, como me explicaram, que Deus Pai, Deus Filho e Deus Espírito Santo são três seres distintos.

A Trindade, para quem não cresceu com ela, não faz muito sentido. E o mormonismo, em muitos sentidos, "conserta" e "aprimora" as partes que são ilógicas ou problemáticas no cristianismo, assim como o cristianismo tentou fazer com o judaísmo, por exemplo, ao substituir o templo de Deus destruído em Jerusalém pelo Filho de Deus.

Outro aperfeiçoamento mórmon ao cristianismo é o "batismo vicário", que significa um batismo póstumo. Como ele funciona?

Isso me é explicado por vários fiéis, na antessala do Templo de Salt Lake, enquanto me coloco diante de uma maquete da estrutura do templo. Na parte inferior, a pia batismal se ergue sobre doze bois, que simbolizam as doze tribos de Israel. É ali que uma pessoa viva assume a identidade de um morto, e, inteiramente vestida, mergulha na pia e transforma o morto num mórmon. É mais ou menos isso.

Quero ver um desses batismos acontecendo na prática, mas não tenho permissão para entrar no templo propriamente dito. Para ser mais exato, ninguém é autorizado a entrar nele, a menos que tenha um cartão de "recomendação". Tenho um cartão Visa, mas os guardas, todos vestidos de branco, feito médicos com jalecos de laboratório, não aceitam Visa. Querem o Reco-

menda. Como posso obter esse cartão? Bem, primeiro tenho que me tornar mórmon, e depois fazer um membro ilustre da comunidade me recomendar.

Tento fazer o pessoal de relações públicas me recomendar, mas os guardas não parecem achar que a turma da RP tenha credenciais para fazer alguma coisa sagrada.

Para quem acredita em Jesus, o batismo vicário é mesmo uma ótima ideia. A maioria dos cristãos acredita que as pessoas que não foram batizadas em vida não entrarão no paraíso, o que é uma ideia muito cruel. Pense nos bebês mortos, ou em pessoas que, digamos, morreram a caminho de se batizarem. Não é uma crueldade?

Graças a Deus existem os mórmons!

Foi por essa razão que eles investiram milhões e milhões de dólares em centros de genealogia em todo o globo terrestre: para batizar os mortos. Entenda: para batizar os mortos, é preciso saber o nome deles. E, para isso, você precisa de computadores com montanhas de dados.

Em sua maioria, os não mórmons não têm problemas com esses centros, mas existem exceções. Os judeus, por exemplo.

Historicamente, os judeus foram assassinados em maior número do que quase todos os outros povos. Só no século passado, seis milhões deles foram trucidados num mero punhado de anos. O que, como você talvez adivinhe, é uma boa razão para manter inúmeros mórmons muito, muito ocupados.

E, de fato, durante muitos anos, os mórmons brigaram com os judeus por causa da prática mormônica de batizar vítimas judias do Holocausto, efetivamente "mormonizando" milhões de judeus mortos. Mas, depois de uma longa disputa com organizações judaicas americanas, os SUD deram sua palavra de honra de que nunca mais haveria batismos vicários.

Será que cumprem a palavra? Talvez sim, talvez não.

Arrasto a moçada das RP dos SUD até a Biblioteca da História da Família, do outro lado da rua na Praça do Templo. Ali, segundo me disseram, é possível encontrar registros de pessoas falecidas e das datas de seu batismo. Ao entrarmos, um atendente SUD me conduz a uma cadeira numa sala abarrotada de computadores. Sento-me e digito o nome de meu falecido bisavô paterno, um dos fundadores de uma dinastia hassídica na Polônia. Acredite se quiser: os mórmons o batizaram.

Os rostos dos dois relações-públicas ficam brancos, mas não estou aqui para torturá-los. Viro-me para eles, estendo a mão, e digo: apertem aqui, por favor, a mão de seu irmão mórmon.

Se eu tivesse que resumir minhas experiências de hoje, elas seriam muito simples: os mórmons são judeus, e eu sou mórmon.

O componente mais engraçado deste resumo é que, ao que eu saiba, todos estamos inteiramente sóbrios. A única bebida que ingeri hoje foi uma Coca Diet; os mórmons não podem beber nenhuma bebida alcoólica, sem falar em café, chá, refrigerantes, tabaco ou maconha.

✧ ✧ ✧

Do lado de fora há um banco chamado Zions Bank [Banco do Sião]. Ele teve origem, como tudo por aqui, em Joseph Smith, que um dia decidiu que, na verdade, Sião se referia aos Estados Unidos.

Como ele teve a ideia de que o Sião deveria ficar nos Estados Unidos? Para começar, você precisa saber que os mórmons acreditam na Bíblia, na qual a palavra *Sião* aparece mais de uma centena de vezes (foi daí que veio *sionismo*). O Sião fica em Israel, mas Joseph Smith tinha em mente uma outra ideia. O Sião não fica no Oriente Médio – o Sião é aqui.

Com base nos escritos de Mórmon, Joseph Smith parece haver-se enganado ao traduzir a palavra *Sião*, dando-lhe o significado de "puros de coração", e os mórmons têm o coração puro, como todos sabem. E estão nos Estados Unidos.

Pimba!

A tradução dele, desculpem, não chega nem perto. Mas Joseph Smith está longe de ser o único que condenamos por traduções equivocadas. Traduções equivocadas do hebraico também ocorrem no Novo Testamento, e, até hoje, bilhões de pessoas não sabem disso.

Os mórmons são cristãos? No cerne da religião e da doutrina mormônicas, que os mórmons preferem não compartilhar com estranhos, encontra-se a seguinte frase, escrita há muitos anos pelo quinto profeta mórmon, Lorenzo Snow: "Tal como é o homem, Deus foi, um dia; tal como é Deus, o homem pode vir a ser". Essa ideia, a de que um dia Deus foi homem, singulariza o mormonismo no mundo monoteísta, embora se assemelhe, figurativamente, à ideia cristã do Filho de Deus em forma de homem.

Como quer que seja, pergunto aos relações-públicas se eles podem me pôr em contato com alguém num posto mais alto da hierarquia eclesiástica. Eles dizem que, muito triste e lamentavelmente, ninguém de nível mais alto estará disponível num futuro próximo. No jargão das RP, isso significa: "Só sobre meu cadáver!". Eles não querem, não querem mesmo, que eu veja nenhum mandachuva.

Por quê? Porque é para isso que servem os RP: para esconder os mandachuvas dos olhares bisbilhoteiros dos jornalistas. Mais ou menos o que me disse meu parceiro fumante em Chicago.

Cá entre nós, o sistema dos SUD me faz lembrar o governo Obama. Os dois me ligam a moças bonitas e homens bem-apanhados, e os dois procuram certificar-se de que cada passo dado por mim seja supervisionado.

A meu ver, as relações públicas são a pior doença dos Estados Unidos; e, quanto melhor é uma equipe de RP, pior é o resultado. Confrontado com uma máquina bem azeitada de RP, como a dessa religião sumamente bem-sucedida ou a da Casa Branca, faço o melhor possível para contornar o sistema.

E então dou um jeitinho de chegar ao escritório de William Atkins, o gênio jurídico dos SUD. O que quero saber é apenas um pequeno detalhe. Alguns judeus andaram me dizendo que os mórmons dão vivo apoio a Israel, mas a Igreja mórmon guarda silêncio a esse respeito. Quero saber qual é a verdadeira história.

O título oficial de William é assessor jurídico geral associado, e foi ele quem proferiu a resposta da Igreja à decisão do Supremo Tribunal de autorizar o casamento entre *gays*: "Creio que os senhores verão desenvolver-se rapidamente a erosão das liberdades religiosas", disse ele num discurso na

Universidade Brigham Young. Será que William vai falar com a mesma clareza sobre Israel?

Considerando que somos ambos judeus, ou mórmons, eu lhe pergunto por que os mórmons não apoiam publicamente seu irmão judeu, Israel.

William responde que, por uma questão de política, a Igreja não se envolve em nada de caráter político.

Vocês acreditam na Bíblia, eu lhe relembro, e na Bíblia está escrito que Deus deu a Terra Santa aos judeus. Correto ou incorreto?

Como gênio jurídico que é, William discorda. Primeiro, declara que "gosto tanto dos palestinos, como povo, quanto gosto dos israelenses". Feito isso, responde a minha pergunta:

– Não. A Terra Santa foi dada por Deus às doze tribos.

Os judeus vêm das doze tribos, certo?

–De *uma* das tribos!

Bem, isso inclui os judeus, não?

– Os israelitas!

Para ele, presumo, isso quer dizer que a "Terra Santa" pertence a algum tipo de "israelitas", mas não aos judeus. E então eu lhe assinalo que o substantivo "judeus" aparece efetivamente na Bíblia, por exemplo, no livro de Esther, e que, do ponto de vista bíblico, "israelitas" e "judeus" são a mesma coisa.

Sua resposta inicial é:

– Hmmm. – Em seguida, há uma pausa. E então ele diz: – As promessas da Terra Santa foram feitas à Casa de Israel!

Das doze tribos, dez ficaram perdidas para a história, e restaram apenas umas duas. Não é assim? Vocês, mórmons, que vêm da tribo de Efraim, e os judeus, que vêm da tribo de Judá. É por isso que são chamados "judeus". Logo, a Terra Santa pertence aos mórmons e aos judeus, mas não aos árabes. Não é isso?

– Os judeus são *co*proprietários!

Quando as outras tribos reaparecerem, se isso ocorrer, sua participação será bem-vinda, mas, por enquanto, restaram das doze tribos apenas os judeus e os mórmons. Certo?

Só nesse ponto é que o mandachuva sucumbe:

– Sim. Em termos legais, Deus deu a terra aos judeus.

Então, pela perspectiva bíblica, a terra não pertence aos palestinos.

– Não.

Bem, sendo assim, por que a Igreja mórmon não se posiciona a esse respeito?

– Porque algumas pessoas não acreditam que o atual Estado de Israel represente as tribos judaicas proféticas.

Esqueça isso. Falando em termos teológicos, quem deve herdar a terra?

– A resposta teológica é: os judeus. Mas não se pode pegá-la e projetá-la na política.

Por que não? A Igreja mórmon tem medo de se colocar ao lado de Deus?

É então que William mostra sua genialidade. É claro, diz ele, que Deus deu a terra aos judeus, e isso também faz parte da religião mórmon, porém os SUD não se posicionam quanto a essa questão porque a Igreja não quer dizer que "o governo atual de Israel represente o povo judaico".

Esqueça o governo; o governo não representa ninguém. Minha pergunta foi e é a respeito do povo. Será que os SUD diriam, em público, que "o povo atual que vive hoje em Israel" – e estou me referindo aos judeus, ao dizer isto – vive numa terra que lhe pertence?

William não tem resposta. Não neste momento. Diz que voltará a falar comigo sobre isso. Quando voltará a falar comigo? Ao que eu saiba, será pelo menos um dia depois de meu bisavô se reerguer dos mortos como mórmon.

Portanto, aqui está minha mensagem aos judeus: se você acredita que, na hora do aperto, poderá contar com os mórmons, esqueça. Mas, para que fique registrado, os mórmons não têm planos de reivindicar a terra. Seu fundador, Joseph Smith, levou o Sião com ele para os Estados Unidos.

Quando estou prestes a me despedir de William, ele se certifica de que eu não saia de mãos vazias de seu escritório. Oferece me um livro datilografado que detalha a história de sua família, de 1883 a 1967, e que inclui poemas e fotografias da família.

Que meigo! Vejamos como começa um dos poemas: "Foi maravilhoso perambular / Pelo lugar que chamávamos Planície. Era um pedacinho do paraíso / Para um menino com um velho chapéu de palha". Encantador, esse William!

✧ ✧ ✧

Vou a um serviço religioso numa igreja mórmon, chamado "vigília", e me divirto ao observar participantes adultos assinando folhas de presença. Esta igreja mantém seus fiéis sob vigilância cerrada!

Quais são as notícias de hoje? De volta a meu quarto no hotel DoubleTree, ligo a televisão, sintonizo a CNN e vejo a retransmissão do segundo debate presidencial dos republicanos. Não assisti à transmissão ao vivo, por isso a vejo agora. Adivinhe que palavra vem à tona, uma vez após outra?

Israel.

Como se esses candidatos estivessem concorrendo a um cargo em Jerusalém.

Seja por que razão for, "Israel" está gravado no fundo da mente de muitos americanos, como acontece com um excesso de europeus. Por quê? Pergunte ao Dr. Sigmund Freud. E, se você o encontrar, caso ele haja ressuscitado, como Jesus Cristo e Elvis Presley, tenho outra pergunta que gostaria que você lhe fizesse: por que quase todos os que dizem acreditar na mudança climática são também pró-Palestina?

Vivo escutando isso das pessoas, essa relação bizarra entre o conflito israelense-palestino e a mudança climática, e torno a me admirar a cada vez que acontece.

De qualquer modo, Salt Lake City é linda, mas Moab é muito mais agradável. Não que eu já a tenha visto; só estou repetindo o que um sujeito me disse hoje, mais cedo. O que há em Moab?, eu lhe perguntei.

– O Parque dos Arcos, bem ao lado – respondeu ele.

Parecia saber do que estava falando, de modo que decidi confiar. Aluguei um carro (sim, um Versa, de novo) e dirigi o novo japonês até Moab.

✧ ✧ ✧

A estrada de Salt Lake City até Moab é uma das mais adoráveis em que já dirigi neste país.

Não é a primeira vez que digo isso, certo? É um lindo país, meus caros, e estou encantado com ele.

Passo por montanhas vermelhas estonteantes e, bem nos arredores de Moab, entro no Parque Nacional dos Arcos. Eis como o Serviço Nacional de Parques descreve o lugar, que ele chama de "terra encantada das pedras vermelhas":

> Descubra uma paisagem de cores, formas terrestres e texturas contrastantes que não se parece com nenhuma outra no mundo [...] centenas de píncaros altíssimos, cordilheiras maciças e gigantescas rochas

equilibradas. Essa terra encantada das pedras vermelhas vai fazê-lo admirar-se de suas formações, vai revigorá-lo com suas trilhas e inspirá-lo com seus poentes.

Que posso dizer? É uma das poucas vezes em que pego um órgão do governo dizendo as coisas como elas são.

O Parque Nacional dos Arcos é revigorante quase que a cada passo. Ao dirigir e caminhar por ele, tem-se a impressão de que este é um país muito antigo. E, de fato, levou um número incontável de anos para que essas rochas ganhassem forma.

A minha passagem, elas dão a impressão de ser antigos sítios arqueológicos. Aqui, por exemplo, há uma "estrutura" que parece ser um castelo ou uma fortaleza, construída bem antes de os dinossauros vagarem pela terra.

Algumas dessas formações de arenito me lembram paisagens do Oriente Médio. Mas isto aqui não é o Oriente Médio. Aqui são os Estados Unidos da América. Um país danado de deslumbrante, excepcionalmente rico em belezas naturais. Não tenho mais palavras. Trate de vir para cá e ver com seus próprios olhos.

Continuo a dirigir por esta terra americana até chegar à Ponta do Cavalo Morto.

Como é maravilhosa a exibição da natureza, desta vez sob forma totalmente diversa, que capta meu olhar! Aqui existem imensos pedaços de terra de vários formatos, não semelhantes a fortalezas, porém mais parecidos com imensos pedaços de terra jogando pôquer entre si.

Deslumbrante! É como se a terra se houvesse aberto, eras atrás, no passado remoto, e suas partes se houvessem deslocado por todas as direções ao longo dos séculos decorridos desde então.

Bem que poderia chamar-se Monte da Mudança.

✧ ✧ ✧

A professora do Havaí vai tirar um dia de folga amanhã. É o Yom Kippur. Que devo fazer no Yom Kippur? Estive em ofícios religiosos dos mórmons numa enfermaria, numa reunião dos *quakers* e em cerimônias cristãs; não está na hora de eu ir a um serviço religioso judaico?

Uma pessoa que mal conheço (só a encontrei uma vez, até hoje) me convida a ir a Aspen, no Colorado, um estado vizinho a Utah. Ela é judia e sabe onde os judeus estarão realizando suas cerimônias.

Vamos para o Colorado, Versa!

Portão 17

Se você tiver nascido no domingo de Páscoa, pode ressuscitar os mortos.

As paisagens que deixei para trás assemelhavam-se à genialidade arquitetônica da Antiguidade; as daqui, à medida que vou rodando pelo Colorado, assemelham-se a quadros pintados por um mestre. Chego a Aspen pouco antes do início do Yom Kippur, que começa após o pôr do sol.

Os judeus de Aspen estão entre os mais bem-sucedidos judeus americanos, vivendo num dos locais mais desejados dos Estados Unidos: Aspen, destino dos ricos e famosos. Naturalmente, vou à maior congregação judaica da cidade, onde as cerimônias de hoje se realizarão na Sala Harris de Espetáculos, com seus quinhentos lugares, de aparência muito mais agradável que a Faculdade Chefe Faca Cega.

Bem, esses são judeus, não índios.

E que judeus! Quase todos têm mais ou menos a idade que teria Jesus, se não o tivessem pendurado numa cruz e ele ainda estivesse vivo. Os judeus jovens não estão aqui. Não é que temam sair depois do pôr do sol; Aspen, no Colorado, não é Englewood, no Illinois. Aspen é exatamente o oposto diametral de Englewood. Mas os judeus jovens, que novidade chocante, não estão interessados em nada que seja judaico. Estão-se misturando num caldeirão em algum lugar, em alguma padaria americana quente.

Sinceramente, agora que estou aqui, comparecendo ao ofício religioso, vejo que não se pode censurar os judeus jovens. A cerimônia, resumindo, é um saco. O rabino faz um sermão sobre outro rabino que sobreviveu aos campos de extermínio, durante o Holocausto, acompanhado por uma trilha musical que deve ter-se originado num campo de concentração. E depois, como se não bastasse, o rabino agradece à Alemanha por estar ajudando os refugiados sírios e por abrigar alguns deles em antigos campos de concentração (o que a Alemanha tem feito, é óbvio).

No cômputo geral, esse é um perfeito funeral do judaísmo americano. Assisto à cerimônia, que contém pouquíssimos temas judaicos, e me pergunto por que essa velharia se deu o trabalho de vir aqui. Há pouco ou nada de "judaico" nesta cerimônia. Assim como os índios, são pouquíssimos os presentes que conhecem a língua de seus ancestrais – o hebraico, no caso –, e a coisa toda foi tão fundida no caldeirão de cultura que não há nada para ver e quase nada para ouvir. É tudo desprovido de qualquer significado.

Há um fenômeno comparável de "fusão" entre os germano-americanos e esses judeus, com uma diferença: os alemães concluíram o ciclo de fusão há séculos, e a maioria deles já não se importa com a origem germânica. Os judeus ainda estão no processo de eliminar sua cultura, mas não demoram a chegar lá.

E, enquanto não estiverem totalmente fundidos, alguns americanos continuarão a ficar obcecados com eles.

Especialmente a mídia. A revista norte-americana de notícias *Salon*, por exemplo, publicou hoje um artigo em que acusa o exército israelense de "brutalidade covarde", afirmando que um soldado israelense esborrachou um garoto palestino, e em seguida compara Israel à Alemanha nazista em tudo, exceto o nome.

Neste momento particular da história, no qual, todos os dias, milhares de árabes são assassinados, violentados, expulsos de suas casas e maltratados por outros árabes, no sempre turbulento Oriente Médio, é interessante ler essa história de um garoto árabe que, supostamente, teria sofrido nas mãos de um judeu. Dez, vinte anos atrás, uma reportagem como essa seria publicada numa revista da Ku Klux Klan.

Os tempos estão mudando, como diz a canção de Bob Dylan.

✧ ✧ ✧

No dia seguinte, vou ver a natureza. Por sorte, a natureza é a única entidade nos Estados Unidos que não é forçada a entrar num caldeirão para evaporar. Sigo em direção aos Maroon Bells [Sinos Castanho-avermelhados], dois picos das Montanhas dos Alces, situados a cerca de dezenove quilômetros da cidade de Aspen.

A subida da área montanhosa em frente aos Maroon Bells é a natureza em sua mais magistral exibição de cores: verde, vermelho, amarelo, marrom, castanho-avermelhado, turquesa, dourado, branco, cinza e rosa – e esta é só uma pequena lista das cores exibidas aqui. Abaixo dos Bells fica um espelho d'água multicor: um verde suntuoso, azul, marrom, prata e variações de todas essas cores. Nunca vi nada igual.

Mais adiante, vejo camadas de neve que lembram sal no cume dos Maroon Bells, assim chamados por causa da cor e da forma das montanhas. Os Bells são cercados por uma paisagem mágica de cores e formas.

Quando o vento faz farfalharem as folhas douradas dos choupos, que são abundantes aqui, o efeito é uma deslumbrante exibição de purpurina. Esses choupos têm folhas muito finas, e basta a mais leve brisa para se agitarem. O efeito de ouro cintilante é uma beleza real que você não verá nem no paraíso. Esta paisagem é maconha para a alma. Levantem logo daí e venham para cá, jovens judeus, e vejam como é lindo quando as coisas não se fundem num caldeirão.

✧ ✧ ✧

Ao contrário de mim, que estou desistindo dos judeus daqui, o papa Francisco não desiste de seus cristãos. Encontra-se nos Estados Unidos e faz sua pregação, tão alto quanto alguém queira ouvir. E sobre o que prega ele? Você adivinhou: a mudança climática. Não tenho opinião formada sobre a mudança climática, como já disse, mas, se o papa faz pregação sobre ela, sei que devo duvidar ainda mais.

Continuo a dirigir em direção a Denver e escolho as estradas panorâmicas. Dirigir nas montanhas, totalmente cercado por árvores amarelas e douradas, é um dos maiores prazeres que alguém pode ter em vida e dirigindo. É um trajeto de sonho, e, mais uma vez, sou tomado pela beleza desta terra.

Paro no caminho, perto de um hotel de beira de estrada chamado Topaz Lodge, onde vejo quatro pessoas sentadas em cadeiras, dedicando-se à tarefa de inalar nicotina. Banqueteiam-se com uma *pizza* enorme, que, segundo me contam, compraram a uns três semáforos daqui por 8,99 dólares.

Uma pechincha.

Apresentam-se a mim como "movedores de montanhas". Uma montanha na estrada, mais adiante, quase toda de pedra, está sendo dinamitada para que se construa uma nova autoestrada. O trabalho deles é tirar do caminho as pedras que caem.

– Estamos levando terra de uma montanha para uma pedreira – dizem, muito orgulhosos de seus feitos.

– Se mandassem um intelectual fazer nosso trabalho, ele não duraria um dia – dizem.

Não há nenhum que acredite na "mudança climática". Para ser mais exato, todos acreditam que o clima vive mudando. Este próprio lugar, explicam, era todo gelo, "há um milhão de anos".

Além disso, todos são fervorosos defensores de Israel.

Jerome, um dos quatro, me diz que o presidente Obama deveria voltar para o lugar em que nasceu. Onde fica isso?

– Na África ou na Indonésia, mas não no Havaí, com certeza.

Há alguns milhões de pessoas nesta terra que têm a firme convicção de que Obama não nasceu nos Estados Unidos e não é americano de verdade. Não podem provar isso, mas a falta de provas nunca foi empecilho para ninguém, quer se trate de movedores de montanhas, quer de intelectuais de Berkeley.

✧ ✧ ✧

Chega a manhã, e vou à lanchonete Moe's Broadway Bagel, em Denver. Peço um *bagel* recheado de queijo e ovos, sento-me a uma mesa na calçada e leio as notícias.

O presidente da Câmara, John A. Boehner, anunciou ontem que deixará seu cargo no fim do próximo mês. Razão? O Partido Republicano está acerbamente dividido entre sua ala moderada e o grupo ultraconservador Tea Party, e ele está cansado das brigas internas.

As diferenças entre os dois campos são muitas. Uma das bombas-relógio imediatas é esta: os integrantes do Tea Party ameaçam paralisar o governo, a menos que consigam aprovar uma resolução para suspender o financiamento da organização de saúde feminina Planned Parenthood, que ajuda mulheres que buscam o aborto. Se sua vontade não for satisfeita, dizem, eles não vão aprovar o próximo orçamento fiscal, e o governo dos Estados Unidos será forçado a parar.

Enfrento um problema muito maior que o de John. Meu queijo-com--ovo está totalmente sem sal e pimenta e não tem gosto de absolutamente nada. Será que ninguém nesta terra é capaz de aprender a fazer um sanduíche de ovo, diabos?

Estou no *shopping* a céu aberto da Rua 16, que é uma longa rua de pedestres, e observo as pessoas que passam. Nove em cada dez usam as roupas mais horrorosas que se possa imaginar no pior dos pesadelos. Puxo conversa com algumas e descubro que não são daqui. Vieram a Denver para o Grande Festival Americano da Cerveja, que está acontecendo a alguns quarteirões de onde estou.

Também me dizem que há sessenta mil pessoas comparecendo ao festival, o que me parece uma oportunidade perfeita para beber cerveja de graça. Vou até lá.

Na entrada, recebo um copinho para usar na degustação nos diversos estandes das cervejarias aqui representadas.

– Se o senhor o quebrar ou perder, não haverá reposição – diz a sério o homem que me dá o copo. Como vou ficar com um copo na mão durante as próximas dez horas?

Sem motivo de preocupação. Por cinco dólares, posso comprar um colar porta-copo, que vem a ser uma bolsinha com alças para pendurar no pescoço, com o que o copo ficará pendurado em segurança abaixo de minha boca. Compro um. Nele leio esta inscrição: "Time Bebum dos Mórmons Excomungados". Logo abaixo aparece este conselho solene: "Acabe sua cerveja... Há mórmons sóbrios em Utah".

Um pouco de política numa imensa festa da cerveja. Ninguém aqui vende porta-copos com a inscrição "Time Bebum Muçulmano". Baixem a ripa nos mórmons.

Vou circulando e bebo uma coisa e outra aqui e ali, e tento conversar sobre política não mórmon com um rapaz que andou bebendo mais do que sua cabeça aguenta. Digo a mim mesmo que seria interessante saber o que realmente pensa dos problemas um americano de pileque.

Primeiro, pergunto se ele é republicano ou democrata. Mesmo bêbado como está, o homem sabe quais são os limites que não deve cruzar:

– Eu traço um limite quando se entra na política – diz ele.

Ai, meu Deus, até os bêbados têm medo de falar de política na Terra dos Livres!

Para sua informação, a cerveja de que mais gostei é a Dosvidanya, envelhecida num barril de carvalho próprio para uísque, com teor alcoólico de 12,5% e paladar muito saboroso. Simplesmente excelente.

Saúde!

✧ ✧ ✧

Momentos depois de sair do festival, recebo um *e-mail* de meu bom amigo Barack Obama. Assunto: "Poderíamos nos encontrar neste outono, Tuvia".

Vejamos o que ele escreve:

Tuvia,

Lembro-me de meu primeiro dia de organizador comunitário como se fosse ontem. Entregaram-me uma longa lista de moradores do bairro, e, nas três semanas seguintes, fui de porta em porta falar com cada um deles.

E por aí vai, com lorotas e mais lorotas. Eu me pergunto do que ele está falando. Será que a Agência de Segurança Nacional ainda não lhe informou que os moradores de seu bairro vão desmentir cada palavra escrita por ele?

Em suma, o que o presidente Obama quer mesmo aparece no fim do *e-mail* – uma contribuição de qualquer valor entre quinze e mil dólares, e, caso eu prefira, por favor, fazer dela uma "contribuição mensal reiterada", isso será muito, muito bem-vindo.

O presidente Obama pode-se gabar quanto quiser sobre os pretos e hispânicos de Illinois e sobre como se importa com eles, porém nem ele diria que, em algum momento, cuidou dos pretos do Colorado.

Talvez eu deva ir ao encontro deles. Há uma megaigreja de negros em Denver, segundo descobri, que se chama Potter's House [Casa do Oleiro]. No domingo seguinte, vou até lá.

A igreja oferece dois serviços religiosos em seu salão de três mil lugares, e eu chego para o segundo. Uma gorda de espantoso talento, acompanhada por um coral só de negros, canta: "Tiraste minha vergonha / e me aceitas como sou"[1].

De pé, a congregação canta junto. E que canto! A cantora principal, que incendeia a plateia mil vezes mais do que qualquer político americano vivo, emite suas notas num tom muito mais alto que o já atingido por qualquer aeronave americana. Cada pedaço de tijolo, pedra e aço da construção vibra ao som de sua voz, e quase chegamos a ver anjos dançando aos pés dela. O que testemunho aqui é uma poderosa orgia entre o ser humano e Deus. Sério mesmo.

Oscar, de Chicago, você deveria vir aqui e se juntar a este pessoal!

Esses negros têm a capacidade de sacudir os céus com seu canto, tarefa que nenhum branco realizou até hoje, ao que eu saiba. Seu canto cheira a almas libertas, sua paixão é da altura das montanhas, e sua presença é uma demonstração de imensa força.

Isto aqui não é Aspen. Aqui, os fiéis não são judeus americanos. A devoção, a sinceridade, a paixão, o orgulho e a felicidade que vejo aqui são im-

1. O trecho é da música "Covered", da banda Planetshakers, da megaigreja evangélica do mesmo nome em Melbourne, Austrália. [N. T.]

pares. Esta igreja negra se ergue em total oposição à desolação e desesperança que encontrei nos bairros negros. Que bom se essas pessoas soubessem a força que possuem!

Para minha sorte, há uma oradora convidada. É uma mulher branca que adora cantar e gritar.

– Louvado seja o Senhor em Sua casa. Ele consertará a casa de vocês – grita ela, e aos gritos continua com promessas de saúde e riqueza para essa gente. Caso alguém tenha duvidado de sua capacidade de cumpri-las, ela acrescenta: – Nasci num Domingo de Páscoa e tenho o poder da ressurreição. Não me pressionem, posso dinamitar tudo.

Ela faz um enorme esforço para agir "como negra", mas lhe falta por completo o espírito que aparece com tanta facilidade nas pessoas aqui presentes. Após gritos e guinchos reiterados, ela oferece uma oração a Jesus:

– Lava-me no Teu sangue.

Por que a convidaram?

O pastor principal desta megaigreja é o reverendo Dr. E. Christopher Hill, um pastor negro. Quando está no púlpito, ele é puro deleite. Em alguns momentos, berra de lá com membros individuais de sua imensa plateia.

– Ei, irmã – diz a uma mulher que lhe informa ser de Omaha. – Existem pretos em Omaha?

Todo mundo ri. Quero saber de que é feito esse homem. E, no dia seguinte, vou lhe fazer uma visita particular em seu escritório.

✧ ✧ ✧

Hoje o estacionamento está quase vazio, porém há muitos guardas em algum lugar por aqui. Noto-os ao entrar no terreno da igreja, quando eles saem de seus esconderijos para saber quem sou eu. Nessa igreja, suponho, eles não querem ter o mesmo destino da AME, de Charleston.

Ao entrar no prédio, vejo uma porção de cartazes no corredor, anunciando uma próxima viagem a Israel. Continuo andando.

O "pastor Chris", como é conhecido o reverendo por aqui, me abraça quando entro em seu escritório. É todo sorrisos, cheio de energia, e seu rosto reluz. Não admira que milhares de pessoas o sigam. Para começar, falo-lhe de minhas descobertas até o momento. Os Estados Unidos estão divididos, há racismo por toda parte, e os que falam em nome da "diversidade" não conhecem negros, na verdade. Está certo isto?, eu lhe pergunto.

– Certíssimo – responde ele, sem um segundo de hesitação.

Estive em guetos e vi a pobreza de lá, bem como a extrema criminalidade que grita em todo canto – a desolação e a desesperança da América negra. Mas depois, aqui em sua igreja, vejo diversão, uma energia enorme, incrivelmente espiritual – mais positiva e espiritual que em qualquer igreja de brancos por aí. O oposto diametral dos guetos. O senhor sabe me explicar esses dois opostos da América negra? Como podem as pessoas estar tão abatidas de um lado, e tão animadas do outro? Não são as mesmas pessoas?

– A igreja, para nós, é uma fuga. A igreja é o lugar em que podemos ser nós mesmos. Tenho altas autoridades na igreja que são autoridades públicas. Um de meus membros tem trinta mil empregados. Eles choram na igreja. Aqui, eles são livres. Em nossa igreja, este é um lugar em que não temos que ser brancos. É o lugar em que não temos que ser uma minoria no caldeirão

de raças americano. Historicamente, todos os nossos movimentos pela libertação saíram da igreja. A igreja, para nós, é o lugar mais livre que temos, porque não somos apoiados nem financiados pela estrutura do poder branco.

Muito bom. Mas o que faz as igrejas negras terem uma animação tão maior que a das igrejas brancas?

– Olhe, o pregador preto, durante a escravidão, ia à igreja dos brancos. Sentava-se no fundo, ou ficava do lado de fora da janela, ouvia o sermão, e voltava para os escravos, diante de quem pregava o mesmo sermão, quinze mil vezes melhor!

Como assim?

– É que eles [os pretos] o escutavam de maneira diferente. A história dos escravos hebreus no Egito tem um sentido totalmente diferente para um afro-americano. Porque tivemos os grilhões em comum. A segregação. A vida num gueto, como o chamaríamos. Estamos dando um nome a ele [ao gueto] a partir de algo que extraímos da experiência judaica na Europa. Há inúmeras semelhanças entre as escrituras do Velho Testamento e a nossa experiência, e elas aparecem em nosso culto. Somos afro-americanos.

Essa é uma explicação da grandeza das igrejas negras. Como o senhor explica o outro lado da moeda: o gueto, os bandidos, o alto índice de homicídios na comunidade negra?

O pastor Chris demora um pouco para responder a isso. As escolas dos bairros negros, diz, "são inferiores":

– Nos Estados Unidos, construímos presídios baseados em notas de provas da terceira série primária. Então, quando os resultados das provas da região são ruins, sabemos que precisamos de mais presídios. Agora o sistema prisional é negociado na Wall Street, em "futuros prisionais". Viramos uma mercadoria. A polícia, o assistente social, o promotor, o juiz, o meirinho, todos são pagos a partir da institucionalização de pessoas pretas. Assim, para o sistema, é melhor sermos institucionalizados do que sermos educados.

Os americanos elegeram um seminegro para ser seu presidente, um homem que fala e anda como os brancos. Será que os americanos vão eleger um verdadeiro líder negro, que fale como os negros?

– Se eu vejo os Estados Unidos da América elegendo um presidente preto enquanto eu estiver vivo? Não.

A "diversidade" é só uma cortina de fumaça?

– Com certeza. Os Estados Unidos da América são profundamente racistas.

Se o senhor tivesse que definir "Estados Unidos da América" em uma frase, qual seria?

– Chris Rock descreveu os Estados Unidos da América do ponto de vista dos pretos, e foi a melhor descrição que já ouvi: "Os Estados Unidos são como aquele tio que pagou sua faculdade até o fim, mas molestando você". É assim que temos acesso à América. Este é o melhor país do mundo, mas ele nos molestou. Separou e destruiu famílias. Vendeu nossas mães no cepo. Estuprou nossas filhas. E somos o resultado disso.

Assim diz a história. Como o senhor definiria os Estados Unidos de hoje?

– Não é história, continua presente. Ainda posso ser obrigado pela polícia a parar o carro, ser assassinado por estrangulamento diante das câmeras, e ninguém vai para a cadeia. Hoje. Hoje eu posso ser morto a tiros na minha igreja por um garoto branco que me vê como uma ameaça a suas mulheres. Hoje! Isso são os Estados Unidos da América. Este país não avançou.

Eu avanço, em termos de dirigir. Para onde? Não sei direito, por isso vou dirigindo para o leste. Cai a noite e cruzo a fronteira do Kansas. Faz um frio danado aqui, e os ventos fortes sopram em meu rosto, impiedosos. Isso é que é mudança climática.

Portão 18

Dez mil pessoas se reúnem para gritar ao mesmo tempo.

Hoje está nublado em Goodland, no Kansas. São oito horas da manhã, mas meu iPhone diz que são nove, pois acha que Goodland está num fuso horário diferente; o iPhone está errado, desculpe.

Quais são as notícias de hoje? Estou lendo o *Salina Journal*. Não há nenhuma novidade, exceto que "O índice de obesidade em adultos no Kansas, em 2014, foi de 31,3%". É óbvio que estou no lugar certo.

Em vez de notícias empolgantes, leio as cartas endereçadas ao *Journal*. Vejamos no que vem pensando o pessoal do Kansas, hoje em dia. Aqui está uma carta de uma leitora chamada Carolyn Underwood:

> Quanto a tentar chegar ao paraíso, nunca é demais tentar com empenho. Jesus tornou isso muito simples: apenas acredite que Jesus é o filho de Deus, que morreu por seus pecados, ressuscitou e subiu aos céus. Peça perdão a Ele e Lhe ofereça sua vida. Isso se chama graça.

Vamos ver se o *New York Times* tem algo melhor a dizer. Lá vai: "Na segunda-feira, cientistas comunicaram a presença de sinais definitivos de água em estado líquido na superfície do planeta Marte atual, uma descoberta que vai alimentar especulações de que, se um dia a vida surgiu por lá, é possível que persista até hoje".

Isso parece bem interessante e levanta algumas perguntas: a mudança climática também afeta Marte, e será que lá também há regras em vigor sobre a proibição do fumo? Ainda mais intrigante será descobrir se as criaturas de Marte são vermelhas ou azuis, pretas ou brancas, pró-Israel ou pró-Palestina, e se têm seu próprio Jesus ou seu próprio Buda. Haverá reservas indígenas por lá?

Quanto a mim, eu gostaria de entrar em contato com as mulheres de Marte. Espero que a correção política ainda não tenha chegado àquele planeta e que eu possa ao menos olhar para elas. Vou dormir sonhando com marcianas.

✧ ✧ ✧

Na manhã seguinte, chego a Colby. Gosto de dirigir por esse estado do Kansas, que fica situado quase exatamente no centro dos Estados Unidos. A paisagem é muito diferente, não aquela com que eu me havia acostumado em alguns outros estados. Não há montanhas por aqui, nem sinal delas. Esse tipo de paisagem é chamado de "pradaria".

E Colby tem um museu da pradaria. A própria ideia de existir um museu de verdade que se chama Museu da Pradaria me intriga, e dou uma parada.

A propósito, eu nunca soube que havia tantos museus nos Estados Unidos. Toda cidadezinha tem um museu. Não sei por quê. Talvez as pessoas "diversificadas" estejam doidas para descobrir suas raízes.

Há três visitantes no museu quando chego. E só. Aqui, suponho que vou receber uma atenção especial. Aproximo-me das duas funcionárias da recepção. Antes que elas comecem a me dizer tudo que sabem sobre as pradarias, faço-lhes uma pergunta mais simples: podem me dizer, por favor, quais são as qualidades distintivas de quem nasce no Kansas?

– O nativo do Kansas é uma pessoa durona, teimosa, generosa, simpática e com uma atitude de firmeza perseverante – diz uma das mulheres.

Firmeza perseverante. Gostei disso! E esse pessoal da firmeza perseverante é republicano ou democrata?

– Todos aqui são republicanos, menos eu. Meus pais são republicanos, meu marido é republicano, mas eu sou democrata.

Por quê?

– Porque os democratas se importam com o povo, e os republicanos não!

Ao que a outra mulher intervém:

– O presidente se importa com o povo?

– Não é culpa dele se o governo não se importa com o povo. Há gente demais no governo, e ele não pode controlar todos.

Deixe-me entendê-la: se um presidente republicano não faz nada, a culpa é dele, mas, se um presidente democrata não faz nada, a culpa é de outra pessoa. É isso mesmo?

– Sim.

Essa lógica faz parte da atitude de firmeza perseverante dos nativos do Kansas?

– Sim!

A senhora tem filhos?

– Tenho.

Eles são republicanos ou democratas?

– Não sei.

O filho dela, de 29 anos, mora ali perto. Pergunto à mulher: posso perguntar a ele?

– Não.

Não está na hora de a senhora saber o que pensa seu filho?

– Não!

Parto para o museu.

✧ ✧ ✧

Esse museu oferece mais histórias interessantes sobre as primeiras pessoas que viveram ou passaram por aqui. Eis uma delas, sobre os Blue Brothers, que passaram por aqui a caminho de Denver, à procura de ouro.

> Os Blue Brothers e alguns outros cometeram o erro de deixar a estrada que margeia o rio Platte e pegar um atalho para Denver. Quando Daniel e seus dois irmãos ficaram sem comida nem água, só conseguiram sobreviver através do canibalismo. Um índio arapaho encontrou Daniel, o único sobrevivente, e o levou para sua tenda, a fim de cuidar do caçador de ouro perdido e faminto e lhe devolver a saúde física e mental.

É um conto que conta uma história imensa – a dos Estados Unidos e dos primeiros americanos. Foram necessários sangue, suor, doença, fome, determinação, imaginação e um enorme apetite por ouro para criar este imenso país. Não foi fácil.

Fora do prédio principal do museu ficam algumas casas daquela época. Por exemplo, "A Casa de Barro" e "A Casa Eeller". A gente pode entrar nessas casas, que são réplicas exatas das originais, para experimentá-las pessoalmente. Não entra nenhum guia ou guarda com você, e ninguém lhe diz o que é este ou aquele objeto. Você tem que descobrir tudo sozinho. É o que tento fazer.

Sinto-me como se recuasse uns cem ou duzentos anos no tempo, para voltar ao passado, e descubro os Estados Unidos de um modo como nunca havia pensado ser possível: como Europa. Quase tudo nessas casas cheira à Velha Europa, assemelha-se a ela e dá a sensação de se estar nela.

Sim, as pessoas que fundaram este país não vieram de Marte. Eram europeias. Europeias puro-sangue. Eu já sabia disso, mas nunca o tinha sentido. Hoje senti.

É hora de ler mais. "Quase todos os imigrantes", diz uma das placas numa outra parte do museu, "eram americanos descendentes de europeus, com predomínio da ascendência alemã."

Naturalmente, quero ter uma experiência melhor da "pradaria", por isso levo meu carro para uma volta pelas estradas de terra. Torço para que a locadora de automóveis nunca descubra por quais estradas dirigi com este Versa.

Qual é a sensação de dirigir nestas estradas? É o paraíso! Entro e saio de campos, raramente cruzando com outro carro, mas é comum ser bloqueado por bois. Sinto-me um pioneiro, e espero que ninguém me devore.

Após uma ou duas horas dirigindo a esmo em direção ao passado, chego a Castle Rock. É uma maravilha da natureza: no meio da superfície plana conhecida como Kansas, há uma "montanha" alta de pedra. Sozinha. Uma pedra solitária. Como foi parar ali? Não sei ao certo, mas acho que essa pedra é um verdadeiro habitante nativo do Kansas, com uma postura de firmeza perseverante. Ela está aqui, sabe-se lá por que razão, e não vai sair daqui.

O *Washington Post* noticia que "os Estados Unidos têm seis execuções marcadas para os próximos nove dias". Por que os Estados Unidos ainda prati-

cam essa punição cruel? Talvez por causa de uma mentalidade do tipo firmeza perseverante.

✧ ✧ ✧

A maior cidade do Kansas é Wichita, e é para lá que o Sr. Versa me leva. Logo à noite, os Foo Fighters vão se apresentar numa casa de espetáculos local, a Intrust Bank Arena, e estou com vontade de ver um *show*. Que nome para um estádio: Banco Confiar! Como o Teatro Cadillac.

Não sou a única pessoa em busca de música; mais de dez mil apareceram, procurando a mesma coisa.

Na hora marcada, Gary Clark Jr. e sua banda iniciam o *show*. São barulhentos – e isso é tudo que têm para oferecer: barulho. As letras são indecifráveis, exceto para um punhado de ouvintes seletos.

Da próxima vez que tropas americanas invadirem algum lugar, devem levar esse tal de Gary. Os inimigos sairiam correndo de medo.

Por sorte, essa abertura encerra seu vazio ruidoso antes das oito da noite. Mais ou menos nesse horário, acendem-se as luzes da casa. Não acontece nada. Mas os jovens de Wichita estão felizes. Entram e saem com mais uma Budweiser ou Miller, e estão contentes. Como podem beber esse troço? Essas cervejas são um horror. As luzes diminuem às 8h39min.

Os Foo Fighters aparecem no palco e finalmente começa a verdadeira apresentação. A plateia aplaude com estrondo. Os Foo são barulhentos, mais ainda do que Gary. E projetam luzes estroboscópicas ofuscantes nos olhos de quem está na plateia. A turma da banda We The People adora. Os Foo gritam, e seus alto-falantes sacodem a casa de espetáculos. Se passasse um tanque por aqui, atirando em todos nós, ninguém o ouviria.

Vez por outra, essa banda fica inspirada e toca uma ou duas músicas que têm algo de promissor – mas tudo que é bom resvala rapidamente para outro grito. As palavras, a chamada letra, não têm nenhum significado particular. Pelo menos, não até onde meus ouvidos as percebem. O vocalista, Dave Grohl, adora usar a palavra *fuck*, e solta um *motherfuckers* [filhos da puta] num berro agudo, a plenos pulmões. A plateia adora e grita a palavra num volume tão estridente que chega a doer nos ouvidos.

Essa gritaria de um lado para outro, no palco e na plateia, logo se transforma numa competição de berros. Quem vai gritar mais alto?

Preço do ingresso: 35 a 75 dólares, sem incluir nada para comer, beber ou recordar o evento. Vale a pena? Para as pessoas que estão aqui, sim.

Fico pensando que devo voltar a este estádio quando o time de hóquei Wichita Thunder jogar aqui. O Intrust Bank Arena é seu estádio.

Trovão. Mais um nome humilde para uma equipe esportiva.

O estádio não é o único endereço de Wichita para espetáculos musicais. Outro deles, bem menor, é o Orpheum, onde um grupo cristão, o Third Day, vai apresentar-se já amanhã à noite.

Vou vê-los. Preciso de música e não vou desistir.

O Third Day não é como os Foo Fighters. Para começar, prefere *Deus* e *Jesus* a *porra* e *filho da puta*. Além disso, todas as canções deles têm melodia, as letras são audíveis e existe uma mensagem. As palavras da letra piscam no alto do palco, grandes e claras:

"Agora estou contente, / Tu morreste na cruz, / És meu Jesus que me ama."

E contentes eles ficam, sem dúvida.

O que acontece aqui não é um ofício religioso, ainda que possa ter essa aparência. Trata-se de um espetáculo musical. Os ingressos custam dinheiro. Preço médio: 34 dólares. As pessoas da plateia, umas 1.200, levantam as mãos para o Espírito Santo ao cantarem, e apreciam cada momento. Ficam felicíssimas por Jesus ter morrido na cruz! Ele o fez por elas, por amor a elas. E elas adoram ser amadas. "Decidi seguir Jesus, e não volto atrás", cantam.

De certo modo, o que vejo aqui é a essência do cristianismo americano: diversão e supernarcisismo. No cristianismo de antigamente, o de estilo europeu, a história de Jesus era um relato trágico da morte de Deus numa cruz – como qualquer boa e velha ópera europeia. Mas não para esses americanos; para eles, a história de Jesus é uma história com final feliz. Ele morreu por mim! Ele me ama! A vida é boa.

✧ ✧ ✧

O *Wichita Eagle* noticia que "um atirador abriu fogo dentro de uma sala de aula, numa faculdade comunitária da zona rural do Oregon, nesta quinta-feira, e matou pelo menos nove pessoas, antes de morrer num tiroteio com a polícia, segundo as autoridades. Um sobrevivente contou que ele exigia que as vítimas declarassem sua religião antes de começar a atirar".

A religião que era seu alvo, de acordo com várias reportagens, era o cristianismo. Ele perguntava aos estudantes qual era sua religião, e, aos que lhe diziam ser cristãos, respondia: "Ótimo, por ser cristão, você vai ver Deus daqui a um segundo", e lhes dava um tiro na cabeça.

Nove pessoas, o mesmo número das assassinadas por Dylann Roof na igreja negra de Charleston, mas, daqui a dois dias, ninguém se lembrará desse tiroteio. Por quê? Porque os mortos aqui não são pretos, e não há brancos com medo de que os pretos saiam fazendo tumultos pelas ruas.

✧ ✧ ✧

Entro em meu carro japonês branco e dirijo, quase sempre por estradas panorâmicas. Ao avistar uma casa solitária na pradaria, num cenário vazio e, afora ela, interminável, entro com o carro. Sinto curiosidade de saber como eles vivem. Mas nenhum ser humano dá qualquer sinal de vida, apenas cachorros. Eles latem e pulam ao redor do carro, sonhando com carne fresca, e me dou conta de que preciso sair dali.

Dou marcha a ré devagar, para ter certeza de não atropelar os cachorros, e, de repente, escuto um som de arranhado; devo ter batido num objeto não visto a minhas costas. Continuo a sair com cuidado, e, quando estou a uma distância segura dos cães, desço do carro para ver se houve algum estrago no japonês.

Sim.

Antigamente, os carros tinham para-choques de aço, mas essa época se foi há muito tempo. Este Versa nem tem para-choque, e é provável que a avaria que lhe foi causada exija a substituição de duas peças grandes da parte externa do carro. Uma espécie de prótese para reconstrução do quadril. De que é feito esse japonês: de papel? Ainda bem que tenho seguro.

Dirijo até a filial mais próxima de minha locadora, a Enterprise, e eles sugerem que eu troque de carro. Não têm nenhum veículo no momento, mas me dizem que em Tulsa, no Oklahoma, ainda há muitos carros disponíveis. Dirijo até lá, e o pessoal de Tulsa me mostra o que tem no estacionamento, e me diz que posso levar o carro que quiser, de qualquer tamanho, sem custo adicional. Eles querem me deixar contente.

Isso se chama serviço, um conceito americano. De verdade. Disso eu sei por meus anos passados em Nova York. O cliente é rei.

Examino os carros e avisto um mini-SUV americano, um Chevrolet Captiva, e entramos imediatamente em sintonia. Amor à primeira vista. Não me peça para explicar. Existe casamento entre *gays* e existe casamento com carros. O meu é um casamento com um carro.

Portão 19

Você pode se esbaldar batendo em iraquianos
com um peixe congelado.

Tulsa, Oklahoma. Eis que me encontro no coração do Cinturão Bíblico. Mas, primeiro, vamos ao mais urgente: preciso de um hotel e preciso de comida. Minha esperança é que o centro de Tulsa tenha as duas coisas.

Sou gentil com Siri – não uso nenhum palavrão –, e ela me dá boas instruções. Consigo um hotel no centro, o Courtyard, da Marriot, e há um restaurante italiano ao lado dele.

A clientela me parece composta por gente abastada. Se não me engano, eles acabaram de sair de uma ópera de Wagner, ou estão indo para ela; não sei que horas são. Sou conduzido a minha mesa e peço um café. Preciso acordar!

E, neste ponto, quero deixar bem clara uma coisa: não bebo café americano por prazer. O café americano tem gosto de água misturada com asfalto. Mas, felizmente, contém cafeína – razão por que o bebo. Seria de se supor que, depois de invadirem vários países árabes, os americanos teriam aprendido um pouquinho sobre o café, mas não.

Não posso culpá-los por sua falta de papilas gustativas, sinceramente. Este país começou com os ingleses, criaturas conhecidas pelas maneiras excelentes e por um leque insosso de opções.

Uns cinco minutos depois de eu começar a bebericar meu remédio preto, entra um casal branco mais idoso. Vestidos no estilo dos instruídos e endinheirados, os dois marcham para sua mesa. Planejam passar uma noite tranquila e romântica no centro da cidade, e, como é compreensível, não poderiam imaginar que um homem como eu modificaria seus planos.

Modifico. O café é realmente uma porcaria, e estou mesmo entediado. Para encurtar a história, em vez de jantarem, eles conversam comigo. Sou um chato. Nasci assim.

Falem-me de Oklahoma, peço. Pela expressão no rosto deles, percebo que não sabem ao certo se sou um ser humano ou um OVNI. Mas a mulher abre a boca. Oklahoma, ela me diz, tem uma taxa altíssima de mortalidade por suicídio e o número mais alto de mulheres na prisão. Isso me parece muito razoável: se um estado põe suas mulheres na cadeia, é fatal que os homens fiquem muito deprimidos.

Adoro ouvir histórias assim, porque elas enriquecem as células da imaginação em meu cérebro.

Verdade.

E em seguida, tanto a dama quanto o cavalheiro, Nancy e Bruce, falam comigo sobre os Estados Unidos em geral. Dizem-me, por exemplo, que "nós" tratamos os índios muito, muito mal, e que sentimos muitíssimo por isso.

Bom, isso me leva a começar a falar. A história dos índios, qualquer que tenha sido, aconteceu há uns duzentos anos, muito antes de Nancy ou Bruce serem concebidos. Como foi que eles puseram um "nós" nessa história?

Faço-lhes esta pergunta, mas eles não veem nada de errado em sua frase. "Nós" significa americanos.

E vocês "sentem muito" por isso?

Decididamente, dizem os dois.

Para lhes ilustrar o absurdo disso, pelo menos de meu ponto de vista, digo-lhes que sou alemão, e que realmente, realmente, realmente não me sinto mal pelo que "nós" fizemos com os judeus, porque eu nem era nascido naquela época. E, além disso, sinto muito orgulho de ser alemão, porque "nós" somos os únicos a tratar muito bem os sírios.

Eu gostaria que alguns de meus detratores alemães – tenho vários – me ouvissem dizer isso. Seria muito divertido ver a expressão de seus rostos! Olho para o casal a meu lado e lhe dou um sorriso, um de meus sorrisos idiotas, só de farra.

Eles não sorriem. E, para tirar o sorriso de meu rosto, a dama encantadora me questiona:

– Os pretos da Alemanha votam nas eleições gerais? Aqui eles podem votar, mas podem fazer isso na Alemanha?

Ora, isso é muito interessante. Digo-lhe que não temos pretos na Alemanha. Ponto final. Somos todos brancos, louros e altos.

Tulsa, eles me dizem, é diversificada. E os Estados Unidos também. E é uma beleza, é realmente uma beleza – diz Nancy – viver num país tão diversificado quanto os Estados Unidos da América.

Eu lhes digo que gosto muito, muito, muitíssimo da não diversidade de minha querida Alemanha.

– Ora, o senhor não gosta de diversidade? – pergunta Nancy. – Como pode viver num país sem...

Eu a interrompo. Seja franca! Será que essa história de "diversidade" não é só um papo da boca para fora, inventado não faz muito tempo? Acaso existia quando os senhores se casaram?

Não, não existia. "Diversidade", até onde Bruce consegue lembrar-se, só se tornou parte do jargão americano há uns quinze anos, no máximo.

Caso você estivesse querendo saber, Nancy e Bruce acreditam na mudança climática e preferem os palestinos aos israelenses. São, em suma, gente wagneriana.

Tomo outro gole de minha mistura de asfalto e vou dormir no Courtyard.

Antes de fechar os olhos, penso na "diversidade". Quem foi, eu me pergunto, que inventou essa ideia, quinze anos atrás? Um professor da Universidade da Califórnia em Berkeley, a de Nicholas? Um jornalista? A Enterprise?

Adormeço e sonho com búfalos. Nem me pergunte.

✧ ✧ ✧

Vai a noite, vem a manhã e, ao descer, vejo Bill, um homem preto, que está disposto a conversar.

– Quase todo dia alguém é morto aqui – diz. – Quadrilhas por toda parte. Garotos que querem enriquecer num dia só, garotos preguiçosos, que querem todo o dinheiro, mas não querem trabalhar por ele.

Quem são esses garotos?

– Pretos e hispânicos. Matam por território. – Refere-se a locais para venda de drogas.

Brancos não?

– Os brancos são os figurões, os caras que moram nos palacetes. Esses não têm nomes. Dão as drogas para a garotada preta vender nas ruas.

Com que frequência acontecem os tiroteios?

– Todo dia.

O que aconteceu com os "valores" na comunidade negra?

– Acabaram.

Não existem líderes nas comunidades pretas e hispânicas?

– Que líderes?

Não sei o que lhe dizer, por isso respondo: pastores.

– Um colega meu de turma virou pastor. Agora está em cana, na Big Mac.

Por fazer o quê?

– Estuprar uma garotinha. Eles esperaram ela ter o bebê, verificaram o DNA e era dele, era ele o pai. Ele não vai sobreviver na Big Mac.

O que é a Big Mac?

– É o nome da cadeia, em McAlester. É uma prisão famosa, a mais durona do país.

O lugar é oficialmente conhecido como Penitenciária Estadual de Oklahoma.

Por que você acha que o pastor não vai sobreviver?

– Se o cara está na prisão por ter assaltado um banco, ele se dá bem, não tem problema. Mas, se está na prisão por estupro, especialmente de garotinhas, os detentos é que vão cuidar dele!

Vão estuprá-lo?

– Essa é uma das coisas.

E os guardas não impedem isso?

– Os guardas são a mesma coisa que os detentos. Só se você der propina é que eles o ajudam.

Nancy e Bruce não conhecem histórias como a do amigo de Bill, que é apenas uma das muitas que acontecem aqui neste estado e neste país. Eles gostam dos negros, mas de longe. Não se aproximam de pretos e não falam com eles. Se falassem, não fariam perguntas ridículas como os direitos de voto dos negros na Alemanha – como se a vida fosse só uma questão de votar.

O que eles gostam é da ideia de ter pretos por perto, porque isso faz com que se sintam "diversificados". Gostam de ser servidos por negros, por exemplo. Não chamo a mim mesmo de "diversificado" e tanto faço amizade com negros quanto com brancos. Acho os pretos mais calorosos que os brancos e gosto da companhia deles. O amor ao próximo não é uma ideia, é a própria vida.

✧ ✧ ✧

A Feira Estadual de Tulsa se realiza a uma pequena distância daqui e vou visitá-la. Nela vejo, por exemplo, uma porca chamada Peppa e seus quinze porquinhos, que nasceram há apenas algumas horas. Os filhotes estão muito atarefados em sugar alimento da mamãe. São independentes, nessa tenra idade de apenas algumas horas, a ponto de brigarem entre si por mais uma lambida na mamãe. Os bebês humanos levam anos para chegar a essa independência.

Puxo conversa com um sujeito, um branco rico, e ele me diz que o Donald é o melhor homem dos Estados Unidos. Donald Trump não é realmente um homem bom, eu lhe digo. Anos atrás, tentou forçar os inquilinos a saírem de um prédio que ele havia comprado em Nova York, para poder fazer uma reforma e vender os apartamentos por valores muito mais altos. Portou-se como o pior dos exploradores de cortiços, e foi assim que enriqueceu no ramo imobiliário. Ameaçava os moradores com demolições iminentes, reduzia drasticamente os serviços essenciais prestados, instruía empregados a obterem informações sobre a vida particular e os hábitos sexuais dos moradores, em suma, não parava diante de nada. Como o senhor pode apoiar um candidato desses?

– Se Donald agiu assim, não há nada errado nisso – respondeu o homem.

✧ ✧ ✧

Existe uma megaigreja na cidade, chamada Igreja em Movimento. Vou até lá. Mais uma vez...

O estacionamento do lado de fora é imenso, com fileiras intermináveis de automóveis. Quando enfim estaciono e desço do carro – meu carro é o melhor deste estacionamento, pode crer –, posso ouvir o ofício religioso pelos alto-falantes, alguma coisa sobre Jesus ter dado a vida por você e por mim.

Um encanto.

Vou ao banheiro masculino e, enquanto estou urinando, escuto falar do sangue de Jesus e outras delicadezas. Sim, esta igreja tem alto-falantes nos toaletes, para que nenhum de nós perca uma única palavra enunciada no palco. Termino depressa, na esperança de histórias melhores quando me juntar à multidão.

Há milhares de pessoas de pé, cantando junto com a banda no palco:

Jesus, nós te amamos, ah, como te amamos!
És aquele que nosso coração adora.

Esta igreja não é a Potter's House; não é uma igreja de pretos. Há alguns negros aqui, mas muito poucos. É uma igreja de brancos, e o nível de energia e paixão daqui não chega ao que testemunhei em Denver. Mas o que lhes falta em energia eles compensam em valor de produção: uma profusão de luzes, dezenas de efeitos de iluminação, amplificadores muito altos, mas muito cômodos para os ouvidos, telas de televisão, cadeiras confortáveis, um palco moderno – e uma habilidade cênica que não perde para ninguém. Trocando em miúdos, o ofício religioso aqui é uma produção que poderia competir facilmente com qualquer espetáculo da Broadway na história.

A cantoria prossegue:

Creio na ressurreição,
Creio que voltaremos a nos erguer,
Pois creio no nome de Jesus.

As luzes piscam e brilham, acendem-se frases no palco e a festa continua. Os milhares de pessoas levantam as mãos para o teto, cantando "Voltaremos a nos erguer".

Terminadas as músicas, começa o sermão. O pastor diz que o cristianismo é uma religião singular, por não se relacionar com nenhuma área geográfica específica. O islamismo enraíza-se no Oriente Médio; o judaísmo, em Israel; e o budismo, no Extremo Oriente. O cristianismo não tem uma localização única e se liga igualmente a qualquer lugar.

Ele não está totalmente certo, mas, em termos teológicos, tem alguma razão. Ao olhar para as pessoas que oram e cantam a meu redor, a ideia me vem pela primeira vez: o "americano" é muito "cristão".

Os americanos gostam de dizer que o que os une não é a raça nem a identidade étnica, tampouco a terra, e sim uma "ideia". Mas será que a ideia deles não se enraíza no cristianismo, na verdade? "Não há judeu nem grego, não há servo nem livre, não há homem nem mulher, pois todos sois um em Cristo Jesus" (Gálatas, 3:28). Por que não pensei nisso antes?

E o corolário é este: a moderna ideologia dos "direitos humanos", bem como a ideia de que o tribalismo é essencialmente ruim, não são ideias "liberais", mas uma antiga doutrina cristã.

Nem é preciso dizer que tanto os liberais quanto os conservadores internariam o sujeito num hospício se ele se atrevesse a lhes dizer isso.

Especialmente os ativistas dos direitos humanos, muitos dos quais não seguem Jesus. No entanto, gostem ou não, nenhum deles nasceu no vazio. Eles são filhos ou netos de fiéis e, embora não sigam Jesus, isso não significa que não sigam os ensinamentos dele. Seguem, sim. Eles seguem uma "ideia".

✧ ✧ ✧

Entro no bojo do Captiva, um Carro em Movimento, e dirijo para o sul. Nas estradas vejo grandes cartazes: "Preocupe-se menos, reze mais". "Confiamos em Deus."

Depois de dirigir por uma ou duas horas, estaciono meu Captiva – que nome lindo! – entre os cartazes de estrada sobre Jesus e um cassino indígena, a mais importante instituição cultural dos índios em nossos dias.

Poucos metros adiante, vejo um *trailer*, do lado de fora do qual há um casal mais maduro e uma moça, filha da mulher mais velha, de um casamento anterior. O homem é um americano nativo ("assiniboine sioux"); a esposa, uma branca americana; e a filha, Robin, uma ex-soldado dos Estados Unidos que, durante algum tempo (2003-2004), esteve lotada no Iraque como sargento auxiliar de almoxarife numa empresa de suprimentos que abastecia de água uma base militar.

Como foi no Iraque? O que você descobriu quando servia lá?

– Descobri que a mídia, no que diz respeito aos Estados Unidos, errava bastante em sua maneira de retratar os acontecimentos do Iraque.

Conte-me!

– Nem sempre as coisas eram tão ruins quanto a mídia descrevia.

Por exemplo?

– Havia muita gente boa iraquiana que estava sendo maltratada.

Por quem?

– Infelizmente, pelos militares americanos. E também pelo próprio povo deles.

Dê-me um exemplo do tratamento dos iraquianos pelos militares dos Estados Unidos.

– Sempre que eram capturados como prisioneiros, os iraquianos eram muito maltratados. Ficavam passando fome...

Passando fome por quanto tempo?

– Semanas!

O que você quer dizer? Só davam água a eles...?

– Mal davam até mesmo água.

Ela me oferece outros exemplos do que chama de "ouvir dizer", ou seja, de coisas que ela não viu pessoalmente:

– Havia iraquianos espancados com peixe congelado.

O que você viu, pessoalmente?

Ela diz ter visto a fome e "uma porção de coisas terríveis".

Dê-me um exemplo delas.

– Crianças pequenas ficavam pedindo comida à beira da estrada, e os soldados americanos jogavam latas e garrafas de água nelas.

Só por diversão?

– Só por diversão.

Robin informou a seus superiores esses abusos, mas nenhum dos que os praticavam foi detido, e os maus-tratos continuaram, sem diminuição.

Você acha que a invasão do Iraque foi justificada?

– Não.

O padrasto de Robin, que serviu no Vietnã, põe um cocar de índio em minha cabeça e posamos para fotografias.

Para deixar registrado: Robin apoia o Obamacare, não acredita em mudança climática e apoia Israel.

Antes de eu me retirar, Robin me agradece por conversar com ela:

– É uma grande lição de humildade ver que você se interessa pela cultura americana e me faz perguntas sobre os Estados Unidos, porque inúmeras pessoas não gostam dos americanos.

Para por um segundo, olha para mim e diz:

– Nem todos somos ruins.

Robin é uma dessas pessoas que me comovem profundamente. Figura entre as melhores que já conheci. Ama seu país e sofre com seus malfeitos. Ama os Estados Unidos, mas não se perde numa admiração cega. Faz parte desta nação imensa e poderosa, mas vê como uma "lição de humildade" a curiosidade de um estrangeiro sobre sua terra. Combina orgulho e humildade em proporções admiráveis, fazendo os Estados Unidos parecerem muito melhores do que a maioria jamais consegue fazer.

Acho que o Captiva, um americano orgulhoso, fica meio envergonhado ao ouvir o relato de Robin e quer ir embora. Ao nos afastarmos, olho para o reflexo do cassino em meu espelho retrovisor e penso nas pessoas lá dentro, que alimentam os caça-níqueis com um suprimento infindável de dólares. Leve-me, Captiva, ao primeiro cassino que você vir!

✧ ✧ ✧

Sulphur, uma cidadezinha de cinco mil residentes, tem um cassino. Estaciono o Captiva perto de sua entrada e, pouco antes de eu saltar do carro, outro automóvel para a meu lado, dirigido por um homem que diz chamar-se "Sooner"[1].

Ele adora este cassino:

1. Traduzindo, a cidadezinha chama-se "Enxofre", enquanto o homem se chama "Mais Cedo" ou "Mais Depressa". [N. T.]

– Da última vez que estive aqui – diz –, ganhei 1.900 dólares.

Como fez isso?

– É preciso entender as máquinas.

Você ganha seu dinheiro nas máquinas caça-níqueis?

– Parte dele. Também tenho minha empresa.

Você realmente ganha dinheiro jogando nos caça-níqueis?

– Ah, sim.

Com que frequência você joga?

– Duas, três vezes por semana.

Há quanto tempo faz isso?

– Há alguns anos... quatro ou cinco.

Ao todo, quanto já perdeu ou ganhou?

– Uns 150 mil dólares.

Em ganhos ou perdas?

– Ganhos!

Existe algum sistema para isso?

– Sim. Ignore todas as luzes e lampejos e procure os números.

Que números?

– Na parte inferior das máquinas ficam os números dos últimos prêmios. Quando o número é alto, sei que se trata de uma máquina que dá dinheiro e jogo nela.

Interessante.

– Há outras coisas que é preciso saber.

Como o quê?

–É preciso dar boas gorjetas às meninas.

Se você fizer isso, no dizer de Sooner, elas lhe dirão quais são as máquinas que dão os maiores retornos.

Pergunto-lhe quais são essas máquinas.

– Os Gatos.

Não faço ideia do que ele está dizendo.

Importa-se se eu for com você para vê-lo jogar?, pergunto.

Seria um prazer para ele, segundo me diz. Entramos no cassino. Vejo as esperáveis senhorinhas brancas. Há bebidas grátis, e peço um copo de refrigerante.

Sooner circula em torno das máquinas, examinando-as. Faz sua mágica e escolhe uma. Põe nela uma nota de cem dólares. Seus dedos de ouro apertam os botões e, em menos de três minutos, ele perde 99,70 dólares.

É preciso experimentar os Gatos! Ele parte para os Gatos. Não me pergunte o que eles são. Talvez sejam um modo de seduzir amantes de bichos de estimação para que eles apostem nas máquinas.

Sooner põe outra nota de cem dólares, mais os trinta centavos que tinha de crédito. Joga. As garotas sorriem. Ele leva uns quatro minutos para perder tudo: 100,30 dólares.

– É preciso estar ligado para ganhar – diz ele, passando para mais outra máquina.

Introduz uma nota de cem dólares e, em poucos minutos, o número salta para 186. Sooner sorri. A sorte está a seu lado. Ele joga com energia renovada. Sorri mais, está contente e aperta repetidas vezes a tecla *play*.

Até que o número cai abaixo de cem dólares.

– Hora de parar – diz ele. Digo-lhe adeus. Ao me afastar, olho para trás por um ou dois segundos. Sooner está indo para outra máquina, novamente tentando a sorte. Vou embora. Os gatos que fiquem jogando.

Que jogos jogariam os americanos, se seus antepassados não tivessem trucidado os índios?

✧ ✧ ✧

O cassino, chamado Artesian, pertence à Nação Chickasaw. Aqui em Oklahoma, segundo me dizem, não há reservas indígenas; aqui há "nações". Por quê? Isso remonta à mudança forçada dos indígenas, que deixaram suas casas há quase dois séculos, seguindo a chamada Trilha das Lágrimas até uma área do que é hoje o estado de Oklahoma, e foi aqui que os índios estabeleceram suas "nações". E como são conhecidas essas nações? Se estou entendendo direito, como Gatos Maneiros.

Não muito longe do cassino indígena fica o Echo Canyon Spa Resort, onde vou descansar durante a noite. Belo lugar!

Há um casal, Joe e Carol, de proprietários do *resort*, e eles têm uma equipe de moças bonitas e dedicadas – por um momento, penso estar em Salt Lake City – que cuidam do lugar. A comida é muito não americana, o que significa que é excelente. Peço um filé *mignon*, o melhor filé *mignon* deste lado do Atlântico, e fico tão feliz que opto por estas acomodações.

Sinto-me curioso a respeito de Joe e Carol. Sua casa fica na propriedade, e vou fazer-lhes uma visita. Ao entrar, vejo que os dois estão assistindo a um programa de televisão chamado *The Voice*, uma competição musical em que jovens cantores sobem ao palco para exibir sua "voz". Dizem que o programa, em sua nona temporada, é visto por mais de doze milhões de pessoas. Ao contrário dos antigos programas da televisão americana, que precisavam de artistas para ser criados – roteiristas, atores, cenógrafos diversos – e consistiam em enredos, ideias e mensagens, os "*reality shows*" são de produção barata e tendem a matar todas as células do cérebro dos espectadores.

Vejo os concorrentes cantarem, e penso em Oscar, o homem do *soul* de Chicago, também conhecido como SoulO. Oscar me tocou profundamente com sua música, sua voz, sua alma. Nessa tela, ninguém chega aos pés dele. Ah, Oscar! "Vá para o sul, companheiro. Vá para o sul. Vá à Georgia, vá ao Mississípi, vá ao Texas. A gente boa mora lá. Vá para o sul. O sul é o lugar quente." Foi o que o Oscar me disse naquela ocasião, e seu eco ressoa agora em meus ouvidos.

Sim, Oscar, escuto seu eco, em alto e bom som. Quando brilhar o sol, rumarei para o Texas, o estado da Estrela Solitária. Espere lá por mim!

Eis uma notícia do *New York Times*:

> O Ministério da Justiça vai libertar cerca de seis mil detentos de presídios federais em menos de um mês, muitos deles traficantes não violentos de drogas. Isso faz parte de um esforço bipartidário para reduzir a superlotação dos presídios dos Estados Unidos, que têm um quarto da população carcerária do mundo.

Um quarto da população carcerária do mundo encontra-se abrigado atrás das grades, em segurança, na Terra dos Livres.

Portão 20

Se você se comportar mal, os judeus virão comê-lo. – Cinquenta milhões de alemães sumiram, todos derretidos no caldeirão.

A primeira coisa que vejo, ao entrar no Texas por Oklahoma, é um monumento à Segunda Guerra Mundial. Nesse monumento, leio: "O 19º Exército alemão rendeu-se à [103ª] Divisão [de Infantaria] em 5 de maio de 1945, em Innsbruck, Áustria". Por que as pessoas hão de pensar na Alemanha nazista ao entrarem no Texas? Não sei, mas é assim. Continuo a dirigir e não tardo a chegar a Dallas.

Você já dirigiu em Dallas? Para começar, quem projetou as ruas de Dallas deve ser um estudioso do Talmude ou um filósofo grego, mas devia ter sido despedido logo no primeiro dia. Uma rua funde-se em outra, e depois mais outra, a qual então se transforma noutra rua que sai de mais uma rua – e todas são ruas de múltiplas faixas.

Mas esqueça as ruas; considere os motoristas de Dallas. Eles dão cortadas de todas as direções, sem hesitar nem por um segundo.

– Os motoristas de Dallas são filhos de caubóis e pensam que carro é cavalo. É por isso que dirigem desse jeito – explicou-me um rapaz.

A sorte está comigo e sobrevivo às ruas. Ao chegar a meu hotel, o Highland, relaxo na área de fumantes. Ali conheço um sujeito que me diz ser republicano. A poucos metros de mim, avisto outra fumante, uma mulher, e a convido a se juntar a nós. Digo-lhe que o outro sujeito é um republicano ardoroso e lhe pergunto se ela também é republicana ardorosa.

É demais para a mulher ser rotulada de Republicana Ardorosa. Ela me diz prontamente que é democrata.

Peço aos dois que expliquem a este turista gordo que eu sou qual é a diferença entre eles.

Ambos me atendem.

Diz o republicano:

– Ser americano significa pensar primeiro em você, o que é a essência do capitalismo.

A democrata diz:

– As sociedades sadias importam-se com suas partes mais fracas. Não me incomodo por pagar impostos, desde que meu dinheiro sirva para ajudar os pobres.

Pessoalmente, concordo com ela. O sujeito é muito frio e muito egoísta para meu gosto. Mas, na maneira de a mulher enunciar sua resposta, há algo que me assusta. Ela está disposta a pagar mais impostos, e diz isso. É virtuosa. E as pessoas virtuosas me assustam.

Falando em termos históricos, as pessoas virtuosas, conhecedoras e proclamadoras de sua virtude, não têm nem enxergam nenhum sinal de pare. Quando acreditam em alguma coisa, impõem sua visão na marra. As pessoas virtuosas fazem isso desde o início dos tempos, quando o ser humano apareceu pela primeira vez no planeta – e, cara, quanta gente acabou morrendo por causa dos virtuosos! Se você não acredita, abra os anais da história, e lerá isso em quase todas as páginas.

Acendo um cigarro e fico vendo esses dois discutirem. Nenhum deles convence o outro, e cada um odeia o outro apaixonadamente, o que torna divertido observá-los.

Passado algum tempo, e para jogar um pouco mais de lenha na fogueira que consome os dois, entro com minha pergunta sobre "mudança climática e Israel-Palestina" e peço que ambos respondam. O republicano acredita que não há nenhuma "nova" mudança climática, argumenta que o clima vem mudando há milhares de anos, e apoia Israel. A democrata assevera que ele está redondamente enganado nas duas questões.

Sim.

✧ ✧ ✧

Antes de travar conhecimento com outras boas pessoas do Texas, recorro a uma aulinha de história. De história presidencial, no caso.

Em novembro de 1963, o presidente John F. Kennedy foi morto a tiros, desferidos do sexto andar do Depósito de Livros da Escola Texas, em Dallas, por Lee Harvey Oswald. Dois dias depois, Oswald foi alvejado e morto por um dono de boate, um judeu durão de nome Jack Ruby.

Isso é mais ou menos o que diz o governo dos Estados Unidos desde então, porém, não importa quantas vezes ele defenda esse caso, há mais teorias da conspiração circulando do que o total de abortos e de casamentos de *gays* em todo o território dos Estados Unidos.

O antigo Depósito de Livros já não existe. Em seu lugar ficou o Museu do Sexto Andar, no qual entro neste momento. Aqui no sexto andar, numa área fechada por barreiras de vidro, os visitantes podem ver o local exato do qual o presidente Kennedy foi alvejado, ou não foi, mas não podem ficar no lugar em si. Por quê? Não sei.

Com ou sem barreiras, os americanos vêm para cá em bando. Velhos e jovens, homens e mulheres – quase todos brancos –, eles vêm. Por que estarão aqui? Aproximo-me de uma senhora mais idosa, que circula pelas várias exposições do museu, e lhe pergunto: já se passaram 52 anos, mas vocês, americanos, continuam a pensar no assassinato de JFK. Por quê?

– Não preservamos construções, como os europeus. Preservarmos acontecimentos. O senhor é europeu, não?

Nem acredito que ela disse isso, ao que tento replicar: sou alemão e acho que a senhora é judia. Não é?

– Nasci judia, se é isso que o senhor quer dizer.

O que significa "nasci judia"? Não é mais judia?

Ela aponta para o marido, parado a seu lado:

– Ele é italiano.

A senhora demora um pouco, mas acaba dizendo:

– Sim, sou judia.

Seu nome é Ruth.

Tenho certeza de que qualquer hipotético conhecido mútuo que visse Ruth e eu neste momento explodiria de tanto rir, ao ver dois judeus se escondendo por trás da Alemanha e da Itália.

Justo quando estou pensando nisso, escuto JFK proferir as eternas palavras "*Ich bin ein Berliner*" ["Sou um berlinense"] numa das telas de televisão deste piso.

O Sexto Andar faz um belo trabalho de preservação não apenas do assassinato, mas também do homem JFK. Em fotografias e imagens filmadas, vemos JFK usando o novo meio de comunicação emergente em sua época, a televisão, para tirar proveito dele. "Então, meus compatriotas americanos, não perguntem o que seu país pode fazer por vocês – perguntem o que vocês podem fazer por seu país!"

Clássico JFK!

Deixo para trás o passado, saio do edifício e estou pronto para travar conhecimento com os texanos que vivem aqui e agora. Dou apenas alguns passos nas ruas de Dallas quando, bem diante de meus olhos, vejo um museu do Holocausto. O que faz um museu do Holocausto em Dallas?

✧ ✧ ✧

O Museu do Holocausto de Dallas ocupa o primeiro andar de um prédio de escritórios. É um museu pequeno, realmente pequeno, porém visualmente marcante. Na entrada, há uma instalação gráfica que retrata a Europa na Segunda Guerra Mundial. Os países europeus são mostrados em cores diferentes, que representam, por exemplo, os que participaram da matança dos judeus, e os que resistiram a ela.

Ao ver, numa imagem plástica tão nítida, que quase todas as nações europeias entraram na festa do Mate Seu Judeu, bate a compreensão: essa é a face da cultura europeia.

Está na hora de eu deixar JFK e o Holocausto de lado e viver no mundo real, o de hoje. Saio do prédio.

Pergunto a um homem branco que vai passando qual o melhor lugar em Dallas para eu conhecer a alma da cidade.

– Decididamente, o senhor deve ir ao Deep Ellum.

O que é isso?

– No Deep Ellum, o senhor verá a verdadeira Dallas, não a Dallas das histórias. Dallas é muito mais liberal e variada do que a mídia quer levar a crer. No Deep Ellum, o senhor verá a diversidade de nossa cidade: afro-americanos, *gays*, ótimos bares e cafés; ouvirá música ao vivo, *jazz*, *blues*, *soul*, e vai adorar. Vá lá. Escute o que eu digo.

Oscar de Chicago, vou ouvir música no coração de Dallas!

Dou mais uns passos na calçada e encontro um homem preto a quem peço que me fale do Deep Ellum.

– Deep Ellum? Aquilo é a capital do crime de Dallas!

Esses dois homens, o branco e o preto, vivem em planetas diferentes. Vou a Deep Ellum. E o que vejo?

– Esta é uma área gentrificada – diz-me uma mulher branca. – Se o senhor sair daqui na direção sul, chegará a um bairro muito ruim. Não vá lá.

Quem mora lá?

– Negros e hispânicos.

As quadrilhas vivem lá?

– Sim.

Gentrificada. Gentrificação. Para essa mulher, que é branca, "gentrificado" é bom. Para o taxista de Washington, DC, um homem negro, a gentrificação é ruim.

Gentrificar, para dizê-lo em termos brandos, significa expulsar os moradores pobres e pôr moradores ricos em seu lugar. Em outras palavras, tirar pretos e hispânicos e pôr brancos no lugar deles. O pessoal dos imóveis gosta de fazer isso. Eles compram (geralmente por baixo preço) os imóveis, ou despejam os pobres que vivem nos bairros de baixa renda, reformam as propriedades e as alugam ou vendem por preços altos. É assim que ganham seus milhões.

Os novos residentes, brancos, costumam descrever-se como liberais ou liberais progressistas, e dizem a quem quiser ouvir que dedicam a vida a auxiliar os pretos e hispânicos pobres dos Estados Unidos. Na realidade, eles são justamente os que empurram pretos e hispânicos para a condição de sem-teto. Para nos cegarem e cegarem a si mesmos para essa realidade, frequentam algum bar local em que um cara preto toque *blues* e se sentem realmente, realmente bem, e muito, muito liberais.

É bom o Captiva não estar ouvindo nada disso. Se ouvisse, receio que se atirasse contra uma das casas de valor recém-majorado e a destruísse por completo.

✧ ✧ ✧

O Captiva e eu seguimos para Fort Worth, outra cidade do imenso estado do Texas. Fort Worth se anuncia como uma cidade de caubóis e cultura, duas coisas de que venho sentindo falta há muito tempo. Será que as encontrarei ali?

Na região central da cidade, meus pés me levam à Fundação Sid Richardson, que abriga uma exposição de pinturas de Remington e Russell sobre vaqueiros, uma espécie de combinação de cultura e caubói.

Darlene, uma moça atraente e com uma tonelada de energia, me dá as boas-vindas.

– Em que posso servi-lo? – pergunta.

Respondo que gostaria de saber qual dos quadros devo tentar roubar para enriquecer depressa. Sem pestanejar, ela me mostra seu quadro favorito na exposição.

Gosto dessa moça. Ocorre-me que ela é o tipo de mulher que Oscar tinha em mente.

Quem é você, Darlene, e o que você defende?

– Sou sionista.

Desculpe, o quê?

– Sionista.

Por que você é sionista?

– Cresci na Turquia, porque meu pai trabalhava lá, e viajei muito pelo Oriente Médio. Quando uma criança se portava mal, os pais diziam: "os judeus virão comer você". Por tudo eles culpavam os judeus. É por isso que sou sionista.

Você é judia?

– Não. Sou agnóstica.

Tem pais judeus?

– Fui criada numa família católica.

Eu queria caubóis, arranjo turcos.

✧ ✧ ✧

Será que terei finalmente um pouquinho de cultura em Fort Worth? Do outro lado da rua, em frente à Darlene, meus olhos avistam um pequeno teatro local, o Jubilee. Teatro é cultura, certo? Atravesso a rua.

O Jubilee Theatre é um pequeno teatro de negros (147 lugares) e, nesta temporada, está comemorando seus 35 anos de vida com a peça *Lady Day at Emerson's Bar and Grill*, que estreou na Broadway no ano passado. A peça é uma apresentação solo sobre a grande cantora negra americana Eleanora Fagan, conhecida como Lady Day, e, em termos ainda mais famosos, como Billie Holiday.

Quando entro no teatro, noto que a maioria das pessoas na plateia, uns 80%, é branca.

Como peça, falta estrutura a *Lady Day*, e, em termos de dramaturgia, ela é mal escrita. Ainda assim, oferece algumas frases ótimas. Por exemplo,

"Neste país, ser preso é uma tradição negra". Há também esta, quando Billie fala de seus tempos em Filadélfia: "Philly foi uma porcaria para mim. Uma merda. Eu costumava dizer a todo mundo: quando eu morrer, não me interessa se vou para o céu ou para o inferno, desde que não seja em Philly".

Essas frases são o que se chamaria de contundentes. Mas, tal como apresentadas aqui, mesmo levando em conta que essa apresentação é uma pré-estreia, as frases se perdem antes de deixarem o palco. E, embora o roteiro verse sobre o terrível tratamento dado aos pretos nas mãos dos brancos, não se registra aqui um pingo de dor.

Quem dirigiu essa peça?, eu me pergunto. Uma mulher branca. E dá para perceber. No palco não aparece nada do sofrimento dos negros, porque não poderia aparecer. Seria preciso um diretor negro, alguém capaz de compreender essa dor singular, para extraí-la da atriz.

Terminado o espetáculo, um negro afiliado à produção aponta para a plateia e me diz:

– Amanhã, esses brancos dirão a seus amigos que hoje assistiram a um espetáculo negro num teatro de negros. É por isso que eles vêm aqui. Isso faz com que se sintam "progressistas". É tudo falso.

Desisto da cultura e vou assistir a um rodeio. O rodeio, pelo menos aqui em Fort Worth, é muito parecido com o beisebol – um lugar divertido em que as pessoas cantam, bebem e comem. Momentos depois de eu entrar, centenas de pessoas ficam de pé e cantam:

> E me orgulho de ser americano,
> Onde ao menos sei que sou livre...
> Amo esta terra.
> Deus abençoe os Estados Unidos da América[1].

Segue-se o "Star Spangled Banner", com suas palavras imortais: "Ó, diga-me se já tremula a bandeira salpicada de estrelas / Sobre a terra dos livres e o lar dos valentes".

O rodeio em si, ao menos como praticado aqui, é bem maçante. Deus abençoe os Estados Unidos da América.

✧ ✧ ✧

1. Da música "Proud To Be An American", também conhecida por "God Bless the USA", de Lee Greenwood. [N. T.]

Na manhã seguinte, o Captiva me diz: Vamos! E vamos. Direção: a gente boa.

Na estrada, como em muitas outras estradas deste grande país, há lojas de penhores por toda parte. Uma atrás da outra. Para haver todas essas casas de penhores, é preciso haver muita gente pobre.

Triste. São esses os poderosos Estados Unidos da América? Sim.

Nem o Captiva se sente bem ao ver isso e acelera até chegarmos a Fredericksburg. Fredericksburg? Parece alemão. Paramos para dar uma olhada. Tenho que achar os cinquenta milhões!

Fredericksburg é uma dessas cidades fundadas por alemães e que até hoje celebram o que é alemão, seja o que for. Aqui há lojas com nomes claramente germânicos, mas, quando tento falar alemão com algumas pessoas, elas acham que estou falando japonês. Não conhecem nem mesmo o som do alemão.

Não muito longe de mim, há um sujeito parado junto a sua Harley-Davidson, um harleyano. Poderia ser um dos que participaram do cortejo fúnebre do pai de Greg; nunca se sabe. Pergunto ao Sr. Harley qual é o melhor restaurante da cidade. Quero uma boa comida alemã!

– O Ashander – diz ele.

Ashander? Sim. Na verdade, ele não sabe muito bem como pronunciar o nome.

– É alemão – explica.

Tento encontrar o endereço do Ashander, mas ele não existe. O Sr. Harley diz que acabou de comer lá. Procuramos juntos no Google e no Shmoogle e descobrimos que o nome do restaurante, na verdade, é Ausländer ("estrangeiro", em alemão).

Para o Ausländer vou eu. Ao entrar, vejo três homens vestidos de uniformes da *Wehrmacht* (forças armadas alemãs) da era nazista, tomando cerveja com muito prazer. Será que estou vendo o que vejo? Belisquem-me, *bitte*. Ninguém me belisca, de modo que vou em pessoa ao encontro dos soldados.

Lance, em quem o uniforme da *Wehrmacht* cai excepcionalmente bem, fala um alemão perfeito e fica bastante surpreso por eu saber o que seu uniforme representa, já que todas as outras pessoas da cidade acham que é das forças armadas americanas. Enquanto conversamos sobre o assunto, Lance me diz que nem ele nem seus amigos são soldados nazistas. São, segundo me explica, atores cujo papel é "reencenar" algumas das atividades da *Wehrmacht* durante a guerra.

Sim, ele fala alemão, mas só por ter estudado a língua. Quanto a seus ancestrais, eram ingleses.

Lance gosta de política. Acredita, como me diz, que a mudança climática é um processo que vem se desenvolvendo há milhares de anos; é contra o aborto e pró-Israel. "Os palestinos", diz, são uma obra de ficção. Escutando-o, seria de se supor que ele é um judeu direitista, não um homem de 25 anos com um uniforme nazista de corte perfeito.

Peço a comida. O que lhe posso dizer? A comida daqui não é nada de que alguém se possa gabar. Como pouco. Não se trata realmente de comida "alemã", embora se pareça com ela.

E assim é Fredericksburg, um cemitério da cultura alemã – uma cultura morta e enterrada.

Talvez seja hora de eu entrar em contato com uma cultura não fundida no caldeirão, só para ver a diferença.

Consulto o Captiva, e ele concorda em me levar a Laredo, uma cidade na fronteira com o México. Ao chegarmos, deixo o carro em meu novo hotel, o La Posada in Laredo, e sigo a pé para o México.

✧ ✧ ✧

– Depois de atravessar a fronteira, o senhor só poderá andar nos primeiros cinco quarteirões, mas não poderá ir mais longe – dizem-me uns mexicano-americanos. – Lá é perigoso. Tiroteios, assaltos. Drogas. Assassinatos. Cartéis de drogas.

Escuto e continuo andando para o México, aproximando-me da ponte que separa os dois países.

Entrar no México exige certo investimento de minha parte, como se poderia esperar. O governo mexicano – ou o americano, não sei ao certo qual dos dois – me cobra 75 centavos para cruzar a fronteira. Pago toda essa soma em espécie e entro no mundo latino, ou seja o que for esse novo mundo.

A primeira coisa que me chama a atenção nesta cidade fronteiriça, Nuevo Laredo, são os soldados mexicanos – ou seriam policiais? – que ficam parados ou patrulham toda esta área com um conjunto impressionante de metralhadoras. Bato uma foto dessas belezas, e um deles, com uma arma grande, atravessa imediatamente a rua em direção a mim, exigindo que não sejam tiradas fotografias neste local, que é, obviamente, do mais alto sigilo.

De repente, recebo um chamado de meu estômago: "dê-me comida", diz ele.

Tudo bem, vou tentar.

Nos Estados Unidos, faço tudo que seja humanamente possível para evitar a comida mexicana. Minhas experiências pessoais com ela, longas e dolorosas, sempre terminaram mal. Mas agora estou no México. Talvez, apenas talvez, eles tenham comida mexicana diferente, no México, da comida mexicana dos EUA.

Saio andando à procura dela. Os cinco primeiros quarteirões, onde é "seguro", são protegidos por pessoal mexicano de segurança, armado. Depois do quinto quarteirão, porém, não os vejo mais. Continuo a andar por mais uns vinte quarteirões, só para ver quantas vezes serei morto, drogado, assaltado e levado como refém pelos famosos cartéis de drogas mexicanos.

Antes que algum deles tenha chance de me dar um tiro, experimento um pouco da comida local de um vendedor de rua. Custa menos de um dólar, mas é divinamente deliciosa. Não sei o que é ou era, mas é o maior lucro que já tive com um dólar.

Continuo a andar, um quarteirão após outro, em busca daquele fugidio restaurante perfeito. Estas ruas me fazem lembrar países do Leste Europeu e do Oriente Médio. Todas as pessoas que andam por aqui, todas mexicanas, comportam-se como se fossem membros de uma mesma família, uma grande família. Olho para elas e percebo que cada uma compartilha algo com as outras, algo que é maior do que elas mesmas.

E então compreendo: uma tribo.

Esses mexicanos compartilham uma cultura. Quando se comunicam uns com os outros, a comunicação não é feita apenas de palavras, mas de outros elementos, como gestos e linguagem corporal. Eles se entendem de um modo que eu jamais conseguirei. Há em sua comunicação camadas que ficam abaixo da superfície e que só eles conhecem.

Eles são uma tribo, não uma sociedade "diversificada". O México se assemelha a um barril de vinho antigo, cujo povo saboreia o gosto do tempo. Os Estados Unidos, como os vejo agora que estou fora, são um caldeirão cultural de uvas azedas, misturadas com *pizza* e asfalto.

A sociedade americana é uma sociedade feita pelo homem, como os chafarizes e lagos do Catar. Em algum lugar, no fundo, os americanos devem saber disso. Talvez, ocorre-me, a verdadeira razão de tantos americanos se recusarem a discutir política e religião seja eles terem medo de que a cola artificial que os une venha a se dissolver, no instante em que começarem a falar e revelarem o que realmente pensam.

Quem são eles? Não uma sociedade, mas muitas – muitas sociedades rivais, umas com medo das outras.

Continuo a caminhar. Ando, ando, ando. Até aqui, ninguém nem pensou em me assaltar. Qual é o problema desses mexicanos?

Por fim, decido-me por um restaurante, seja qual for seu nome, e peço pratos cujos nomes não sei pronunciar.

Quando eles chegam, provo a comida com cuidado. Olhe: aqui está uma tigela de queijos fortes derretidos, coisa que nunca me serviram antes.

O que lhe posso dizer? Queijo derretido é muito mais saboroso que caldeirão cultural. O que mais lhe posso dizer? A comida mexicana é incrivelmente deliciosa. Bendito seja o México! Estou me apaixonando.

Pergunto a duas moças, ocupadas em comer na mesa ao lado, se esta cidade é perigosa.

– Perigoso é nos Estados Unidos, onde atiram em estudantes nas escolas – vem a resposta.

Ops!

Experimento uma tigela de sopa feita de ingredientes celestiais, peço um copo de uísque, para também alimentar minha alma, e depois um *cheesecake* – o melhor do planeta Terra.

Desculpe, Federação Judaica de Chicago: a comida aqui é muito melhor, e eles também têm bolo!

✧ ✧ ✧

Está ficando tarde, e volto lentamente para os Estados Unidos, deixando a Nuevo Laredo mexicana em direção à Laredo americana.

O que separa os dois países é um curso d'água – o rio Bravo (nome mexicano) ou rio Grande (nome americano); uma das margens pertence a um país, a outra, ao outro. Sobre o rio existem pontes, uma das quais terei de atravessar para entrar no "Novo Mundo". Volto caminhando pela mesma ponte pela qual entrei no México, só que no sentido oposto.

A travessia da fronteira dos Estados Unidos, onde as pessoas e seus documentos são verificados, não é um lugar aprazível, para dizer o mínimo. É uma estrutura de ferro, contornada por cercas de arame farpado. Dito em termos pictóricos, é um estábulo.

O interior do prédio, no qual funcionários da Alfândega e Proteção da Fronteira dos EUA verificam as pessoas que chegam, faz-me lembrar uma propriedade abandonada em um *'hood*. Olho em volta. À minha direita, vejo um grupo de pessoas sentadas no chão, encerradas em uma cerca interna. Parece uma prisão dentro de uma prisão. Quem são elas?, pergunto a um funcionário.

– São cubanos.

O que estão fazendo aqui?

– Esperando para serem verificados.

Quantas horas eles vão ficar aqui?

– Mais do que isso.

Deus e Fidel Castro sabem o que essa resposta quer dizer.

Uma funcionária loura, visivelmente entediada, está a poucos metros de mim, e eu a abordo. Quanto tempo vai levar para que eu possa sair daqui?, pergunto.

– Não sei dizer. Ontem à noite, neste horário, estava levando umas duas horas e meia.

Essa travessia de fronteira fica a mundos de distância de uma verificação de passaportes no aeroporto médio dos Estados Unidos. A travessia de Laredo não é um aeroporto, e as pessoas que chegam não são ingleses nem japoneses, mas mexicanos.

A fila mal se mexe. Pergunto a um funcionário de bigode por que demora tanto.

– Se você não está gostando, volte para o México – retruca ele. A palavra *serviço* não se aplica aqui.

Espero, espero, espero. Só Deus sabe quanto tempo passa.

Há muitas pessoas aqui, todas esperando a vez para entrar legalmente no país, mas os funcionários são um bando de preguiçosos. Quase todos os guichês em que esses funcionários entrevistam as pessoas estão vazios. Em certos momentos, todos ficam vazios. Quando olho em volta para ver onde eles estão, descubro-os de papo uns com os outros, como se fosse um reencontro de turma escolar.

Até o guichê do caixa, onde é recolhida toda sorte de taxas por vistos e permissões, fica constantemente vazio. Quando aparece um funcionário ou uma funcionária, eles parecem esperar um agradecimento por tirarem dinheiro das pessoas.

Se não estou enganado, é mais fácil entrar ilegalmente neste país do que esperar em filas intermináveis como essas. A única hora em que os funcionários manifestam algum desejo de fazer alguma coisa é quando me "pegam" fazendo anotações em meu *smartphone*. Um funcionário se aproxima rapidamente de mim e exige que eu o desligue no mesmo instante. O iPhone, não sei se você sabia, é um aparelho ilegal nesta parte dos Estados Unidos.

Autonomia. Liberdade. Diversidade. Três palavras que não significam nada neste ponto de entrada nos Estados Unidos.

Quando chega minha vez, apresento meu passaporte – um passaporte americano – ao funcionário da imigração.

– Por que o senhor está vindo para este país? – pergunta ele.

Desculpe, mas o senhor poderia me explicar a natureza de sua pergunta? Eu lhe dei um passaporte americano; posso entrar e sair a hora que quiser. Qual é seu problema?

Ele não vai me deixar entrar enquanto eu não responder. É um homem acostumado a destratar os mexicanos e tem dificuldade de romper esse hábito.

Sou jornalista, digo-lhe. Mídia. Imprensa.

– Eu o ofendi? – ele pergunta nesse momento, oferecendo-me um sorriso que é a réplica exata do de um urso-cinzento de Yellowstone. E me deixa passar.

Volto a pé para o La Posada Hotel – e posso fumar no quarto! Meu quarto é fresco, aconchegante e bonito. O pessoal do hotel (todo mexicano) fez um ótimo trabalho. Tudo muito limpo e agradável!

Há milhões de mexicanos vivendo ilegalmente nos Estados Unidos, e, não fosse por eles, os americanos ricos teriam que limpar seus próprios banheiros.

Sinto orgulho de ser americano,
Onde ao menos sei que sou livre...
Amo esta terra.
Deus abençoe os Estados Unidos da América.

✧ ✧ ✧

No dia seguinte, caminho ao longo do rio Grande, no lado americano. O dia está quente e úmido – faz uns 38 °C –, mas quero ver o rio embaixo da ponte. Logo adiante avisto uma caminhonete da Patrulha de Fronteira e vou ver quem está lá dentro. Simplesmente assim.

Quando me aproximo, um guarda da patrulha baixa o vidro da janela e me olha. Suponho que esteja aqui para pegar imigrantes ilegais.

O senhor está sentado em sua caminhonete, a meio caminho entre duas pontes bem próximas, ambas bem vigiadas, suponho. Acha que alguém, em seu juízo perfeito, tentaria nadar para os Estados Unidos aqui?

– Nunca se sabe.

Ao longe, ouço um barco da Patrulha de Fronteira vindo em nossa direção. Os barcos dessa patrulha, pelo menos aqui, fazem mais barulho que os helicópteros. Por que são tão barulhentos?, pergunto ao homem.

– São velhos – ele responde.

Conversamos mais um pouco sobre uma coisa e outra, quando, de repente, notamos um saco de plástico transparente e uma mão nadando em direção a nós. O homem da patrulha sai de sua *van* e vamos seguindo o plástico, que não tarda a ser acompanhado por uma cabeça e, pouco depois, um tronco. É um homem, vivo e sadio, tentando entrar nos Estados Unidos da maneira mais fácil e fresca que pode haver. O guarda da Patrulha de Fronteira diz ao homem para pisar em terra, mas ele se recusa. O guarda se comunica por rádio com sua base e pede que mandem os barcos para pegar o nadador, só que demora um pouco para eles chegarem.

Olho para o homem. Ele fica em pé na água e levanta as mãos, mostrando dois sacos de plástico transparente, do tipo que se pegaria no setor de legumes e verduras de qualquer supermercado médio, mas não sei dizer o que há neles. Além dos saquinhos, ele não tem nada, e fico perplexo com a cena

que se desenrola diante de meus olhos. Um homem solitário que deixa tudo para trás e que, não sendo apanhado, entraria nesta terra sem nada. Tudo que tem é sua roupa molhada – uma muda – e dois saquinhos. Ele é uma operação de um homem só, que luta com a água e o exército mais poderoso do mundo, porque quer ficar aqui, mais perto do dólar.

O mexicano, um "*wetback*"[2], na gíria americana, nada para mais perto da terra, para dar uma olhada melhor em nós. O guarda torna a mandá-lo sair da água e pisar em terra. O mexicano não quer. Sabe que não lhe acontecerá nada de bom se pisar em terra.

Ao longe, o som do "helicóptero" é audível, e o "*wetback*" vira-se prontamente e começa a nadar na direção oposta. Agora, é uma corrida entre ele e os durões americanos. Quem atingirá seu alvo primeiro? Se o homem chegar primeiro ao lado mexicano, cruzando o ponto que divide o rio ao meio, os policiais do barco não poderão prendê-lo; se estes chegarem a ele primeiro, o homem será detido e ficará à mercê deles.

O homem dos saquinhos de plástico vence. No momento em que o barco está prestes a apanhá-lo, ele atinge o lado mexicano das águas.

✧ ✧ ✧

Após dois debates televisionados entre candidatos republicanos à Casa Branca, os americanos têm finalmente a oportunidade de assistir a um debate dos democratas, transmitido pela CNN. Os rivais criticam os males dos Estados Unidos, cada qual afirmando que solucionará os problemas dos Estados Unidos.

Hillary Rodham Clinton diz que "perdemos noventa pessoas por dia para a violência das armas de fogo", e é por isso que os Estados Unidos devem ter leis mais duras de controle das armas; Bernie Sanders diz que "temos mais gente na cadeia do que a China", e é por isso que os Estados Unidos precisam parar de prender as pessoas tão depressa e com tanta frequência.

Visto em conjunto, o quadro é este: se houver menos gente nas prisões, menos pessoas morrerão pela violência das armas.

Bernie, que se declara socialista, lembra um vovô simpático na tela da TV e parece ser um ideólogo – talvez o único entre os vários pré-candidatos dos dois partidos.

---

2. Gíria depreciativa e ofensiva. Ao pé da letra, significa "costas molhadas". [N. T.]

Mas Hillary vence o debate sem o menor esforço, não apenas por ser muito boa, mas porque os outros pré-candidatos não têm seu refinamento. Com o tempo, nunca se sabe, talvez os outros melhorem.

Meses atrás, como todos sabemos, ninguém achava que "o Donald" chegaria até aqui.

Chegou.

O mundo da política nunca é previsível, pois nunca segue uma linha lógica reta. Em suma, num dado ponto, ninguém, mas ninguém mesmo, é capaz de dizer quem será o próximo presidente de uma nação cujos habitantes têm medo de dizer a estranhos em que presidente votaram no passado.

Isso me intriga ainda mais, é claro, e quero dar uma espiada nos políticos americanos de antigamente. Para isso, vou a Houston conhecer um homem que deve saber das coisas.

O nome desse homem é Chase Untermeyer. Não se deixe confundir por seu sobrenome; ele é americano. E tem um título: embaixador.

Ao descer do elevador em seu andar, vejo este aviso: "Todos os visitantes devem registrar-se no Serviço Secreto, na suíte 950". Felizmente, os agentes do serviço secreto saíram. Só ficam aqui quando seu vizinho de sala, o ex-presidente George W. Bush, está por perto – o que não acontece hoje.

O embaixador Chase Untermeyer é ex-embaixador. Sua excelência serviu como embaixador dos Estados Unidos no Catar durante uns três anos, de 2004 a 2007. Peço-lhe que me explique por que muitos americanos se recusam a me dizer em que presidente votaram ou em que candidato pretendem votar.

– O voto num presidente dos Estados Unidos – responde ele – é o voto mais pessoal que qualquer cidadão americano pode dar. A força norteadora de seu voto é muito pessoal, e tem a ver com a personalidade do candidato.

Votar num senador e votar num presidente, ele me ensina, são coisas diferentes. O voto num senador tem a ver com problemas, ao passo que o voto num presidente é uma questão profundamente pessoal, que tem mais a ver com a simpatia pelo candidato, o gosto por sua personalidade, do que com problemas. Isso poderia explicar, é claro, por que, neste momento, os Estados Unidos têm um presidente que é democrata, enquanto a Câmara e o Senado estão nas mãos de republicanos.

Ótimo. Esse Untermeyer não tem nada de idiota. Deixe-me fazer-lhe mais umas perguntas.

Passando dos assuntos nacionais para os internacionais, peço ao embaixador Untermeyer que me explique por que os Estados Unidos são mais favoráveis a Israel, enquanto a Europa é mais favorável à Palestina, como parece ser o caso, com base no histórico de votação dos vários países em foros internacionais. As pessoas dos Estados Unidos e da Europa são diferentes, ou os líderes americanos e europeus é que são diferentes?

– Digo a muitos de meus amigos árabes, quando eles suspeitam de que a razão de os Estados Unidos serem tão pró-Israel decorre da influência dos judeus nos Estados Unidos: se o futuro de Israel e o apoio que lhe dão os americanos dependessem unicamente dos judeus, Israel nunca teria o mesmo apoio que tem.

E por que os Estados Unidos apoiam Israel?

– Porque inúmeros cristãos são admiradores do espírito israelense, o qual veem como um espírito afim do americano.

O que o senhor quer dizer?

– Ir para um outro país, ser pioneiro, enfrentar perigos.

O embaixador Chase também me revela sua convicção de que a paz entre Israel e a Palestina é possível, e diz conhecer pessoalmente muitos árabes que veem os judeus como "o povo do Livro".

Digo-lhe que pare de sonhar, já que a realidade *in loco* prova que o conhecimento dele não tem valor. Um dia desses, conto-lhe, viajei a Doha num trabalho para o jornal *Die Zeit*, e, quando aterrissei, os catarenses me deram um visto em que alteraram minha cidade natal para "Nova York", embora meu passaporte americano explicite com muita clareza que nasci em Tel Aviv. Eles se recusaram a escrever "Tel Aviv".

– Isso é novidade para mim – disse o embaixador.

Anos atrás, conto-lhe também, eu ia tomar um voo para Riad e enfrentei dificuldades na obtenção do visto, porque os sauditas exigiam que os viajantes declarassem em que religião tinham sido criados, mas "judaísmo" não existia em sua lista. Por quê? Para eles, obviamente, o judaísmo não existe.

O embaixador não sabia disso, segundo me afirmou.

Terminei por obter o visto, mas só depois de a Casa Branca intervir em meu favor. O embaixador surpreendeu-se. Na verdade, apesar de ter passado um bom tempo no mundo árabe – viaja amanhã para o Catar, por exemplo –, ele não sabe praticamente nada sobre o mundo árabe.

E admite isso.

Não há ninguém no Departamento de Estado que lhe saiba dizer o que está acontecendo, pergunto, ou será que os Estados Unidos se iludem conscientemente?

– A natureza dos políticos e dos formuladores das políticas consiste em tentar fazer com que a realidade se encaixe na teoria, ou que se encaixe na política, e não o inverso. No governo americano, há sempre uma tendência a fazer os fatos se conformarem à filosofia e se conformarem à política, a fim de justificar essa política ou de justificar sua mudança.

Mas o senhor sabe que isso não funciona; não é possível modificar os fatos...

– Não funciona, mas isso não impede que os políticos o façam.

Por quê?

– Porque atende a seus interesses.

Em outras palavras, a política externa americana baseia-se em contos de Cinderela, fabricados nos mais altos níveis do governo.

Isso é bizarro, muito bizarro, mas é provável que o embaixador Untermeyer esteja certo. Em quase todos os lugares em que os Estados Unidos se envolvem demais, seus esforços acabam saindo pela culatra. Os Estados Unidos invadiram o Iraque, destroçaram-no com as bombas e mataram milha-

res e milhares de pessoas, mas acabaram não alcançando nenhum de seus objetivos declarados. Ao contrário: o Estado Islâmico não existiria não fosse por essa invasão, e o Irã não seria o poço de energia que é hoje.

Os Estados Unidos bombardearam a Líbia dia e noite, infligindo mortes e destruição colossais apenas para ver a Líbia pior do que nunca. O Egito seria muito mais pacífico, hoje em dia, se não tivesse havido a intervenção diplomática americana. Isso sem falar no Afeganistão, onde os talibãs têm o domínio supremo, ou na Coreia e no Vietnã, e em mais uma porção de outros problemas internacionais.

Por que os Estados Unidos fracassam em quase todas as iniciativas que tomam no exterior? Porque os fatos não têm importância.

Genial.

Ao sair do escritório de Chase, fico pensando que o bombardeio americano de países estrangeiros deve ter uma razão mais sensata do que as que ele declarou; talvez tenha a ver com o prazer dos governantes de ver grandes bombas explodirem em algum lugar sob seu comando. Os cidadãos comuns, como Andrea e o marido, gostam de disparar armas em Wisconsin, mas as altas autoridades, republicanas e democratas, gostam de usar bombas maiores.

✧ ✧ ✧

Dentre todas as guerras com engajamento dos Estados Unidos, quer neste momento, quer no passado recente, nenhuma tem tanta sensação de cruzada quanto a guerra ao tabagismo. Trata-se de uma guerra total. Hotel após hotel, café à beira da calçada após café à beira da calçada, todos são cem por cento livres de fumo, em quase todos os estados que visitei. Os leprosos e párias de hoje, os fumantes que vivem em nossa época, têm que buscar lugares em que possam satisfazer seu vício, em geral de 7,5 metros a quinze metros de distância de qualquer café ou entrada de hotel.

É numa dessas "praças de leprosos" que agora me junto a outros fumantes, todos europeus. E eles falam. Os americanos, dizem-me, são idiotas de carteirinha. O que os torna tão burros?

– Eles não sabem onde fica a Holanda no mapa – diz-me um holandês.

Uma francesa sentada a seu lado concorda. Os americanos, diz ela, não sabem onde fica Paris no mapa. Em suma, não têm cultura.

Qual é o nome do primeiro estado a oeste de Nova York?, pergunto ao holandês culto.

– Dakota do Norte.

Os outros europeus concordam.

Onde fica Israel?

– Na África.

Tem certeza?

– Sim!

Os europeus, pelo menos esses, são muito cultos.

✧ ✧ ✧

Uma das questões que são exclusivas dos Estados Unidos é o problema de pretos e brancos. Ele se recusa a morrer. Mas existem negros, uma minoria deles, que estão bem de vida, dirigem automóveis caros, moram em belas mansões e têm dinheiro suficiente. Como se sentem eles?

Pergunte a Darryl. Conheci Darryl, um advogado e lobista que por acaso também é negro, num dos melhores restaurantes de Houston, a uma mesa abarrotada de texanos ricos. Uma moça negra que trabalha numa estação de televisão local acaba de nos dizer, a nós, um grupo quase todo branco, que não existe racismo nos Estados Unidos, que os negros são responsáveis por quaisquer problemas que tenham, e que, se existe racismo, é dos negros contra os brancos. Ao ouvir isso, a pressão sanguínea de Darryl tem um pico. Ele pergunta se pode falar comigo em particular, e então saímos para conversar na rua.

Ele quer pôr os pingos nos "is". Começa por me dizer que vive melhor do que a maioria das pessoas do mundo, simplesmente em virtude de ser americano. Nos Estados Unidos, diz, "não há teto nem piso", e qualquer um que almeje um grande sucesso tem chance de subir tão alto quanto seus sonhos. Mas ele é discriminado por causa da cor de sua pele, diariamente.

– Meu irmão, que é mais velho que eu, está na prisão há mais de trinta e dois anos, acusado de estuprar duas mulheres brancas. As provas periciadas de sangue e cabelo não combinaram. O pelo pubiano retirado das duas mulheres não combinou com o dele, mas ele foi condenado. Duas vezes. E, no Texas, quem é condenado por estuprar uma mulher branca vai passar o resto da vida na cadeia. E foi essencialmente isso que aconteceu.

Você diz que é discriminado todos os dias. Como? É parado pela polícia?

– Isso também! Já fui parado 129 vezes, desde meus quatorze anos. Estou com cinquenta.

Quando foi a última vez que o pararam?

– Na sexta-feira passada.

O que aconteceu?

– Eu vinha pela rua, a caminho de casa. Havia um sujeito me seguindo, logo atrás de mim. Acelerei, tentando entrar na garagem para escapar dele. Quando acelerei para a entrada de garagem, o sujeito saltou do carro, correu até a mala e tirou dela um AR-15.

Uma espingarda?

– Um fuzil semiautomático, capaz de matar todas as pessoas deste restaurante com um só carregador. Quando vi a arma, saltei do carro. Um policial se aproximou. Passou pelo homem armado, ignorou-o e veio atrás de mim. "Por que diabos você está acelerando?", perguntou. "Aquele sujeito pegou um AR-15." Ele perguntou: "Que sujeito?". Respondi: "O que está no meio da rua". O policial olhou para trás. Havia um grupo de pessoas, vizinhos que por acaso são brancos, e que lhe disseram: "Policial, o senhor passou com o carro por um sujeito parado com um fuzil no meio da rua".

O cara do fuzil era branco. Darryl é preto. O policial só viu o preto acelerando, mas não o branco com o fuzil, bem diante de seu nariz. Darryl ficou irritado e quis que eu soubesse disso.

Outro preto do mesmo grupo sai e me conta uma história parecida. A mensagem dos dois é clara: a divisão brancos-pretos nos Estados Unidos não é uma divisão entre pobres e ricos, mas de caráter racial.

É tudo referente à raça.

E isso levanta a pergunta: de que raça sou eu?

Estou em Houston, e, em Houston, há firmas de toda sorte, não só empresas de petróleo. Uma dessas outras companhias chama-se Family Tree DNA.

Hoje em dia, há muitos americanos fazendo testes de DNA porque, como pessoas "diversificadas", querem saber quem são, realmente. Há pretos, segundo me informam, que fazem esse teste para descobrir se têm genes brancos, o que significaria que são brancos, na verdade. Faz todo o sentido.

Quem sou eu? Sou judeu, ou talvez seja realmente saudita. Pessoalmente, eu gostaria de ser um xeque saudita.

Vou fazer o teste racial. O teste de DNA é rápido e quase indolor. Recebo um *kit* que me identifica por um número, e me dão uma coisa parecida com um par de escovas de dentes. Tudo que tenho que fazer é pegar essas escovas e esfregá-las na parte interna das bochechas. Esfregar, esfregar, esfregar, esfregar,

esfregar, esfregar, esfregar. Depois, ponho as escovas nuns recipientes pequenos, aos quais meu número é atribuído. Em algumas semanas, informam-me, receberei um laudo detalhado sobre quem sou e de onde venho.

Mal posso esperar.

✧ ✧ ✧

Oscar, Oscar, onde estão as boas pessoas do Texas? Por acaso você quis dizer o povo de Vidor? Vidor, segundo eu soube, é uma cidade racista de *skinheads*, onde a Ku Klux Klan costumava fazer vários desfiles.

Nunca vi de perto um personagem da KKK e gostaria de vê-los agora, desfilando ou não. Vou a Vidor, no sudeste do Texas. Meu Captiva pode ir a todo e qualquer lugar.

O Captiva não é branco; é cinza, meio prateado, e espero muito que o prata seja uma cor legal na terra da KKK. O carro não é preto, e espero que isso já seja suficiente.

Quando chego a Vidor, paro no primeiro estacionamento que encontro, o de uma loja de produtos usados em consignação, desço do Captiva, digo-lhe para buzinar se surgir algum problema, e entro. O que posso ver em Vidor?, pergunto na loja.

Nem os clientes nem o dono estão acostumados com um estranho pintando em sua vida com esse tipo de pergunta. Eu lhes garanto que não sou policial, agente da NSA ou mesmo agente do FBI. Sou apenas um turista gordo da Europa. Eles sorriem e conversam comigo.

Ao que eles saibam, dizem, não há nada de especial para ver em Vidor. Há alguma coisa específica que o senhor esteja procurando?, perguntam.

A sinceridade é a melhor política, diz um ditado americano, e lhes digo que estou procurando uma meia dúzia de doçuras da KKK.

Ninguém sabe me ajudar:

– Acho que eles já morreram – diz-me um rapaz. – Meu velho avô foi membro da Klan – acrescenta, mas isso é coisa do passado. A KKK, outros me dizem, deixou a cidade há dez, vinte ou trinta anos.

Há *skinheads* por aqui?

Ah, esses tipos existem aos montes, deve haver uns mil.

Ótimo! Onde eu poderia encontrá-los, exatamente?

– Eles se drogam com metanfetamina – informa um homem, voluntariamente, e seria melhor que eu os evitasse.

Sem chance. Quero vê-los.

É melhor o senhor não ir lá, diz ele, a não ser que esteja armado. Eu não tenho arma nem pretendo comprar nenhuma hoje.

Trata-se de um lugar perigoso, ele me avisa, e quem vai lá pode esperar levar um tiro, ser assaltado, ou as duas coisas.

– É melhor o senhor não os conhecer – diz o homem. – Eles são do tipo que vai assaltá-lo e lhe roubar tudo. Eles não prestam.

Os *skinheads*, diz uma moça, são membros de uma gangue mal-afamada, a Aryan Brotherhood [Irmandade Ariana], e vivem em casas móveis, em *trailers*. São a ralé branca, além de serem porcos.

– Ninguém vai lá – acrescenta em tom severo.

As outras pessoas da loja concordam.

Logicamente, eu deveria ouvir seus conselhos. Mas a possibilidade de ficar cara a cara com mil indivíduos antipretos e antijudeus, num lugar só, desperta minha curiosidade, e eu fico surdo a seus avisos. E não é só. Eu adoraria, *adoraria* ver uma cerimônia Àsatrú. Perdi o ofício religioso na prisão de Dakota do Norte; não devo perder mais este, ah, não!

Para onde devo ir, exatamente, pergunto, para chegar aos supremacistas brancos viciados em metanfetamina e moradores de *trailers*? Eles me dão instruções: dirija para o sul, atravesse os trilhos ferroviários, passe pela igreja, vire à esquerda, depois à direita, e o senhor os verá.

Vou dirigindo. Dois minutos depois, ao olhar para a direita, vejo alguns carros de polícia cercando dois jovens brancos. É uma detenção, suponho.

Dirijo até lá.

Os policiais algemam uma moça loura e a empurram para dentro de um carro da polícia. Feito isso, procedem da mesma forma com o rapaz louro. O veículo deles, uma picape velha, está sendo apreendido. Crime? Narcóticos. Os *skinheads* da região, diz-me um dos policiais, estão muito aborrecidos hoje, porque a polícia deteve vários deles.

Penso em Andrea, que me disse que os policiais atiram em mais brancos do que pretos, e fico pensando: será verdade? Não sei.

Faço uma pequena pesquisa e o que descubro é isto: durante 2015, até hoje, quase 250 pretos e perto de quinhentos brancos foram mortos por integrantes da força policial dos Estados Unidos.

Onde ficam os *skinheads*, exatamente?, pergunto ao tira.

Não vá lá, ele me diz, e acrescenta:

– Eu não iria lá!

O Captiva e eu seguimos em frente.

Viro à direita, à esquerda, inverto a direção, sigo reto à direita, depois à esquerda, reto, uma vez atrás da outra; dirijo por toda parte. Não se ouve um só tiro. Ninguém me incomoda. Quando paro para pedir instruções, recebo respostas amáveis e instruções úteis.

Onde estão os *skinheads*? Onde estão as armas? Onde estão os caras viciados em metanfetamina? Onde estão os arianos? Onde estão os adoradores de Àsatrú?

Há uns *trailers* aqui, alguns com grandes bandeiras americanas, mas é só. Passo um tempo considerável procurando racistas e antissemitas, mas não acho nenhum. Esta parte do mundo é tão perigosa quanto Dearborn.

Sim, é possível que haja uns malucos de verdade morando aqui. Também é possível que alguns malucos de verdade estudem na UC Berkeley.

Quando me vou afastando com o carro, reparo num restaurante chamado Schnitzel. Devem ser alemães, parte dos cinquenta milhões. Deixem-me ir lá.

Quando paro no Schnitzel, a dona está fazendo uma pausa para fumar do lado de fora, e eu me junto a ela. Chama-se Monika e veio da Alemanha, originalmente, mas mora há muitos anos nos Estados Unidos. Ela me diz que tudo que eu possa ter escutado sobre Vidor não tem fundamento na realidade. Talvez tenha sido assim, há uma ou duas gerações, mas os neonazistas que viviam aqui foram embora por vontade própria, ou foram obrigados por um ou outro órgão de governo a partir, ou simplesmente faleceram.

Conforme continuamos a conversar, fumando mais dois cigarros, ela me fala de muitos de seus pensamentos, contando inclusive que apoia Israel. Pois é. Se você quiser conhecer uma alemã que apoia Israel, venha a Vidor, no Texas.

Terminados os cigarros, entramos. Já é tarde, falta mais ou menos uma hora para o restaurante fechar, e agora só há duas pessoas nele. Ambos são filhos de pais alemães, um deles um homem mais velho, o outro, de meia-idade, e ambos são monges de uma cidade próxima. Ontem à noite, diz-me um deles, num alemão perfeito, noventa e sete pessoas ficaram hospedadas em seu mosteiro. Os dois estão muito felizes por terem o poder de influenciar pessoas.

Nem todas as pessoas, como você sabe, pensam da maneira correta. Monika, por exemplo. Apoiar Israel é um erro, um erro terrível, dizem eles.

Por quê?

– Os palestinos viviam lá há setecentos, oitocentos anos, e aquele pedaço de terra lhes pertence.

Os judeus não viviam lá também? Pelo menos, é o que diz a Bíblia, não é?

Ao ouvir isso, eles se irritam comigo. Por que é, pelo amor de Deus, que estou metendo a Bíblia nesta discussão?

Bem, digo eu, os senhores são monges, não são?

Isso os deixa ainda mais irritados. Estou invadindo sua privacidade, dizem, de repente. Eles acabaram de jantar uma comida ótima, a comida com que a mamãe costumava alimentá-los, a boa comida alemã, e eu tinha que aparecer aqui e mencionar a Bíblia! Que atrevimento!

– A Bíblia não é um livro de história. O que a Bíblia diz são apenas alegorias – afirma o monge mais moço, que agora está muito, muito aborrecido.

Por mim, está tudo perfeitamente bem, retruco. Mas, já que as histórias da Bíblia são apenas alegorias, será que também podemos concluir que o próprio Jesus é só uma alegoria?

Acabou-se a discussão, declara o monge mais moço. Agora eu realmente ultrapassei todos os limites. O mais velho acrescenta que a mídia é controlada pelos "ricos".

O senhor se refere aos judeus?

É óbvio que sim, e por isso o monge mais novo faz sinal ao mais velho, imediatamente, para que ele pare de falar; levanta-se, e os dois se retiram.

Eu estava tentando conversar com *skinheads* racistas de Vidor e acabei com dois monges de fora da cidade, que enchem a barriga de *schnitzels* e a alma de ódio.

Quando entrei no Texas, um monumento aos mortos que lutaram contra o ódio me recebeu, olhando-me de frente. Ao sair do Texas, retribuo esse olhar e o que vejo são vivos carregados de ódio comendo *schnitzels*.

Adiós, Texas, olá, Louisiana.

Portão 21

Um homem sem dentes tem um sorriso celestial.

Na chegada à Louisiana, paro junto a um pequeno restaurante. Espero que este estado finalmente salve a reputação dos Estados Unidos para mim e que eu encontre aqui alguma comida de qualidade. A Louisiana, já me disseram muitas pessoas, é um estado em que os habitantes gostam de comer bem e sabem fazer comida, boa comida.

A garçonete vem a minha mesa e começa a falar. Ah, meu Deus do céu, não faço ideia do que está dizendo! Há muitos sotaques nos Estados Unidos, e eu achava que compreendia todos. Mas, ai de mim, como estava errado!

Tento puxar conversa, só para fazer meus ouvidos se acostumarem com esse novo sotaque. Qual é a melhor coisa da Louisiana?

– *Bores* – diz a moça.

Bores?

– Muitos *bores*.

É só isso que vocês têm: gente chata[1]?

Agora é ela quem não faz ideia do que estou dizendo. Levo algum tempo de pura confusão e prazer, até decifrar o sotaque com sucesso. Foi *bares* que ela disse, não *bores*. Passam-se mais dez minutos e, ao final deles, já nos entendemos perfeitamente.

---

1. "*Bore*", em inglês, significa chato, maçante, aborrecimento etc. [N. T.]

Bares.

Do lado de fora da janela há um grande cartaz sobre Jesus. Vi mais cartazes sobre Jesus nesta viagem do que me interessa contar, mas esse é especial. Vejamos:

Jesus
Há poder Quando você simplesmente Diz Seu nome.
Obrigado, Jesus.

Chega a comida. Frita e deliciosa. Obrigado, Jesus. Alguém neste país sabe fazer comida. Aleluia!

Entre as notícias principais de hoje na mídia americana, escritas num sotaque claro, leio estas:

Washington Post: "Manifestantes palestinos atearam fogo num santuário judaico sagrado na Cisjordânia". *Fox News*: "'Como esfaquear um judeu.' Líderes palestinos condenados por violência".

Será que a mídia americana não pode ocupar-se com outras coisas, digamos, com a Zona Vermelha, e com outras pessoas, digamos, com o Cão Raivoso?

✧ ✧ ✧

A temperatura na Louisiana está uns dezessete graus mais baixa que no Texas. Adoro a Louisiana! Continuo a dirigir.

Em algum lugar ao longo da estrada, acho que se chama Pierre Part, vejo pessoas em abrigos para barcos e paro. Vou visitar um desses abrigos. A dona, Pam, está sentada na varanda com algumas mulheres, suas convidadas.

– Hoje de manhã, meu marido matou um cervo; foi caçar cervos. A gente o congela e depois corta – ela diz. – Ele vai caçar de novo hoje à tarde e matar outro. Vamos pôr o bicho no *freezer* e teremos carne para o ano inteiro. Vocês todos querem um café?

Todos queremos. No norte, eles dizem *you guys*. No sul, dizem *y'all*[2]. Você se orgulha de ser americana?, pergunto à Pam, enquanto beberico seu café americano.

---

2. O termo *you*, na língua inglesa, não diferencia singular e plural e nos EUA são comuns as expressões *you guys* (no Norte) e *y'all*, a contração de *you all*, no Sul, para deixar claro que se dirigem a mais de uma pessoa. [N. T.]

– Eu me orgulho muito! No Dia do Trabalho, recebemos uns guerreiros feridos. Alguns não tinham pernas. O senhor sabe, aquele país distante horroroso.

Iraque?

– África, Afeganistão, essa coisa toda, o senhor sabe. E eles vieram aqui, e meu marido os levou para passear de aerobarco. Eles ficaram todos... e, antes de irem embora, deram a meu marido um coração púrpura[3]. Sim! Quer dizer, foi... foi triste, mas fiquei muito contente por ter conhecido essas pessoas.

O que eles lhe disseram sobre o Afeganistão?

– Ah, ele se feriu, a perna foi arrancada numa explosão, mas ficou tão preocupado com o amigo, que viu que estava sangrando, que rastejou até lá, só para tentar salvar a vida dele. Quer dizer, eles nos contaram...

Ele lhe explicou por que os Estados Unidos estão lutando no Afeganistão?

– Não.

A senhora sabe por que os Estados Unidos estão lutando no Afeganistão?

– Não. Porque parece que não está ajudando nada. Eles só continuam lutando, lutando, lutando.

Ele lhe disse o que está acontecendo no Afeganistão, qual foi a razão de os Estados Unidos terem ido para lá?

– Tem certas coisas de que eles querem falar, e coisas de que não querem falar.

Nunca lhe disseram por quê?

– Não.

A senhora sabe por quê?

– Não. Não faço a menor ideia de por que eles estão lutando.

Mas fica do lado deles?

– Eu apoio meus soldados. Sim.

Ela pensa por um segundo sobre a melhor maneira de explicar o que sente a um estranho, e então diz:

– Meu tio esteve na Coreia.

Ela não votou no Obama, conta-me, apesar de ser democrata, por sentir desprezo por ele. Pergunto-lhe se não gosta de pretos.

---

3. Condecoração militar outorgada pelos Estados Unidos a integrantes de suas forças armadas que são feridos ou mortos em combate. [N. T.]

– Ah, eu não me incomodo com os pretos. De jeito nenhum.

As duas amigas de Pam tomam café e me dizem por que os Estados Unidos foram à guerra no Iraque. Razão? Os iraquianos vieram aqui e explodiram as Torres Gêmeas de Nova York. Digo-lhes que aqueles terroristas não eram iraquianos, mas sauditas, porém elas não veem a importância disso. Qual é a diferença, afinal? Iraquianos, sauditas. É tudo a mesma coisa. Uma das mulheres tem quinze a vinte armas de fogo em casa, a outra tem trinta. Por que não? Se você pode bancar o custo de mais de uma arma, por que não ter trinta?

O que vejo aqui não é uma visão comum: americanos convivendo socialmente. Na maioria das vezes, pelo que pude ver, não é o que acontece. Os pretos e hispânicos tendem a ter um convívio social maior, mesmo nos guetos, entre os tiroteios, mas os brancos costumam ficar sozinhos, fazendo amizade com seus televisores e convivendo socialmente com seus automóveis. É agradável testemunhar esta exceção.

Ao me retirar, penso em Robin. Robin não apoia seus soldados, apoia a justiça. Nem todo mundo é Robin.

✧ ✧ ✧

Em uma hora, talvez duas, chego a Nova Orleans. Só fazemos dirigir, o Captiva e eu. Não conseguimos ficar parados.

O primeiro homem que encontro é Mike, um preto alto e gordo que anda para lá e para cá com um copo de cerveja. Meu amigo, sabe me dizer o que vem a ser Nova Orleans?

– Em Nova Orleans, você pode beber feito um astro de *rock*, comer feito um porco e cair na gandaia feito um bicho. Faça-se a análise que fizer, é sempre uma diversão.

Ele se diverte. Chega até a contar, para o caso de eu querer saber, quantos dedos tem ao todo nas duas mãos:

– Seis em uma, meia dúzia na outra.

Nova Orleans, outros me dizem, é futebol americano. Para ser mais exato, o New Orleans Saints, que é o time profissional do lugar. Com sua longa história de bordéis e bêbados, escravos e *jazz*, Nova Orleans não poderia inventar um nome melhor para sua equipe esportiva profissional.

Santos. Está bem.

Para os turistas, Nova Orleans tem a ver com o French Quarter [Bairro Francês], onde eles tomam grandes copos de cerveja e dançam ao som de músicas executadas por músicos e cantores de *jazz* e *blues* medíocres. Estou na rua Bourbon, uma das mais afamadas do French Quarter, e me entedio bem depressa. É uma tremenda armadilha para turistas!

Saio a pé do bairro para o resto da cidade de Nova Orleans, procurando conhecer gente de verdade, e não tardo a conhecer Frank. Ele está andando de bicicleta num bairro negro da cidade e para ao me ver. Parece ter mais de setenta anos e perdeu quase todos os dentes, mas traz no rosto um sorriso que se recusa a morrer.

Quem é esse homem?

Em 1971, Frank me conta, ele foi à Alemanha, onde passou quatro anos, como parte de seu serviço militar. Era, como dizem aqui, um "GI" (*Galvanized Iron/Government Issue* [ferro galvanizado/propriedade do governo], pessoal militar dos EUA)[4].

O senhor fala alemão?

– *Kinder Deutsch* (alemão de criança) – responde ele em alemão, com uma risada sonora.

O que fez quando voltou?

– Fui motorista de caminhão.

O que me pode dizer sobre os Estados Unidos?

– Este é um grande país para se viver, um dos melhores do mundo.

Frank leva alguns minutos para se sentir à vontade comigo e, quando isso acontece, conta uma história diferente, a história real.

Anos atrás, mais ou menos dez, conta ele então, Frank trabalhava na construção civil e foi informado de que "não poderia usar o banheiro" da casa.

Por quê: por ser preto?

– Isso mesmo.

E o que o senhor fez?

Bem, quando havia um banheiro na garagem, ele podia usá-lo, mas não o do interior da casa.

4. O autor alude a alguns significados atribuídos à abreviatura "G.I.". Na origem, ela representou *galvanized iron* (ferro galvanizado), sendo gravada nas peças do equipamento militar norte-americano feitas desse material; naturalmente, elas eram supridas pelo governo (*government issue*); com o tempo e o uso informal, G.I. passou a significar os próprios soldados, sobretudo da infantaria (*General Infantry*). [N. T.]

– A gente trabalha para uma pessoa, e, se perguntar se ela nos deixa usar ou não o banheiro, ela pode nos despedir, porque a gente realmente pediu para usar o banheiro dela.

Isso ainda acontece até hoje? De acordo com Frank, sim.

Frank não gosta do presidente Obama.

– Para mim – diz –, ele não fez nada.

Com Obama, ele afirma, seus cupons de alimentação foram retirados, e, hoje em dia, sua única renda é a que recebe da Previdência, que totaliza 762 dólares por mês.

Fico tentando calcular como ele vive com uma soma tão pequena.

Quanto o senhor paga de aluguel?

– Não tenho casa.

Onde o senhor mora?

– Na rua.

Onde toma banho?

– Na Missão.

Uma igreja?

– Sim.

E onde vai ao banheiro?

– No Burger King.

Mas ele tem plano de saúde.

Frank tem quatro filhas e quatorze netos, mas não pede ajuda às filhas. Não iria querer "tirar comida da boca das meninas", explica. Não quer que as filhas saibam que está sem teto. E, para garantir que não descubram, não se mantém em contato com elas. Mas, de vez em quando, dá uma passada perto das casas delas, só para dar uma espiada nos netos.

Não é fácil escutar Frank, um homem sem dentes e com um sorriso enorme. Sim, Oscar: achei a gente boa, bem aqui no Sul. Vou passar mais um tempo por aqui, no Sul. Quero conhecer mais gente boa.

Portão 22

Se você está planejando manter relações sexuais, espere a permissão verbal de seu parceiro ou parceira antes de cada etapa sucessiva.

Mississípi. Estou dirigindo no Mississípi. "Quando a vida ficar difícil demais para aguentar de pé, ajoelhe-se." É o que diz a enorme placa da Primeira Igreja Batista de Gautier, no Mississípi. Um cartaz maior, à direita, afirma: "Nós apoiamos Israel. Gênesis 12:3, Salmos 122:6".

Eis o versículo do Gênesis: "Abençoarei aqueles que te abençoarem, e amaldiçoarei aqueles que te amaldiçoarem; e todos os povos da terra serão benditos em ti". E o versículo dos Salmos: "Orai pela paz de Jerusalém. Que vivam em segurança aqueles que te amam".

Durante dois mil anos, a maioria dos cristãos não considerou que esses versículos se aplicassem a um Estado judaico nem aos judeus em geral. Essa igreja do Mississípi, tal como o pessoal da CUFI, tem certeza de que esses versículos se aplicam ao estado de Israel. Como foi que se deu essa mudança?

Saio de meu querido Captiva e entro na igreja, onde conheço o pastor David, o chefe do lugar. Pergunto-lhe se o apoio a Israel é só por causa da Bíblia, ou se há também algum tipo de apoio inerente aos judeus. Ele se recusa a responder. Por quê?

A Igreja é uma organização que tem isenção de impostos, diz ele, e poderia perder seu *status* fiscal se ele, o pastor, respondesse a essa pergunta.

Ponto final. Mas, prossegue, se eu quiser saber o que ele pensa, terá prazer em me revelar suas opiniões, desde que eu pare de gravá-lo.

Desligo meu iPhone e temos uma conversa interessante, a qual, infelizmente, não posso revelar. Chama-se isso liberdade de expressão, estilo americano.

Não é que as pessoas não possam falar neste país. Às vezes, surpresa, elas são solicitadas a falar sem interrupção.

Eis um exemplo: Jerry Brown, o governador da Califórnia, acaba de aprovar uma legislação que exigiria que as escolas oferecessem aulas de saúde, para ensinar uma doutrina do "sim quer dizer sim" nas relações sexuais. Isso significa que as pessoas engajadas em atividades sexuais devem pedir um "sim" do parceiro ou parceira a cada etapa do contato sexual.

Seria mais ou menos assim:

– Posso dizer-lhe o que sinto por você?

– Pode, sim.

– Eu sinto atração por você.

– Obrigado.

– Posso pegar suas mãos?

– Sim, pode.

– Posso acariciá-las?

– Pode, sim.

– Posso dar-lhe um beijo?

– Pode, sim.

– Posso tocar seus joelhos?

– Pode, sim.

– Posso tocar seu nariz?

– Pode, sim.

– Posso tirar meus sapatos na sua frente?

– Sim, pode.

E assim por diante, falando, falando, falando sem parar, até chegar um bebê – se é que ele vai chegar.

Essa é a parte da liberdade no estilo californiano. Acho que ninguém no Mississípi se submeterá a essas regras, jamais.

Aqui no Mississípi, um galão de gasolina custa 1,74 dólar. Em Castro, em San Francisco, custa 3,89.

O que mais há de novo, ultimamente? O primeiro-ministro do Canadá, Stephen Harper, foi derrotado nas eleições gerais e será substituído por

Justin Trudeau. O *Huffington Post*, numa reportagem da Associated Press, descreve Harper da seguinte maneira: "Ele reduziu aos poucos os impostos sobre a circulação de mercadorias e os impostos das pessoas jurídicas, evitou uma legislação sobre a mudança climática, apoiou a indústria petrolífera contra os ambientalistas e apoiou o governo direitista de Israel". Mudança climática, Israel. Que bela salada.

Passo a noite no fabuloso Beau Rivage Resort and Casino, em Biloxi, no Mississípi, onde aposto um dólar num caça-níqueis, perco imediatamente oitenta centavos e deixo as jovens de sorrisos sensuais me suprirem de intermináveis drinques gratuitos e, de manhã, o Captiva me diz: Vamos para Montgomery, no Alabama! Não há problema, Captiva. Se você está a fim, eu também estou. Vamos embora!

Portão 23

Por dez milhões de dólares, 23% da população se prostituiriam durante uma semana ou mais, e 16% abririam mão de sua cidadania americana.

Quer saber em que hotel me hospedo em Montgomery? Eu lhe conto. No Hilton. E eles me dão um quarto para fumantes. Deus abençoe Montgomery!

Sento-me, fumo no quarto, sentindo-me livre na Terra dos Livres, e só então me levanto para caminhar pelas ruas de Montgomery, o Lar dos Valentes.

Montgomery foi a primeira capital dos Estados Confederados da América. Foi nela que se expediu a ordem de que fosse disparado o primeiro tiro na Guerra da Secessão. Era aqui que Martin Luther King Jr. tinha sua igreja, a Igreja Batista da Avenida Dexter. E foi aqui, nesta cidade, que Rosa Parks se recusou a dar seu lugar no ônibus a um branco, o que desencadeou o boicote aos ônibus de Montgomery e acionou o movimento em prol dos direitos civis nesta nação.

Como sei de tudo isso? Alguns moradores locais me disseram. Que moradores locais? Já, já eu lhe digo.

No início de minha jornada pelos Estados Unidos, pensei que Filadélfia representasse a cidade mais "histórica" deste país, e depois achei que talvez fosse Gettysburg, mas, agora que estou aqui, acho que o título de "Cidade Mais Histórica dos Estados Unidos" deve ir para Montgomery, na verdade.

Sim.

Vou visitar a igreja da rua Dexter, que é praticamente um museu e cobra 7,50 dólares de entrada. Você já esteve nela? O escritório de Martin Luther King Jr., bem aqui, é uma visão interessante. A escrivaninha, a escrivaninha original de Martin, é a peça mais destacada da sala, e há também uma estante com alguns livros. Dou uma checada nos livros. Quase todos são volumes dispersos de uma antiga enciclopédia judaica. Como vieram parar aqui?

É aqui que fico sabendo que Martin Luther, tanto o pai quanto o filho, não começaram a vida com esse nome. Chamavam-se Michael, mas, depois das viagens de King pai a Berlim e Jerusalém, em 1934, os nomes foram trocados por um nome mais altivo: Martin Luther[1].

Vou ficando por algum tempo, depois saio. Do lado de fora, avisto duas pessoas pretas num veículo pequeno, que parece um trator para cortar grama, e lhes peço que me digam quando foi que os negros tiveram permissão para votar neste país. Foi depois da Proclamação da Emancipação do presidente Lincoln, em 1862, ou só depois da Lei de Direitos de Voto, de 1965?

Eles não sabem. Têm que cortar grama, não votar.

Uma jovem preta atraente, de batom cor-de-rosa, também diz:

– Não sei. – O que ela de fato sabe é isto: – Minha primeira paixonite foi pelo Martin Luther King Jr.

Qual foi a segunda?

– Obama, porém não é mais.

Por quê?

– Estou decepcionada com ele.

Por quê?

– Nem me faça começar.

Quem sabe tudo sobre a história dos negros?

Agora eu lhe direi. Os moradores locais que sabem tudo sobre os direitos de voto, King, Parks e o resto da história de pretos e brancos neste país, os residentes locais que me contam tudo sobre ela, são os judeus locais e seus líderes. Esses judeus apoiam os negros e têm dedicado seu tempo a ajudá-los.

Quantos negros estão do lado dos judeus em suas lutas contra o antissemitismo?, eu lhes pergunto.

---

1. Note-se que o nome se traduz por Martinho Lutero. [N. T.]

Eles não conseguem dar o nome de um só.

Em breve, "eles" deixarão de existir.

A comunidade judaica de Montgomery vem desaparecendo gradativamente. Hoje em dia, a conversa judaica em Montgomery diz respeito a combinar as duas sinagogas remanescentes numa só, em virtude do número decrescente de judeus na região. Eles querem adiar a inevitável extinção da presença judaica na cidade, mas sabem que o fim está próximo. Trata-se da história do judaísmo americano que eu já vi: as pessoas que dedicam seus recursos a ajudar outras e a combater a si mesmas estão fadadas a ter sucesso nas duas frentes.

Chego a conversar com várias delas, extraoficialmente, e com elas compartilho estas reflexões. Elas não tratam a coisa com indiferença.

– O senhor nos está obrigando a olhar para o espelho – diz-me um judeu sulista –, e é difícil, muito difícil. Não é uma comédia. Não haverá final feliz.

Chego a sentir isso pessoalmente. Há uma ou duas semanas, enviei minha coluna mensal ao *Forward*, dessa vez sobre pretos e judeus: sobre os judeus de St. Paul, ocupados em falar de como ajudar os pretos e cada vez mais ocupados em criticar outros judeus. Faz alguns anos que escrevo para o *Forward*, uma publicação liberal judaica, e nunca tinha tido problemas com eles.

Dessa vez, ao escrever sobre essa questão sensível, foi diferente. A matéria está sendo censurada. Os judeus liberais, suponho, não suportam espelhos. O que eu vou fazer? Peço demissão no ato. Não gosto de censura, não fui feito para isso.

Os liberais foram minha primeira paixão, mas desde então me vêm decepcionando.

✧ ✧ ✧

Continuo a dirigir e chego a Mountain Brook, uma cidade praticamente toda branca.

– Aqui – diz-me um morador – o sujeito é parado na rua pela polícia se for apanhado dirigindo DWB.

Conheço a sigla DWI, que significa *Driving While Intoxicated* [dirigir embriagado], e, em alguns estados, DUI, *Driving Under the Influence.* O que é DWB?

– *Driving While Black* [dirigir sendo preto].

Gente engraçada.

✧ ✧ ✧

Na manhã de domingo, vou rezar pela paz no Alabama. As melhores orações, já sei, acontecem nas megaigrejas. O Alabama, como se poderia esperar, tem a melhor delas: a Church of the Highlands, em Birmingham, a maior cidade do estado, com mais de trinta mil membros.

Ainda ontem, eu não fazia ideia de que existia essa igreja; hoje estou dirigindo para comparecer a seus serviços religiosos. Trata-se de um espetáculo que merece ser visto. Quando chego mais perto da igreja, por volta de nove horas da manhã, vejo uma fila imensa de carros saindo do local, de um lado, e outra fila imensa se alinhando para entrar.

Estarei na Penn Station, em Nova York? Não. Isto aqui é a Estação de Deus, no Alabama. Os automóveis que saem e chegam são das pessoas que assistem a cerimônias diferentes. A igreja tem cinco ofícios religiosos aos domingos.

Ouvi falar muito dos cristãos evangélicos e dos cristãos carismáticos do Sul. Alguns judeus sulistas me disseram que essas pessoas têm paixão pelos judeus e se dispõem a ajudá-los até seu último suspiro. Quero conhecer esses idiotas, criaturas que estão dispostas a ajudar quem não quer ajudar a si mesmo.

Antes de me juntar ao grupo de fiéis das nove e meia, paro para conversar com alguns membros do rebanho das oito horas, que estão de saída. Bem ao meu lado vejo dois jovens casais bem-vestidos, em seus automóveis, e lhes faço a pergunta mais fácil em que consigo pensar. Qual é o povo escolhido de Deus?

– O povo escolhido de Deus é o das pessoas que seguem Cristo – diz uma das moças, e os outros concordam.

São vocês, certo?

– Sim.

O povo escolhido bíblico não é de um lugar distante daqui?

– Sim, os israelitas foram o primeiro povo escolhido.

Lembrando minha discussão com William Atkins, em Utah, pergunto:

– Os judeus dos Estados Unidos são o mesmo povo que os "israelitas"?

– Não.

Quer dizer que eles não são escolhidos?

– Não.

Só os israelitas?

– No passado, eles foram os escolhidos, porém não são mais.

Onde nasceu Jesus, em que país?

– Belém.

Onde fica isso?

– Em Jerusalém. – Todos concordam.

Jerusalém é uma cidade, Belém é uma cidade. De que país veio Jesus?

Ninguém sabe mais do que aquilo que já informou.

Para qual país Jesus vai voltar?

– Ele voltará, e todos veremos Sua glória.

Em que país?

– Que diferença faz?

A Bíblia indica um local, não é?

Ninguém sabe.

Há apenas uma questão em que nem todos concordam. Três deles dizem que apoiam Israel "por causa da história dos israelitas", e a quarta pessoa ainda não se decidiu. São esses os cristãos jovens. Talvez seus pais fossem apaixonados pelos judeus; eles não são.

Vou assistir ao ofício religioso. A igreja está lotada, com milhares de pessoas. Quando entro, estão cantando: "Fui comprado pelo sangue de Jesus". Que encanto!

Há cinco cantores no palco: um homem e uma mulher pretos, duas brancas e um homem branco. Só falta um LGBT chinês para eles ficarem completamente "diversificados".

O fundador e pastor principal, Chris Hodges, aparece no palco. É branco. Faz um sermão. Sobre dinheiro. A igreja, diz ele, existe há quinze anos e está crescendo, sem nunca ter feito campanhas de donativos para angariar fundos.

Isso é conversa de igreja, aliás. O que significa, neste caso, que logo, logo haverá auxiliares entrando com baldes para recolher donativos.

Como em todas as outras igrejas que não angariam fundos, há um envelope diante de cada assento, no qual os fiéis são solicitados a dar o dízimo à igreja. Um dízimo corresponde a 10% de sua renda bruta.

Chris continua a falar. Também apresenta alguns resultados de pesquisa aos fiéis. A pergunta é: o que você se disporia a fazer para ganhar dez milhões de dólares?

Respostas:

25% abandonariam a família inteira.

23% se prostituiriam durante uma semana ou mais; 16% abririam mão da cidadania americana; 10% se absteriam de depor, deixando um criminoso em liberdade.

7% matariam um estranho.

3% entregariam os filhos para adoção.

As pesquisas, como outras estatísticas, devem somar 100%, porém esta soma apenas 84%. Mas quem se importa? As pessoas se impressionam e tratam de pagar o dízimo.

Concluído o ofício religioso, um dos pastores desta igreja, conhecido pelo nome de Kory, aproxima-se de mim. Foi informado pela segurança de que entrevistei pessoas do lado de fora e gostaria de saber qual é minha matéria.

Tenho uma pergunta, digo-lhe, e estou procurando uma resposta; é essa a minha matéria. A pergunta é: os judeus irão para o céu ou para o inferno?

– Para o inferno.

Por falar nisso, o senhor apoia Israel?

– Sim!

Mas eles irão para o inferno?

– Se não quiserem ir para o inferno, terão que começar a acreditar em Cristo.

Bingo.

Agradeço-lhe profusamente e vou embora.

✧ ✧ ✧

Quando estou me aprontando para deixar o Alabama, o destino determina que eu encontre um charmoso judeu ortodoxo, um judeu cujo ofício é emprestar dinheiro a juros extraordinariamente altos. Os antissemitas acusam os judeus de fazerem exatamente esse tipo de negócio nos últimos seis milhões de anos, e agora travo conhecimento com um profissional.

Bob Nelson é seu nome. Pelo menos, esse é o nome que ele usa ao fazer seus negócios.

Bob não começou a vida como agiota. Seu trabalho anterior, curiosamente, foi no rabinato. O problema é que o rebanho desse ex-rabino não foi comprado pelo sangue de Jesus e em momento algum contemplaria nem mesmo a ideia de lhe dar 10% de sua renda bruta. Isso o deixou muito pobre, aborreceu muito sua mulher e tornou seus filhos mais e mais exigentes. Uma vida estressante. Para sair da situação ruim, ele se tornou agiota.

Não. Ele não se diz agiota.

O que você faz?, pergunto.

– Eu ganho a vida.

Como Bob ganha a vida?

– Através de finanças comerciais.

O que significa isso?

– As finanças comerciais significam suprir de capital de giro as empresas e corporações. Quando uma companhia precisa de dinheiro, pode ser respaldada através de nosso negócio.

Como funciona isso?

– Digamos que você precise de dez mil dólares.

A propósito, quanto tempo leva a obtenção de um empréstimo desses?

– Vinte e quatro a quarenta e oito horas.

Quanto você cobra de juros?

– Entre 15 e 40%.

Não são 49%?

– Em algumas situações.

Ele me olha, sentindo-se meio constrangido, e tenta explicar-se um pouco melhor:

– Isto aqui são os Estados Unidos da América – diz, experimentando uma explicação –, uma terra de oportunidades. É aqui que uma pessoa pode ser rabino num dia e "especialista em finanças comerciais" no outro.

Que seja.

Bob não para por aí. Ele não concede empréstimos reais, diz. Falando em termos simples, não possui dinheiro dessa monta. O que ele faz é mais parecido com um "arranjo de parceiros", como o chama. Ele combina pessoas que têm muito dinheiro, judeus ortodoxos como ele, com pessoas que precisam de grandes somas muito depressa. Em outras palavras, é um corretor. Como corretor, recebe sua comissão no momento em que o empréstimo é concedido, e não perde sua parte caso o tomador não pague a dívida.

Comparados a outras etnias, os judeus são mais interessados nas finanças do que outros grupos?

– Sim.

Como é possível?

– É preciso ter uma *Yiddishe kop* [cabeça de judeu].

Explique-me essa *Yiddishe kop*.

– Em geral, há sempre um risco quando se empresta dinheiro, porque a pessoa tem que recebê-lo de volta, e é preciso uma *Yiddishe kop* para minorar o risco.

Dê-me um exemplo.

Ele dá. E é genial.

Depois que o tomador pagou, digamos, metade do empréstimo inicial, mais os juros, Bob o procura e lhe oferece um empréstimo adicional, num valor correspondente ao dobro do saldo devedor não quitado, por uma taxa menor. Quando o segundo empréstimo é aprovado, o tomador tem que pagar imediatamente o saldo devedor do primeiro empréstimo, que é automaticamente deduzido do segundo empréstimo pelo prestamista. Assim, o tomador paga uma taxa de juros global mais baixa, calculada sobre o valor total do segundo empréstimo; na realidade, porém, ele paga um total de juros muito mais alto, porque fica com apenas metade do segundo empréstimo.

Em suma, todos se sentem felizes, e o judeu fica mais rico. Os judeus, entenda, têm que trabalhar muito mais que os pastores para ganhar a vida.

Meu Captiva está na rua, do lado de fora, e não ouve nada disso. Ótimo. Mas sente minha falta, e por isso vou vê-lo.

Fazemos uma pequena reunião, e ambos decidimos que está na hora de partir para outra. E ir para onde? Tennessee.

Para onde no Tennessee? Lynchburg. Por quê? Nenhuma razão especial.

Portão 24

Quando caiu a bomba atômica em Hiroshima,
as pessoas correram para a rua, gritando, dançando e se divertindo.

Ao chegarmos, meu Captiva quer descansar um pouco, então saio andando a pé. No distrito histórico de Lynchburg, vejo este cartaz numa janela: "Segurança Nacional. Combatendo o terrorismo desde 1942".

Que graça.

Aqui eles também vendem camisetas bonitinhas, como a que traz estes dizeres: "Sou aquele conservador, temente a Deus, armado e agitador de bandeiras sobre quem os liberais advertiram você!".

Aliás, por falar em agitar bandeiras, vejamos uma notícia da AP: "Na segunda-feira, a Universidade do Mississípi retirou em silêncio a bandeira estadual de seu lugar de honra, atendendo aos clamores dos que dizem que o emblema de combate dos confederados que aparece na bandeira prejudica o futuro da universidade".

A bandeira confederada se recusa a desaparecer. Ninguém mais se lembra do acordo nuclear com o Irã, e ninguém se importa. Mas a bandeira confederada é um assunto sério. As repercussões do tiroteio na igreja negra da Carolina do Sul se recusam a se atenuar.

Continuo a andar e venho a conhecer Dianne, uma senhora aposentada que acabou de almoçar com o marido e me pergunta de onde sou. Digo-lhe que sou israelense.

Ah, ela adora Israel, afirma. Os cristãos, ela me informa, gostam muito dos judeus. Já esteve no Alabama?, pergunta.

O que há no Alabama?, indago.

– Judeus.

Beleza.

– Verifiquei meu DNA na Ancestry.com – ela me diz em tom alegre – e descobri que sou 1% judia.

Puxa vida!

Eu me pergunto o que ela teria bebido no almoço, se cerveja ou conhaque. O Captiva já não se pergunta nada. Só quer andar. Dirigimo-nos a Nashville, a "Cidade da Música".

✧ ✧ ✧

Sempre me intriguei com Nashville, pela simples razão de que gosto de música *country*. Sim, eu gosto. Anos atrás, meu sonho era ser cantor de música *country*. Estava apaixonado pela imagem disso: namoradas com sotaques sensuais, garanhões, uísque caro e ranchos que fazem Nova York parecer um pequeno vilarejo. Infelizmente, o destino me atrapalhou e nunca cheguei realmente a realizar meus sonhos *country*. Mas agora estou em Nashville, e talvez meus antigos sonhos logo se transformem em realidade.

Nunca se sabe! Isto aqui são os Estados Unidos da América, onde tudo pode acontecer.

O Departamento de Desenvolvimento Turístico do Estado do Tennessee é gentil comigo. Arranja-me um hotel a uns quinze quilômetros daqui e sou informado de que o centro de visitantes poderá me dar sugestões sobre lugares a visitar e pessoas a conhecer.

Vou ao centro de visitantes de Nashville, oficialmente conhecido como Empresa de Convenções e Visitantes de Nashville, mas as moças da recepção, para minha surpresa, recusam-se a responder à maioria de minhas perguntas. Até uma pergunta simples, como "quem é seu cantor favorito de música *country*?", recebe respostas do tipo "desculpe, mas não vou responder a essa pergunta".

Por quê?

– Porque realmente não podemos responder.

É contra a política da empresa. Tento ser simpático e lhes peço que me digam o nome dos cantores famosos da cidade, mas elas fazem uma objeção ferrenha à pergunta.

Por quê?

É contra a política da empresa fornecer nomes de cantores famosos. E pronto.

Quando desisto delas, Martha, uma funcionária da empresa, vem falar comigo sobre "nossa" cidade, mas, no instante em que abre a boca, seu sotaque de Los Angeles revela que ela é transplantada. Topando a conversa mole, pergunto-lhe como é mudar-se de um estado liberal como a Califórnia para um estado conservador como o Tennessee.

Não obtenho uma resposta clara a essa pergunta.

A companhia, aliás, é uma empresa inclusiva. Encontro em suas prateleiras uma bela brochura, "parcialmente patrocinada pela Empresa de Convenções e Visitantes de Nashville", chamada *Guia afro-americano de Nashville*. Pergunto às moças se, por acaso, elas também têm um guia nativo americano de Nashville. Elas não têm resposta.

Não são essas as namoradas de sotaque sensual com que andei sonhando.

Fora de seu escritório há um lugar chamado "Honky Tonk". O que é *honky-tonk*?, pergunto a Martha.

– Um bar com música ao vivo.

O que significa *honky-tonk*, literalmente?

– Não sei o que significa. É só um nome.

Quem o inventou? Por que não Ponky Shmonk?

– Ótima pergunta; não sei ao certo.

Sigo para o centro de Nashville.

Agradável, bonitinho e terrivelmente pequeno. Nuns cinco quarteirões da Broadway, pode-se ouvir música ao vivo de lanchonetes ou bares, o que é agradável, mas quase todos esses locais estão praticamente desertos. Vou a um lugar chamado Honky Tonk Central. O que é música *country*?, pergunto a Paul, um dos dois cantores que se estão apresentando.

– Música *country* é uma questão de contar histórias.

Pode cantar uma dessas histórias para mim? Ele se compraz em me atender. Canta "He Stopped Loving Her Today" ["Hoje ele parou de amá-la"], de George Jones, canção capaz de fazer uma alma romântica chorar durante um mês, no mínimo, pois conta a história de um homem que morreu e, portanto, não poderá mais amar.

O que acontece com a amada, depois?, pergunto a Paul.

Ele não sabe direito, mas então lhe ocorre uma ideia:

– Apaixona-se pelo carteiro, talvez?

Ótima resposta!

Num *honky-tonk* logo adiante, na mesma rua, um jovem cantor vai cantando: "Quero ser como você, andar como você, falar como você". Qual é a história, nesse caso? Não há história. Essa é a música *country* "moderna", segundo me dizem, e o *country* moderno não tem a ver com histórias, mas com mensagens. Não sei direito se captei a "mensagem" daqui, mas o que eu entendo disso?

A pergunta que faço é esta: já que os bares se mostram quase vazios, onde se meteram todos os amantes do estilo *country*? Sei que estão por aí, porque os hotéis de Nashville acham-se lotados.

Demoro um pouco, porém mais tarde acabo encontrando as multidões, em lugares como o Museu Johnny Cash e o Hall da Fama e Museu da Música Country, onde as pessoas olham com saudade para o Cadillac "de ouro maciço" de Elvis Presley e assistem a pequenos videoclipes. Há mais gente em cada um desses locais, que oferecem lembranças ordinárias de celebridades, do que em toda a extensão da Broadway.

Houve época, talvez, em que Nashville foi uma grande cidade cultural; já não é o caso. A Nashville de hoje se mantém viva graças a uma máquina de relações públicas altamente eficiente e a grandes empresas que sugam enormes volumes de dinheiro de turistas ingênuos, os quais, estupidamente, ainda acodem em bando à cidade. Os hotéis do centro cobram centenas de dólares por noite, e as pessoas acham que, se é caro assim, deve valer a pena.

Bobalhões *ponky*.

A propósito, é assim que o Urban Dictionary define *honky-tonk*: "Bar ordinário e barulhento que toca música *country* do estilo '*honky-tonk*'. Tipicamente, cheio de matutos embriagados, caindo na pândega. Sair '*honky-tonkin*' é circular pelos bares *honky-tonk* da cidade e se embebedar".

Cheio de matutos embriagados? Quem dera!

Mais tarde, conheço uma mulher mais velha e lhe peço para me dizer o que é *honky-tonk*.

– *Honkies* é como os pretos chamam os brancos – diz ela – e é um termo depreciativo.

E o que é *tonk*? Isso ela não sabe.

Amanhã tenho algumas entrevistas marcadas, graças aos esforços do escritório de turismo do Tennessee, e talvez eles disponham de uma explicação melhor sobre *honky-tonk*.

✧ ✧ ✧

Ao acordar na manhã seguinte, recebo um *e-mail* de um representante do escritório de turismo do estado do Tennessee, dizendo-me que seria melhor eu deixar o hotel hoje mesmo: "Caso o senhor ainda não tenha fechado a conta e devolvido a chave, meu conselho amistoso é que se certifique de deixar o hotel em tempo hábil". Além disso, todas as entrevistas marcadas pelo pessoal do turismo foram canceladas.

Em outras palavras, a máquina de relações públicas quer ver-me fora de Nashville, e quanto mais cedo, melhor. Com efeito imediato, sou *persona non grata* na cidade. Que aconteceu? Levo algumas horas para descobrir, e, quando o faço, caio na gargalhada. O estado do Tennessee me considera uma pessoa perigosa, porque fiz uma pergunta "política" a Martha. Sim. Perguntar a uma cidadã americana como é se mudar da Califórnia liberal para o conservador Tennessee é uma ofensa.

E eles se tornam cruéis.

Para ter certeza de que eu faça as malas prontamente e desapareça, um representante deles telefona para o hotel e avisa que estarei deixando meu quarto hoje.

Não o deixo.

Passo os dois dias seguintes me divertindo à larga com os empregados do hotel e vários hóspedes, bebendo e cantando com eles. Depois, prossigo lentamente com o Captiva para uma nova destilaria do Tennessee, esta chamada Short Mountain Distillery, que vende toda sorte de biritas com nomes engraçados, como Apple Pie e Prohibition Tea[1].

✧ ✧ ✧

O homem por trás desta destilaria é um transplantado californiano de nome Billy Kaufman. Billy, que é bisneto do fundador da empresa Samsonite, sente-se feliz por ser *gay* e encantado por ser fazendeiro. Circula de camiseta preta e botas, enquanto seu cachorro se ocupa fazendo amor bruto com outro cachorro. Billy mostra-se perfeitamente disposto a se sentar comigo para bater papo sobre sua vida em meio às arvores e sobre sua empreitada de risco na destilaria, a qual ele espera que se transforme em pouco tempo num nome tradicional. Se Jack Daniel pôde fazer isso no estado dele, por que Billy Kaufman não o conseguiria?

Antes de eu experimentar suas bebidas, enquanto ainda estou sóbrio, faço a Billy a pergunta mais importante que um jornalista poderia fazer a um novo produtor de destilados: o que significa ser um judeu americano? Qual é o significado do judaísmo? Billy é judeu, um judeu americano, e eu gostaria muito que ele me explicasse tudo que se pode saber sobre esse grupo de pessoas e seu sistema de crenças.

– Os judeus são internacionais; nós nos integramos a inúmeras culturas, mas preservamos o intelectualismo e a compreensão do lugar de onde viemos, de modo que nunca ficamos plenamente integrados.

É provável que eu entenda o significado completo dessa resposta depois de tomar umas biritas. Enquanto isso, pergunto-lhe: o que há de judaico em você?

– Ah, eu tenho cara de judeu!

Billy tem um bigode semelhante ao do profeta Maomé, e talvez seja por isso que se acha com cara de judeu. Digo-lhe que não a tem. Ao que ele tenta explicar-me em termos exatos a sua parte "judaica":

– A pessoa é judia pelo sangue, e por isso seu cérebro é judeu.

1. "Torta de Maçã" e "Chá da Lei Seca". [N. T.]

Adoro esse "judia pelo sangue", que está em completa harmonia com a proporção de sangue indígena. Pergunto a Billy o que é um cérebro judeu.

Em resposta, ele estende os dois braços para a frente, junta as mãos como se segurasse uma bola de futebol ou um crânio, e, em seguida, faz vários movimentos circulares com elas.

Sim, esse é o "cérebro judeu". Bob Nelson o adoraria. Provo alguns produtos de Billy, autênticos destilados de milho do Tennessee, e gosto deles, na verdade. Compro até uma garrafinha para a próxima viagem, para o caso de sentir sede.

✧ ✧ ✧

A esta altura, como você já deve ter notado, o Captiva e eu somos muito amigos. Damo-nos extremamente bem, obrigado. Ele nunca ficou com sede, desde nosso primeiro dia juntos; cuido bem dele. E o melhor é isto: ambos gostamos de ir a lugares em que nunca estivemos e de conhecer pessoas desconhecidas. Sim, isso nos dá imenso prazer.

Hoje não é diferente.

Hoje, em Oak Ridge, no Tennessee, travo conhecimento com Bill Wallace, um ex-pastor cujo pai trabalhou em Oak Ridge na década de 1940. O que é Oak Ridge? Acabei de descobrir, e permita que eu lhe diga. Oak

Ridge foi uma grande sede do Projeto Manhattan, uma operação secreta experimental dedicada à produção de armas atômicas que, mais tarde, seriam lançadas sobre duas cidades japonesas, no fim da Segunda Guerra Mundial.

Na época, quando Bill era bebê, Oak Ridge era uma espécie de cidade militar, uma cidade secreta em que ninguém podia entrar sem um passe. Nela, todos, excluindo as crianças, estavam envolvidos na criação de armas poderosas o bastante para matar instantaneamente um sem-número de pessoas, bem como dizimar cidades, por um longo tempo futuro. O neném Bill não sabia qual era o trabalho do papai, como também não o sabia sua mamãe. Na verdade, ninguém na cidade sabia o que faziam seus vizinhos, e, se alguém perguntasse, os oficiais da segurança cuidariam prontamente dele.

O neném Bill, menino esperto, tinha um palpite de que o lugar onde morava não era um lugar normal. E até hoje se lembra de que, quando a bomba atômica, possibilitada pelo papai e seus amigos, foi lançada sobre Hiroshima, "foi quando soubemos no que estávamos trabalhando. Exatamente". Ele tinha três anos. Para mim, é interessante ouvi-lo usar o plural, como fez Nancy, de Tulsa, como se tivesse sido uma das pessoas que desenvolveram a bomba atômica.

Peço-lhe que me explique, se ainda se lembrar, o que viu naquele dia, quando era criança pequena. Ele me atende. Todo mundo em Oak Ridge, conta, "estava empolgado. Parecia uma comemoração do Quatro de Julho. As pessoas foram para as ruas, gritando, dançando e se divertindo".

Pergunto-lhe se os Estados Unidos têm o direito de se envolver militarmente em outros países.

– Acho que muito disso remonta à fundação dos Estados Unidos da América. A verdade é que os EUA foram fundados por causa de diferentes tipos de opressão em outras nações, e foi isso que trouxe as pessoas para os EUA.

Você quer dizer que, em função da maneira como os Estados Unidos foram fundados, os Estados Unidos de hoje têm obrigação de se envolver nos países estrangeiros? Será que entendi direito?

– É uma observação justa.

Está na hora de eu tomar um ou dois destilados de milho. Ei, Oscar! Você continua cantando aí em Chicago?

✧ ✧ ✧

Entro no Captiva e dirijo para meu novo alojamento, uma cabana perto das Smoky Mountains. É uma cabana agradável, na qual tenho tudo de que um hóspede necessita: três bandeiras americanas, duas Bíblias e três crucifixos de tamanhos diferentes. A *internet* não funciona aqui, mas quem precisa de *internet*, quando tem bandeiras e cruzes?

Abro o uísque de milho de Billy e tomo um gole grande, o primeiro de muitos...

Quando acordo, na manhã seguinte, o Captiva resolve entrar em contato com a natureza, e subimos as Smoky Mountains. Que trajeto lindo! Neste lugar, nesta época do ano, as árvores proporcionam uma visão maravilhosa. As folhas vêm em cores múltiplas, há nuvens pairando entre as árvores, e o vale, visto do alto das montanhas, oferece a imagem mais encantadora que o Captiva já viu.

O tempo está chuvoso, e há momentos em que dirigimos em meio às nuvens, mas o Captiva não se incomoda. E, não importa quão ampla ou baixa seja a visibilidade, o cenário deslumbrante nos cerca e nos envolve numa dança majestosa da natureza com o ser humano. Devagar, chego a Cherokee, na Carolina do Norte.

Portão 25

Os liberais têm vida muito mais longa que os conservadores.

Cherokee. Que nome! Deve ser um lugar indígena. Isto aqui é uma reserva? Não, diz uma mulher do local, que se chama Dawn. Esta cidade, diz ela, pertence à tribo dos cherokees, e ninguém pode comprar imóveis nela, a não ser o povo cherokee. O que é um cherokee?

– É quando se tem um dezesseis avos de sangue cherokee.

A esta altura de minhas experiências com os indígenas, já tendo ouvido essa lógica no Michigan e em Montana, procuro ver o que acontece se eu questionar as pessoas sobre o dogma básico de seu pensamento. Pergunto a Dawn o que ela acharia se pessoas brancas lhe dissessem que não poderia adquirir imóveis nos bairros delas. Isso não seria considerado racista?

– Sim.

Aqui, numa cidade indígena, os brancos não podem comprar imóveis. Isso também é racista?

– Ah, não!

Por quê?

– Os brancos podem comprar o que quiserem; só não podem ser donos da terra.

Por que não?

– Nós compramos a terra!

Quando?

– Na década de 1860.

E por que não podem vendê-la?

– Podemos, uns para os outros.

Por que não para os brancos?

– Porque é nossa terra!

Ela deve ter se formado na Faculdade Chefe Faca Cega, em Lame Deer. Não adianta continuar a discutir isso. Mas, sim, recebo dela um curso rápido sobre a vantagem de ser cherokee e morar neste local. Duas vezes por ano, a pessoa recebe da tribo um cheque de seis mil dólares, pelo simples fato de ser cherokee.

Pobres cherokees! Em Michigan, os índios recebem 64 mil dólares por ano.

Os cherokees também são diferentes em outros aspectos, sou informado. Sabe, a história desempenha um grande papel neste lugar. Se seus ancestrais tiverem vivido aqui, mas sido forçados pelo governo americano da época a partir para o que é hoje o estado de Oklahoma (pela "Trilha das Lágrimas", de 1838 a 1839), você não vai receber bulhufas da tribo.

Converso mais um pouco com Dawn. Quantas tribos indígenas existem no país?, pergunto.

– Há 565 tribos – ela responde, e me diz que cada tribo tem uma língua diferente. Quase ninguém aqui fala a língua cherokee, a não ser umas duzentas pessoas.

Bo Taylor, diretor executivo do Museu dos Índios Cherokees, em Cherokee, o que tem grande significado por aqui, é um dos duzentos. Como sei disso? Ele me contou.

Também me diz que "falo ao menos sessenta línguas, pelo menos um pouquinho".

Bo é mais do que apenas um índio:

– Não sou índio de verdade – diz. – Sou *giduwa*. É esse o nome que nós nos damos, tradicionalmente.

E o que significa?

– Significa estar no alto, acima. Como que elevado sobre uma plataforma.

Como o "povo escolhido"?

– Sim, é mais ou menos isso. Acreditamos sermos os escolhidos.

Eu adoraria organizar um evento esportivo para fazer uma partida entre membros da Church of the Highlands e Bo, na qual eles pudessem disputar o título de Povo Escolhido.

Aliás, Povo Escolhido seria um nome excelente para um time esportivo. Temos os Piratas, os Guerreiros, os Santos e todos os outros tipos de doenças similares. Povo Escolhido, ainda não temos. Não está na hora de haver um time de beisebol ou de futebol americano chamado "Povo Escolhido"? Ele venceria todos os jogos!

Pergunto a Bo o que significa ser cherokee.

– É minha identidade, é minha história, é minha maneira de ver o mundo, é...

Qual é sua maneira de ver o mundo?

– Deixe-me terminar! Estou tentando chegar lá. É... o importante, sabe, é vermos valor não no dinheiro, mas no fato de... na família, nos clãs, no mundo em que vivemos.

Queira me desculpar, de antemão, mas é estranho ouvi-lo dizer que seus valores não têm a ver com dinheiro, quando vocês são donos de todos esses cassinos. Isso é dinheiro puro...

Bo fica visivelmente irritado quando digo isso. Resmunga umas meias frases e meias palavras, tentando achar os termos acusatórios corretos na língua inglesa, e os cospe ao encontrá-los: "Você é um grosseirão". Também me acusa de ir a uma cidade indígena com o único propósito de falar mal de seu povo.

É minha impressão que esse Bo está acostumado com brancos que ficam de olhos marejados ao vê-lo, e se sente chocado ao ver um branco, este judeu gordo, que não se curva para lamber seus pés. Além disso, Bo não consegue captar a ideia de alguém que questione a existência dos arranha-céus que ele e os demais indígenas vêm construindo no ar há séculos.

Ele se recompõe e experimenta um novo truque:

– O lugar em que vivemos, as Smoky Mountains, é o lugar mais diversificado de toda a América do Norte, no que diz respeito a plantas e animais – apregoa.

O tal de Bo deve estar prevendo que agora desatarei a chorar lágrimas de alegria e aceitação completa à simples menção da palavra *diversidade*.

Até o Captiva ri. Deveria estar chorando.

Mais tarde, ao anoitecer, vou a um restaurante indígena local e peço comida indígena autêntica: truta frita com salpicão de repolho. Nem consigo acreditar que chamem isso de comida "indígena".

Quando entrego meu cartão de crédito à garçonete, ela me diz que não está autorizada a recebê-lo de mim. Por quê? As garçonetes desta região têm sido roubadas no trajeto da mesa ao caixa, e o dono do restaurante se cansou disso.

Bem-vindos à cultura indígena, puro nativo-americanismo.

De madrugada, na completa escuridão, ouço uma barulheira que vem de um sistema de segurança do outro lado da rua, em frente a meu quarto de hotel: "Invasão de domicílio! Invasão de domicílio! Invasão de domicílio!". Mas ninguém presta atenção: devem estar acostumados. Isso deve ser parte integrante do estilo de vida do povo escolhido.

✧ ✧ ✧

Como é possível que, em nossa época, a proporção de sangue e outras formas de racismo indígena sejam aceitas pelos americanos, um povo que se vê como antirracista?

Talvez por não serem os índios os verdadeiros culpados. Quem possibilitou a existência de guetos indígenas imundos, povoados por ignorantes e bêbados, com cassinos de luxo no meio? A bondosa elite americana não indígena.

Na impossibilidade de encarar o assassinato cruel de inúmeros índios, cometido pelas pessoas dessa elite ou por seus ancestrais, elas deixaram os ainda vivos se estabelecerem aqui e ali, como se, de repente, ficassem com os corações cheios de compaixão. Não incomoda aos brancos privilegiados que as reservas, assim como todas as outras formas de aparência de soberania, não passem de celeiros de ignorância e crimes, desde que eles, os não indígenas, pareçam bondosos e sofisticados.

Mas talvez haja aqui algo mais profundo do que se percebe à primeira vista.

A verdade é que os Estados Unidos não são o único país ou cultura do planeta a fincar seus alicerces sobre o sangue fresco dos que vieram antes. Todos os países, todas as nações e todas as culturas foram fundados por açougueiros. Desculpem, a vida é assim. Os povos ocidentais que hoje desfraldam bem alto a bandeira dos direitos humanos são justamente os filhos e netos dos estupradores e assassinos de ontem. Eu sei. Quase toda minha família foi assassinada por eles, a sangue-frio, muito antes de eu nascer.

Na verdade, os assassinos não mudam de natureza, e as matanças deslavadas de ontem não acabaram ontem. A qualquer momento, quando os defensores ocidentais dos direitos humanos se sentirem ameaçados por outra cultura, aniquilarão a cultura "agressora" com o que houver de mais sofisticado em armamentos, sem pestanejar.

O mundo é assim, gostemos ou não.

Isso não quer dizer que você ou eu logo venhamos a nos tornar assassinos ou vítimas, porém nossas sociedades virão. E todas as sociedades são iguais, no norte, sul, leste e oeste.

No entanto, só os Estados Unidos da América, um país extremamente poderoso, sentem-se mal com sua história de conquista desta terra. Por quê?

Ao que eu saiba, só há uma resposta lógica para isso: o americanismo é uma cultura de medrosos. A cultura americana, um experimento social de criação de uma cultura baseada numa ideia, instila medo em seus cidadãos. Para manter os Estados Unidos da América como uma entidade, embora os integrantes de sua população sejam colados uns aos outros por meios artificiais, os líderes americanos forçam os cidadãos a ser "gentis" entre si e a "lamentar" não terem sido bonzinhos no passado. Nancy e Bruce, como um zilhão de outros americanos, sentem-se mal pelo que "nós" fizemos com os índios esplêndidos, adoráveis, sumamente espiritualizados e encantadoramente charmosos de ontem e de hoje.

O Captiva, nascido e criado nos Estados Unidos, fica absolutamente magoado ao ouvir isso e quer sair depressa daqui. Em algum ponto do trajeto de nossa fuga de brancos, vejo uma oficina de lanternagem, e, em homenagem à curiosidade do Captiva, damos uma parada nela.

✧ ✧ ✧

A cidade em que estamos no momento é Shelby, na Carolina do Norte. No meio da oficina, há uma picape Chevrolet vermelha de aparência antiga. O motor é de 2012, a carroceria é de 1965, e as peças montadas para restaurá-la são novas, em sua maioria. Preço: sessenta mil dólares.

Há três pessoas trabalhando na picape neste momento, e todas parecem muito contentes. O que há de especial em Shelby?, eu lhes pergunto.

Jason, o dono da oficina, responde. Shelby, no dizer dele, tem "o melhor churrasco dos Estados Unidos".

O que há de especial na Carolina do Norte?

– Você pode estar na praia e, depois de umas cinco horas, estar nas montanhas.

E o que há de especial no povo daqui?

– É gente boa. O Sul é um bom lugar para se viver.

Vocês têm *rednecks* neste estado?

– Ah, temos, sim, senhor!

O que é um *redneck*?

– Um cara que bebe cerveja, caça veados e gosta de carros bonitos – responde um dos trabalhadores. – É mais ou menos isso, de verdade.

Jason é um *redneck*, diz, mas não bebe, por causa de "minha moral. Sou cristão".

O que você acha do Estado de Israel?

– Precisamos apoiar Israel.

Pergunto a Wayne, um dos trabalhadores, se ele concorda.

– Eles mesmos têm que curar seus problemas – ele responde. – Não podemos ser a polícia deles, para começar. É isso que eu acho dos Estados Unidos. Mas, por outro lado, judeu é judeu, e cristão é cristão. Não podemos misturar essas duas coisas, em minha opinião. Mas acredito, sim, na Terra Santa de Deus.

Conversamos mais um pouco, e eles me explicam o que acham do panorama geral: todos acreditam que os Estados Unidos devem apoiar Israel, e todos acreditam que os judeus assassinaram Jesus Cristo.

Mas há um judeu de que os três gostam. É um judeu alemão, meio alemão, meio judeu, e é bom. É bom por quê? Porque acredita em Cristo. Os judeus que acreditam em Cristo são a exceção, e essas pessoas se dão muito bem com eles.

Para o Captiva, esta oficina de lanternagem parece um hospital, e para ele já chega. Ele deseja pronta recuperação à picape vermelha, e seguimos para Charlotte, a maior cidade da Carolina do Norte.

Antes de chegarmos lá, recebo um telefonema da Enterprise. O que houve? Eles querem que eu deixe o Captiva na próxima filial da locadora:

– Esse carro foi vendido. Precisamos tirá-lo da estrada.

São uns cretinos ciumentos. Não gostam que o Captiva e eu sejamos tão íntimos. O Captiva chora, dá para perceber, mas não temos alternativa.

✧ ✧ ✧

Chegamos a Charlotte e nos separamos. Muito depressa! Eu me sinto como um índio arrancado de minha moradia, divorciado de meu mais querido companheiro americano.

Para me recompensar, o pessoal da Enterprise diz que posso levar uma picape pelo mesmo preço. O Captiva fica observando, percebo, e por isso digo não. Vou levar uma *van*, uma *minivan*, em memória de meu querido mini-SUV.

Nós nos despedimos e torço para que logo nos reconectemos.

✧ ✧ ✧

Uma pesquisa divulgada hoje pelo Centro de Pesquisas Pew afirma que 89% dos americanos acreditam em Deus, o que representa uma queda em relação à pesquisa anterior do Pew, de sete anos atrás. Esse levantamento, baseado nas respostas de 35 mil americanos, também afirma que há um número significativamente maior de pessoas não religiosas entre os democratas do que entre os republicanos, e que as novas gerações tendem a ser menos religiosas do que as mais velhas. A pesquisa não é totalmente conclusiva, visto que, em algumas áreas, aponta para uma fé mais sólida em grandes segmentos da sociedade americana.

No cômputo geral, falando em termos religiosos, os Estados Unidos parecem estar mais perto do Irã que da Suécia.

Como já foi mencionado nestas páginas, as pessoas desta terra têm medo de falar ao serem abordadas, o que se aplica inclusive aos sem-teto, como no caso do Cão Raivoso, no Havaí. Por mais estranho que pareça, os americanos preferem lançar mísseis sobre países estrangeiros a contar em quem votaram na última eleição.

Espero muito que meu teste de DNA confirme que sou liberal. Por quê? Os liberais têm vida mais longa. Como sei disso? Eu li.

Disse o *New York Times*, num artigo escrito por Paul Krugman: "A expectativa de vida é alta e crescente no Nordeste e na Califórnia, onde são maiores os benefícios sociais e onde os valores tradicionais são mais fracos. Enquanto isso, uma expectativa de vida baixa e estagnada, ou em declínio, concentra-se no Cinturão Bíblico".

Em termos mais simples: os liberais viverão para sempre, e os conservadores estarão mortos em menos de uma hora.

Meu novo carro, um Dodge Grand Caravan, é o maior que já usei até agora. Faz lembrar o Dodge de Maryland. Naturalmente, somos estranhos um para o outro e, para nos conhecermos, vou dirigindo sem parar. Apenas dirigindo. Direção: mais ao sul. Está contente, SoulO?

Dirijo, dirijo, dirijo e dirijo. E, ao ficar com fome, paro ao lado de uma Waffle House em Rock Hill, na Carolina do Sul. Sim, acabo de entrar em outro estado.

Portão 26

Quem conversa com o Senhor come brioches.

Estou numa Waffle House e encontro umas garçonetes encantadoras, que falam com um sotaque maravilhoso, sulista de verdade. Pergunto-lhes quanto ganham por hora. Sei que o salário mínimo federal é de 7,25 dólares, e que é mais alto em alguns estados, chegando a quinze dólares por hora.

Qual é o valor aqui?

Três dólares por hora, elas me dizem. Como é possível?

Os patrões delas estão cientes do mínimo de US$ 7,25, mas alegam que, com as gorjetas, a equipe de garçonetes vai ganhar os 7,25.

Inacreditável.

Acaso isso é legal? Pergunto a um e outro, e me dizem que sim. Na verdade, está dentro da lei dar a garçons um salário base de 2,13 dólares por hora, porque alguém calculou que, com as gorjetas, eles receberão o mínimo.

Nenhuma garçonete da Waffle House, aliás, tem se queixado. Elas trabalham seis, às vezes sete dias por semana, para fazer as despesas caberem no orçamento. Mas adoram seu trabalho, porque gostam de trabalhar com gente.

– Aqui, um apartamento de dois quartos custa 450 dólares; isto aqui não é Nova York – diz-me uma delas.

Dou-lhes uma gorjeta grande e sigo adiante, deslocando-me mais para o sul, e chego a Charleston. Vim para cá por uma razão.

✧ ✧ ✧

Charleston é a cidade em que, no verão passado, nove pretos foram mortos a tiros numa igreja por Dylann Roof, o cara cuja foto com uma bandeira confederada causou uma reação em cadeia que é sentida até hoje. Iniciei minha viagem com essa história, mas só agora me sinto apto a "lidar" com ela.

O nome da igreja é Igreja AME Emanuel. O que é AME? African Methodist Episcopal [Episcopal Metodista Africana]. O que é isso? Não faço ideia. Estaciono o Caravan e vou à igreja.

Faz meses que ocorreu o assassinato aqui, mas, quando se passa pela igreja, é como se tivesse acontecido ainda ontem. Há flores no portão de metal em frente à igreja, que é bem grande, além de arranjos de fotos de pessoas negras com citações inscritas no corpo. "Em todas as culturas, as pessoas de tez mais escura são as que mais sofrem. Por quê?" Assim diz uma das inscrições. Outra diz: "Ser negro neste país e ser relativamente consciente é estar enfurecido quase o tempo todo. – James Baldwin".

Os ofícios religiosos nesta igreja acontecem aos domingos, e há um estudo bíblico às quartas-feiras, mas hoje, terça-feira, não acontece nada. O escritório está aberto e converso com uma das pessoas que trabalham nele, Maxine. A igreja tem "uns 550 membros", ela me diz.

O número de membros aumentou depois dos assassinatos?

Não realmente:

– Só um pequeno número – diz ela. – Mas as pessoas vêm à cerimônia aos domingos; querem estar no prédio, querem estar na igreja. Desde o incidente, temos tido setecentas a oitocentas pessoas comparecendo ao ofício religioso.

Esta igreja é só para negros?

– Não temos membros brancos neste momento.

Já ouvi isso antes, o fato de os brancos não estarem habilitados a se tornar membros desta igreja, mas isso ainda me soa estranho.

– Mas, aos domingos – ela acrescenta –, nós temos, sim, alguns brancos que vêm aqui.

Quantos brancos vêm aos domingos?

– Duzentos ou mais. Antes do assassinato, no entanto, não vinha nenhum branco.

Uma coisa parecida, ela me conta, aconteceu no estudo bíblico, atualmente frequentado por cerca de cem pessoas. Quase todas são brancas. Na época do tiroteio, em junho, só doze pessoas tinham aparecido para estudar a Bíblia.

Agora vocês recebem mais donativos?

– Recebemos alguns donativos do mundo inteiro.

Deve ser o dobro ou o triplo do que costumavam receber...

– É bem generoso.

Dez vezes mais...?

– Não tenho liberdade para dizer.

O que ela tem liberdade para dizer é isto:

– A solidariedade que veio como resultado dos assassinatos levou a bandeira [confederada] a ser arriada em muitos lugares.

✧ ✧ ✧

Do lado de fora da igreja, encontro um negro alto que usa uma camiseta amarela com uma grande cruz. Seu nome é Johnny, e ele me diz que os assassinatos "uniram brancos e pretos e tornaram Charleston conhecida no mundo inteiro".

Você tem amigos brancos?

– Uma porção!

Johnny não faz parte de nenhuma religião, diz, mas "meu professor é o ministro Louis Farrakhan", o líder da Nação do Islã. Religião ou não, Johnny é muçulmano.

Por que você usa uma cruz?

– Isto não é uma cruz, é um *ankh*, um antigo símbolo egípcio que representa a vida!

Mas, diz Johnny, ele também frequenta ofícios religiosos ali perto, e eu lhe pergunto por quê.

– Porque nós não fazemos distinção. Eles são de nossa família!

É um conceito interessante. Eu me pergunto até que ponto se estende essa "não distinção", principalmente considerando que o ministro Louis Farrakhan é um antissemita conhecido, um homem que se tem manifestado repetidamente contrário aos judeus e ao judaísmo. Por isso, pergunto a Johnny o que ele acha dos judeus.

– Como grupo?

Sim.

– Nem todos eles são maus.

O que acha de como os judeus tratam os palestinos?

– Isso é uma coisa que acontece há séculos!

Israel foi fundado em 1948, mas não menciono isto.

Johnny conhece judeus e acha que são boas pessoas. Uns são ricos, diz, "como em nosso governo":

– Há judeus no governo dos Estados Unidos. Uma porção deles!

Eles mandam no governo?

– Sim!

Mandam no presidente Obama?

– Ah, mandam. Ele não pode tomar nenhuma decisão sem eles. Parece uma marionete.

Se o presidente Barack Obama o ouvisse dizer isso...

– Ele sabe! É por isso que agora está todo grisalho!

Por causa dos judeus?

– Sim. Eles mandam neste país. Para sua própria satisfação. É a vida.

Como é bom ser judeu!

Judeus ou não, Charleston é uma das cidades mais agradáveis dos Estados Unidos. Aqui há grandes prédios brancos com colunas grandiosas, casas encantadoras, ruas pequenas, toneladas de boas lojas e, de acordo com o Departamento do Interior dos Estados Unidos, ela é também a sede da sinagoga Kahal Kadosh Beth Elohim, "a segunda sinagoga mais antiga do país e a mais antiga em uso ininterrupto. O movimento americano do judaísmo reformista originou-se neste lugar, em 1824".

Interessante.

Vou conhecer o templo. O que mais me agrada nele é a placa do lado de fora: "Não estacionarás aqui". Muito bíblico. Adorei!

Não sei por quê, mas, toda vez que passo por um antigo prédio judaico, começo a ficar com fome. Onde posso encontrar boa comida em Charleston? Charleston, eu soube, tem um orgulho danado de seu Mercado Municipal de quatro quarteirões, um destino turístico e uma "atração imperdível" para qualquer visitante.

Vou ao mercado, na esperança de que ele me ofereça a melhor comida disponível no mundo. Bem, nele eu posso comprar cestos feitos à mão, camisas, colares, joias e mais cestas feitas à mão. Não quero cestas, quero comida, e aqui as opções alimentares são bem limitadas.

Sabe me dizer, pergunto a um negro que vende três milhões de tipos de óleos preparados em casa, onde um gordo como eu deve comer?

– A melhor comida de Charleston – responde ele – é a do Hyman's. Quando quero me regalar, é lá que eu vou.

Continuo a andar, na esperança de encontrar o Hyman's quando houver saído do mercado, e, quando chego ao fim dele, encontro uma moça negra encantadora, que me diz que acredita em Jesus. Também me diz que Jerusalém fica ao lado de Israel, que os judeus são as pessoas mais ricas dos Estados Unidos e que devo experimentar a comida do Hyman's, que pertence a um judeu rico.

Hyman's de novo. Vou até lá.

Eli é o dono deste restaurante e venho a conhecê-lo antes de provar sua comida. Ele nasceu nesta cidade, morou alguns anos em Israel, chegou até a servir no exército israelense, e, na verdade, gostaria de continuar a morar lá. Não o faz porque sua mulher, uma judia da Suécia, se recusaria a ir com ele:

– É ela quem dá as ordens lá em casa – diz Eli.

Não quero ordens, quero comida. Eli me serve.

Este restaurante, só para você ficar sabendo, é um restaurante sulista. Isto frito e aquilo frito, delicioso isto, delicioso aquilo. Eli me serve vários pratos de peixe, cada um melhor que o anterior. Esse sujeito é mágico, pode crer. Não sei como ele faz, mas faz. É aqui que como a melhor comida sulista dos Estados Unidos. Graças a Deus ele tem uma mulher mandona que não o deixou mudar-se daqui.

Terminada a comida, fico ansioso por encontrar alguns não judeus desta cidade.

✧ ✧ ✧

Entro na casa dos Ministérios do Alcance Mundial da Trindade. Não me pergunte o que é isso; gostei do nome, e, para mim, é o quanto basta. Travo conhecimento com o ministro John.

O ministro John gosta de todo mundo, ele me diz, e o Senhor também. É bom saber. O ministro John também me diz que "os judeus são donos de tudo em Nova York".

E em Charleston?

– Em Charleston também.

✧ ✧ ✧

É quarta-feira, e vou ao estudo bíblico da igreja Emanuel, onde terei o prazer de conhecer as cem pessoas, quase todas brancas, que o têm frequentado às quartas-feiras desde os assassinatos.

Na realidade, há umas vinte pessoas aqui, metade branca, metade preta, mais um policial e um repórter da BBC com a missão de observar os brancos que, por solidariedade, vieram estudar a Bíblia. Como muitas coisas nos Estados Unidos, as relações públicas desta igreja são uma coisa, mas sua realidade é outra.

Numa fileira atrás de mim há um judeu de Massachusetts. Não veio estudar a Bíblia, veio "solidarizar-se". O repórter da BBC, que acha que o simples fato de ele estar aqui é digno de ser noticiado, corre imediatamente para ele e pede uma entrevista.

O estudo de hoje, caso você tenha algum interesse, é sobre a oração e o jejum. Ao lado da oradora, uma pastora, há uma grande cruz na qual foram pregados os nove nomes dos assassinados aqui. Jesus foi pregado numa cruz, eles também. Ao lado da cruz há uma bandeira americana, com estes dizeres acima: "Uma bandeira, um Estado, uma nação".

A oradora pede que a plateia exponha suas ideias sobre o jejum.

– Eu estava conversando com Deus, agora há pouco... – começa um dos participantes. Sim. Há pessoas por aí que afirmam ter conversas de verdade com Deus; falam com Ele, Ele fala com elas, e os dois trocam ideias.

Não me pergunte.

No fim do estudo, somos regalados com uma doação de uma confeitaria local: pães, pães recheados de estilo dinamarquês, biscoitos, brioches. É bom conversar sobre jejum, desde que termine num brioche.

Também é bom falar de igualdade racial numa igreja que permite que os brancos compareçam aos ofícios religiosos e aceita donativos de brancos, mas não aceita brancos como membros.

A Igreja Episcopal Metodista Africana, se entendi direito, na verdade foi fundada no começo do século XIX, em Filadélfia, na Pensilvânia. É tempo suficiente, seria de se supor, para ela começar a praticar a igualdade racial e abrir suas portas para todas as cores. Mas, acho, nem tudo que supomos se torna realidade.

Portão 27

No hospital das tartarugas, todas as tartarugas têm seguro de saúde.

Continuo dirigindo para o sul, como se fosse encontrar ouro quanto mais avançasse para lá. Sim, continuo no Sul, Oscar! Entro na Geórgia, dirigindo em direção a Savannah, onde deve estar o ouro.

Os hotéis de Savannah, no centro da cidade, cobram centenas de dólares por noite. Mas quero vencer o sistema. Entro na *internet* e acho um quarto de hotel para mim, a poucos quilômetros do centro, por 39 dólares a diária. Gosto da descrição do hotel: "Hotel de rede hoteleira simples, que oferece planos para temporadas extensas, piscina ao ar livre e computador para os hóspedes".

Estaciono o Caravan ao lado do hotel, que é o Masters Inn de Garden City, e vou pegar a chave do quarto. Num poste alto, há um grande letreiro com o nome do hotel, mas não consigo achar o hotel propriamente dito. Demoro um pouco para encontrá-lo, e então avisto uma pequena estrutura com o nome do local.

Não pode ser o hotel, a menos que ele só tenha um quarto. Assim mesmo, vou até lá. É a recepção. Onde está o hotel? Não faço ideia. Mas, antes que eu tenha a chance de abrir a boca, a moça do balcão olha para mim, repara em minha pele branca e pergunta se quero mesmo ficar aqui.

Qual é o problema?

– Quer que eu lhe dê a chave para o senhor ver por si?

Vocês têm quartos para fumantes?

– Sim, mas seria melhor o senhor não ficar lá.

Por quê?

– Confie em mim!

Onde é o hotel?

A moça me aponta umas estruturas grandes e escuras e diz que o hotel é lá.

– Vou lhe dar o melhor quarto que tenho, mas o senhor terá que me dizer se quer ficar aqui.

O que está havendo, minha senhora?

– Vá lá ver.

Eu vou.

Famílias pobres, todas negras, congregam-se em pontos diferentes deste tal hotel Masters, e há rapazes sentados no chão e em vários lugares dos degraus da escada, todos extremamente ocupados em não fazer nada. Quando passo por eles, olham para mim e se perguntam que diabos estou fazendo aqui.

Que lugar é este? Entro num dos prédios, à procura de meu quarto. Na escada, vejo avisos nas paredes, dizendo às pessoas que, se elas se portarem mal, serão imediatamente expulsas daqui.

Que diabo está acontecendo? É melhor eu não saber. Volto para o carro e sigo em frente. Hotel após hotel, cada qual com aspecto pior do que o outro, decora as ruas por onde vou dirigindo. Alguns seriam a residência de prostitutas, segundo os boatos; outros estão além dos boatos.

Que está havendo com essa tal de Geórgia?

Quando já estou prestes a desistir dos hotéis, encontro a Deluxe Inn, uma hospedaria com um estacionamento quase deserto. Nunca estive num hotel em que eu fosse o único hóspede. Está na hora de tentar.

Na geladeirinha do quarto leio este aviso: "Alarme + Polícia = Cadeia". O que é isso? Melhor eu não saber. O bom é que todos os quartos são para fumantes. Perfeito para mim. Desfaço a mala, acendo um cigarro e procuro tirar a cabeça do lugar onde estou.

Começo pelo *Fox News*. Seus noticiários costumam ser divertidos e preciso disso neste momento. O canal Fox informa que "Oito terroristas do ISIS, munidos de fuzis AK-47 e usando cintos suicidas, efetuaram ataques coordenados em seis locais de Paris na noite de sexta-feira, matando pelo menos 127 pessoas e ferindo no mínimo outras 180". Nossa. Isso não é exatamente divertido.

Oitenta e nove dessas pessoas morreram numa casa de espetáculos em que a banda americana Eagles of Death Metal estava se apresentando. Que nome profético para uma banda!

A boa notícia é esta: ao que eu saiba, o ISIS não está planejando nada espetacular na Geórgia. Este hotel está vazio.

✧ ✧ ✧

Quando brilha o sol, no dia seguinte, é sábado. Hora de sair deste buraco e explorar Savannah com o Sr. Caravan. Pertinho do Bulevar Martin Luther King Jr. fica a Igreja Batista São Lucas, também conhecida como Igreja Batista Missionária São Lucas, e vejo pessoas entrando nela. Estariam fazendo o ofício religioso no sábado, em vez de domingo? Certamente é o que parece, e paro para observar essa maravilha.

Um atendente me detém e pergunta se tranquei meu carro. Umas pessoas por aqui estão rezando, outras estão furtando. Entro.

Ai, meu Deus! Quase sofro um infarto nesta igreja maravilhosa. Bem em frente, ao lado do pódio, há um morto. Não se trata de uma cerimônia de "sabá"; é um velório!

Um homem preto num caixão branco, com metade do corpo em exposição.

Minha primeira reação: sair correndo daqui! Nunca vi uma pessoa morta e não quero começar agora. Assim que me retiro às pressas, no entanto, venho andando de volta. A isso se chama curiosidade.

Sento-me ao fundo, o mais longe possível do morto. Há umas vinte pessoas presentes. Não acontece nada. Nem o morto se mexe, tampouco os vivos.

Passa-se o tempo. Chega mais gente.

São todos pretos. Penso no teatro negro de Fort Worth e no que aquele sujeito me disse sobre os brancos que vão a eventos de negros. Hoje não é domingo, digo a mim mesmo, quando os brancos apareceriam para, no dia seguinte, poderem gabar-se de sua "diversidade". Não há um único branco.

O tempo vai passando. Na meia hora seguinte, mais ou menos, chega cada vez mais gente. E, pouco a pouco, forma-se uma multidão de bem mais de cem pessoas. Nenhuma delas é branca. Será que esse falecido não tinha um único amigo ou conhecido branco, alguém que se dispusesse a vir prestar uma última homenagem, dizer um último adeus?

Acima do caixão, na parede em frente, há um quadro que retrata Jesus e João Batista, ambos na água e ambos de tez escura.

Começa a cerimônia.

A tampa do caixão é baixada, e não vemos mais o morto. Há uma cantora e um coro no palco. "Louvado seja Deus, aleluia", eles cantam. Todas as pessoas do palco batem palmas, como se fosse um casamento, e a plateia as acompanha. Seguem-se discursos e histórias.

Os componentes da plateia da igreja são velhos e moços, homens e mulheres, e todos são negros. O morto, Henry C. Edwards Jr., nasceu em 1945 e morreu de um problema cardíaco há uma semana.

Deixo-me ficar ali mais de duas horas, na esperança de ver uma pessoa branca, mas, infelizmente, o único branco aqui sou eu. No inglês americano isso se chama diversidade; em outras línguas, é chamado de segregação.

– Esta é uma celebração da vida – diz um orador, e o público aplaude. Uma mulher começa a cantar, usando palavras sonoras, que se repetem interminavelmente: "Eu digo obrigada". Essa mulher sabe arrastar uma melodia. Seu *eu* se estende por mais tempo que o trem para o Alasca. Oscar seria um bom parceiro para ela. Esta é uma igreja de pretos, e, quando a mulher canta bem, a plateia aprova com estrondo. Os brancos não costumam fazer isso – pior para eles.

Um pregador sobe ao palco e fala. Sabe quando tocou no ponto certo, porque a plateia responde com "sim", "isso mesmo" ou "amém". O que se passa aqui é um diálogo, não um monólogo.

– O que vocês precisarem que seja seu Deus, o Senhor será para vocês! – diz ele, e a plateia responde "Sim!". Henry, que não participará mais disso, certamente vai sentir saudade.

No devido tempo, a cerimônia termina, e o cortejo começa a sair: um mar de pretos e um branco. Exatamente como aconteceu no trem da Linha Vermelha, em Chicago. Do lado de fora, pronto para entrar em seu carro, travo conhecimento com Albert, primo de Henry, que veio do Brooklyn, em Nova York, até aqui.

Não há uma única pessoa branca presente, eu lhe digo, e pergunto por quê.

– É uma boa pergunta – diz ele. – Nunca prestei atenção a isso. Henry tinha amigos brancos; eles não vieram.

Não são amigos de verdade...

– Isto aqui são os Estados Unidos!

Então, *diversidade* é só uma palavra, uma palavra de relações públicas?

– Sim. Exatamente. E em Nova York é a mesma coisa. O Brooklyn é praticamente igual. Os brancos ficam na sua, e os pretos fazem o que têm de fazer.

Digo-lhe que a cerimônia na igreja me emocionou.

– Todos temos que passar por isso, um dia. Temos que fazer essa viagem!

Um grupo de pessoas para, não muito longe, formado por uma maioria de mulheres, e eu lhes faço a mesma pergunta. Como não apareceu nenhum branco para se despedir? Eles meneiam a cabeça em sinal afirmativo, mas ficam sem palavras. A realidade dói.

Diversidade.

A um minuto de viagem daqui fica o centro da cidade, onde estão os hotéis caros e onde as pessoas, os brancos esclarecidos, vêm a se sentir no centro dos diversificados Estados Unidos da América. Dirijo para lá e para cá pelo centro, olhando para eles. A cor aqui é quase toda branca.

Cafés, lojas, mais cafés e mais lojas. Os brancos se divertem. Vieram de todos os cantos dos Estados Unidos para sentir em primeira mão a cultura sulista. O vinho e o jantar lhes são servidos por garçons pretos, e eles se sentem "diversificados".

Mas Henry se foi, e nenhum "amigo" branco apareceu para dizer adeus. Dói assistir a tudo isso.

O centro de Savannah é semelhante ao centro de Charleston, mas, agora, ambos me parecem muito rasos, pois ambos contam uma história de ilusão e delírio.

✧ ✧ ✧

Continuo a dirigir, aprendendo mais sobre o Caravan à medida que avançamos. Com o dia prestes a terminar, pego a autoestrada e tomo a direção da Flórida. Em algum ponto da estrada, vejo uma placa que indica um centro de visitantes. Será que já estou na Flórida? Saio da autoestrada e paro no centro.

Nele vejo um panfleto chamado de guia oficial dos visitantes para as Golden Isles. Será o apelido da Flórida? Não, ainda estou na Geórgia.

– O senhor deve visitar Jekyll Island.

O que é Jekyll Island?

– É onde moravam as pessoas mais ricas dos Estados Unidos, antigamente, e ninguém senão os mais ricos podia entrar nessa ilha. Um dia, eles estavam sentados lá, bebendo, e, depois de uns drinques, um deles lançou a ideia de criar o Fed [o Federal Reserve]. Foi assim que o Banco Central começou.

Na brochura, leio:

> A ilha é apreciada há muito tempo por seu bairro histórico, que é um marco, apelidado de "Vila dos Milionários". [...] O Jekyll Island Club Hotel e os chalés vizinhos um dia foram a sede do clube mais exclusivo do mundo, composto pelas pessoas mais influentes dos Estados Unidos, como os Morgan, os Pullitzer, os Vanderbilt e os Crane, entre outros. Era usado como clube de caça e golfe e serviu de cenário para muitos momentos históricos, inclusive o da realização do primeiro telefonema transcontinental e o da primeira reunião do Banco Central dos Estados Unidos.

Estados Unidos: da primeira cadeira giratória ao primeiro telefonema transcontinental. Jekyll Island. Eis o lugar para mim. Será um bom remédio, depois de um velório.

Dirijo até lá. Que lugar incrível. Jekyll Island é um Jardim do Éden na Terra. Era lá que o verdadeiro Povo Escolhido, o que tinha bolsos saudáveis, ia refrescar-se. Caminho pela praia, que é limpa e linda, e me sinto o sujeito mais sortudo do planeta.

As ruas daqui são estreitas, com os mais verdes gramados e árvores por toda parte, e o efeito geral é de uma realidade que representa "a vida como um sonho".

Vejo um casal jovem brincando com os filhos na grama. Em quem vocês votaram na última eleição presidencial?, pergunto aos dois. Eles me olham, depois se entreolham, cada um querendo saber o que dirá o outro.

Por quê? Nenhum dos dois sabe em quem o outro votou, eles me dizem. O assunto é tão "controverso" que eles não o discutem nem mesmo entre si.

Ai, meu Deus!

O Jekyll Island Club Hotel, que possui várias propriedades na ilha, parece um bom hotel. Acho que devo ficar um pouco por aqui.

✧ ✧ ✧

Hoje o *Savannah Morning News* informa que "O governador da Geórgia, Nathan Deal, expediu uma ordem executiva declarando que nenhum órgão estadual pode aceitar refugiados da Síria, na esteira dos ataques terroristas em Paris, em parte pela preocupação de que os terroristas possam usar os refugiados como um disfarce para se infiltrarem em outras fronteiras".

O *News* informa também que "O governador Nathan Deal tem sua chegada esperada hoje em Jekyll Island, para o que foi denominado de cerimônia de 'reinauguração', enaltecendo tudo que há de novo nesse parque insular estadual". Outrora a ilha já foi propriedade particular, mas agora pertence ao estado.

Esse evento será a poucos passos de meu quarto de hotel, de modo que resolvo ir lá dar uma olhada. Ao chegar, vejo uma grande barraca com centenas de pessoas. A maioria está sentada, há algumas de pé, e dou uma espiada nos presentes. Nas primeiras filas, quase todos são brancos. Na parte dos fundos, há cerca de cinquenta negros, que usam roupas tricolores em castanho-avermelhado, dourado e branco.

Aproximo-me de onde estão os pretos e me sento com eles. Antes que eu possa descobrir quem são, realmente, um orador sobe ao pódio e nos diz que este evento é para comemorar o investimento de 195 milhões de dólares para a revitalização de Jekyll Island. Não sei do que ele está falando, mas, pessoalmente, eu ficaria muito mais feliz se parte desse dinheiro servisse para me comprar uma túnica.

Sua Excelência, o governador Deal, aproxima-se do palco, de onde agradece a todos que, ao longo dos anos, passaram por esta ilha e, coletivamente, fizeram dela o que ela é. Entre os que recebem os agradecimentos: os americanos nativos e o "Clube dos Milionários".

A mim ele não agradece. Ao final de seu discurso, os pretos se levantam e começam a marchar. Para onde? Não sei, mas me junto a eles, assim mesmo – um branco solitário num pequeno mar de cinquenta negros. Este é meu novo hábito: onde estão os pretos, lá estou eu.

Aonde estamos indo, todos nós? Opa, ao palco.

Por mim, tudo bem, desde que não seja outro velório. Eles cantam:

Oh, happy day
When Jesus washed
When He washed
My sins away[1].

---

1. "Ah, dia feliz / Em que Jesus lavou / Em que Ele lavou / E tirou meus pecados", da célebre canção gospel "Happy Day", de Philip Doddridge e Johann Freylinghausen, com o refrão posteriormente modificado por Edward F. Rimbault. [N. T.]

Junto-me a eles, cantando e dançando no palco.

Uma mulher das relações públicas do evento, ao ver isso, horrorizada, aborda-me rapidamente e me pede para descer de imediato do palco. M...a. Os pecados dos pretos podem ser lavados, mas não os meus. Eles cantam mais um pouco, e, quando todos seus pecados são lavados e levados embora, a cerimônia termina.

O que foi isso tudo? Por que esse coral foi trazido para cantar canções sobre Jesus num evento que não tem nada a ver com o cristianismo? Pergunte à moça de RP. Tenho perguntas mais prementes. Por exemplo: por que é que, quando os brancos conseguem ganhar toneladas de dinheiro, os pretos irrompem na cantoria e na dança?

Preciso encontrar alguém que entenda mais dessas coisas do que eu – o governador Nathan Deal, naturalmente.

Para que travemos conhecimento, peço a Sua Alteza que me explique a Geórgia.

– Nós somos, para quem se interessa pelos negócios, nós temos sido designados, por três anos consecutivos, como o melhor estado dos Estados Unidos para fazer negócios.

Quem os designou? Não faço ideia. Mas não tem importância; a coisa soa bem, e isso basta.

Pelo que vi na Geórgia, revelo a Sua Excelência, há uma enorme separação entre pretos e brancos, especialmente em termos de distribuição da riqueza. Será que estou com a impressão errada?

Errada, é claro.

Sua Excelência afirma que "estendemos ótimas oportunidades a nossa comunidade minoritária" e que "a Geórgia não receberia a denominação de 'melhor estado do país para fazer negócios', se não estivéssemos distribuindo essa riqueza da maneira apropriada. Acho que estamos".

Não sei dizer se isso é verdade ou não, mas o que posso dizer é isto: as tartarugas são bem cuidadas nesta ilha e recebem sua quota justa da riqueza daqui, não importa o que os outros digam.

Sim, as tartarugas. Esqueça os pretos, pense em tartarugas. Sim, existe um "Hospital das Tartarugas Marinhas" em Jekyll Island. Vou visitá-lo.

Há uma "extração cirúrgica de massa fúngica" acontecendo no hospital quando entro em suas instalações. Uma enfermeira segura com firmeza uma tartaruga, enquanto um médico realiza o procedimento com uma tesoura cirúrgica. A tartaruga espicha suas nadadeiras dianteiras. É incrível observar. Quem está pagando isso? Não sei. Talvez as tartarugas tenham Obamacare.

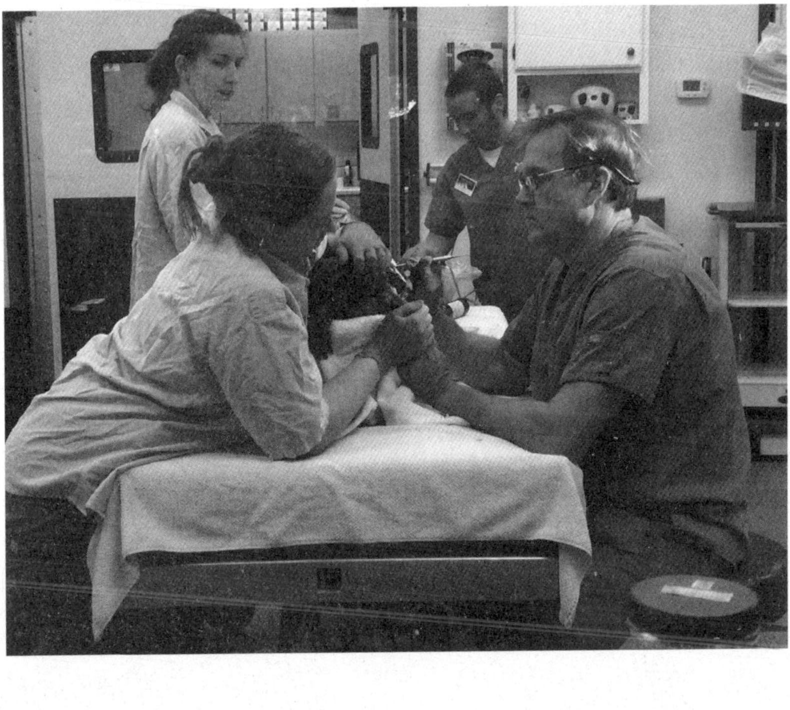

Oh, happy day
When Jesus washed
When He washed
My sins away.

Rico adora tartaruga. Não me peça para explicar.

✧ ✧ ✧

Uma rápida saída de barco ou um trajeto mais longo pela estrada levará você a Sea Island, uma ilha particular onde moram os super-Escolhidos, o Clube dos Milionários dos dias atuais. Você não pode entrar, a menos que more lá ou tenha reserva no hotel local – pelo qual terá que desembolsar um número extraordinário de presidentes mortos. Outra classe de pessoas com permissão para entrar nesse local exclusivo são as que têm algum cargo oficial que exija sua presença ali.

A quarta e mais rápida maneira de entrar é esta: grude num dos três acima. O que é exatamente o que eu faço. Acho uma dessas pessoas, e ela me leva para dar umas voltas de carro. Passamos pelo terreno do hotel e dou uma espiada nos hóspedes, nenhum dos quais é preto. Os pretos vão para o Masters Inn. Seguimos em frente.

Sea Island, onde os líderes da Cúpula do G8 (Grupo dos Oito) reuniram-se em 2004, é onde os americanos mais ricos, os comumente chamados de "o 1%", levam suas vidas especiais. Se você se amarra em termos mais precisos, pode-se referir aos residentes desta ilha como "o 0,001%".

As casas daqui são da faixa dos milhões de dólares – três milhões, dez milhões, não há realmente ninguém fazendo as contas. Mas você terá muita dificuldade de encontrar mansões grandiosas aqui, como as de muitos outros bairros exclusivos dos Estados Unidos. Os moradores de Sea Island, diz-me meu novo amigo, não são gente formal, pretensiosa. Suas casas são discretas porque, em Sea Island, não há ninguém tentando impressionar ninguém. Não há necessidade. Se você não fizesse parte do 0,001%, não estaria morando aqui.

Ainda assim, não posso deixar de me impressionar com essas casas "simples". Embora não sejam tão grandes, todas parecem joias raras – feitas de cores, formas e projetos magistralmente traçados.

A característica mais singular deste lugar é que é possível ver zero por cento dos seus residentes. Não há ninguém do lado de fora, exceto um ou outro trabalhador ocasional. Onde estão as pessoas? Os ricos ficam escondidos dentro de suas fortalezas, sentados ao lado de espelhos e conversando com eles mesmos.

A nuvem de solidão é a melhor amiga de Sea Island. Fecho os olhos e ouço Randy Newman cantando "It's Lonely at the Top".

You'd think I'd be happy, but I'm not...
Oh, it's lonely at the top[2].

---

2. "Você pensaria que sou feliz, mas não sou... / Ah, é solitário estar no topo." [N. T.]

Portão 28

As mulheres mais bonitas do mundo vivem em Porto Rico. –
Os judeus ocupam-se contando dinheiro.

Volto a meu Caravan, o Sr. Grand Caravan, e dirijo sem parar até chegar à Flórida, o Estado do Sol, o último da União que visitarei antes de retornar a Nova York.

Existem cristãos renascidos e existem motoristas renascidos; pertenço a este segundo grupo. De alguém quase sem experiência de direção há poucos meses, tornei-me um viciado em dirigir. Adoro isso. O lugar do ser humano é com as máquinas, pode crer.

Outra de minhas descobertas é esta: o carro é o melhor amigo do homem.

Aonde irei na Flórida?, pergunto ao Caravan, e o Caravan responde: vamos apenas dirigir. Vamos dirigindo por aqui e por ali, lá e cá, paramos num ponto e paramos em outro, até que chegamos a St. Augustine.

Mais de meio século atrás, em meio a uma crescente agitação popular, o reverendo Martin Luther King Jr. foi levado para uma cadeia aqui e, nela, escreveu uma carta a um rabino judeu, pedindo-lhe que viesse a St. Augustine com todos os rabinos que pudesse trazer, para se juntarem ao protesto. Eles vieram. Alguém aqui ainda se lembra disso?

Vou dar um passeio a pé pelas ruas de St. Augustine, que creio ser a mais antiga cidade ininterruptamente ocupada dos Estados Unidos, e, nos primeiros cinco minutos de caminhada, sou parado por uma mulher que me pergunta se sou floridense.

É claro que sou. Sempre fui, sempre serei. Sou alemão, sou judeu, sou jordaniano, sou lésbico, sou saudita. Qualquer coisa que qualquer um queira que eu seja.

A mulher fica contente ao saber que sou um genuíno floridense nativo. Mostra-me uns papéis, formulários de petição de emenda constitucional, e diz que seria ótimo se eu assinasse as petições. Se ela e seus colegas recolherem um número suficiente de assinaturas, diz, as emendas serão votadas na eleição do ano que vem. Como o número de assinaturas deve estar na casa dos muitos milhares, ela e seus amigos já começaram a recolhê-las.

A que se referem as petições? Uma é sobre energia solar, e outra, sobre a legalização da maconha para uso medicinal. Em suma, mudança climática e erva. A mulher, presumo, é uma pessoa dedicada, comprometida com valores sociais e éticos mais elevados e movida pelo desejo de garantir uma sociedade mais positiva.

Pergunto-lhe se mora aqui, em St. Augustine. É um assunto delicado. Ela é tão floridense quanto eu. É, para irmos direto ao ponto, de Michigan.

Por que se importa tanto com a Flórida? Bem, não se importa. Essa campanha das petições, confessa, não tem nada a ver com valores, e tudo a ver com lucros. Entidades comerciais cujos valores essenciais são os lucros mais altos contrataram-na, assim como a outras pessoas, para virem aqui e se fingirem de floridenses dedicadas. Sou um floridense lésbico ingênuo. Jamais contemplei a ideia de que a mudança climática, pelo menos em parte, fosse uma enorme questão financeira.

Continuo a andar pelo bairro histórico. Há uma porção de cruzes por perto: aqui há uma estátua com uma cruz, ali, um monumento com uma cruz, e eis aqui uma catedral.

Tento puxar conversa com algumas pessoas perto de uma estátua parecida com Jesus, para ver se elas se lembram dos rabinos e de Martin Luther King, mas elas só se lembram de mulheres. São de Porto Rico, que tem "as mulheres mais lindas do mundo", como me juram.

Continuo a andar e descubro outras coisas. Por exemplo, um antigo forte chamado Castillo de San Marco. De acordo com o Serviço de Parques Nacionais, um órgão do governo dos Estados Unidos (do Departamento do Interior dos Estados Unidos), "A América Começa Aqui".

Ótimo. Mas espere, tem mais: "O Castillo de San Marco simboliza o choque entre culturas que acabou resultando em nossa nação singularmente unificada". Estou, suponho, no sexto dia da criação bíblica – dos Estados Unidos da América. Preço do ingresso: dez dólares.

Bobby, de Nova Jersey, que está gostando da vista do forte, fica aborrecido por ter que pagar para ver um tesouro nacional tão importante:

– Acho que há judeus dirigindo isto aqui, e é por isso que custa dinheiro para entrar – ele me diz. Na hora de fechar, ele imagina, os judeus devem ficar sentados contando todas as notas de dez e de cinquenta, porque é isso que os judeus fazem. – Tenho passado a vida inteira me esquivando dos judeus – diz Bobby – porque tudo que eles querem é tirar dinheiro das pessoas com quem entram em contato.

Bobby é um homem religioso, um bom cristão e um democrata ardoroso, para completar. Adora o presidente Barack Obama e tem até um apelido para ele: Barry.

Esqueça os judeus do protesto e vamos nos concentrar nos "judeus ricos". A cerca de 480 quilômetros daqui há um lugar chamado Boca Raton, onde moram alguns judeus ricos. Deixe-me conhecê-los. Deixe-me ver com meus próprios olhos os judeus deste país que "dão dinheiro a políticos", como me disse o funcionário do governo americano no Alasca, os mesmos judeus que controlam Obama e deixam seu cabelo grisalho, como disse Johnny de Charleston.

✧ ✧ ✧

O Sr. Caravan deve ter mais testosterona que meu querido Captiva que se foi, porque chegamos a Boca Raton mais depressa que um imigrante mexicano "*wetback*" nadando de volta ao México. Boca Raton. Que espécie de nome é esse? Peter, um judeu que mora aqui, diz-me que Boca Raton quer dizer "boca de rato". E também me diz que "Boca Raton é a 'Terra Prometida' do povo judeu. A Terra Prometida não é Israel, é Boca Raton".

Boca Raton não é uma única unidade. Aqui há condomínios residenciais fechados, protegidos 24 horas por dia pelo pessoal da segurança. Cada condomínio é diferente. Uns têm campos de golfe e quadras de tênis, outros têm cascatas deslumbrantes nas ruas, além de vários clubes com nomes engraçados, que os "sócios" frequentam para ser um pouco mais mimados que de hábito.

Boca Raton, a propósito, não é Sea Island. Os ricos de Boca Raton se certificam de que a gente saiba como são ricos, e fazem todo o possível para garantir que suas casas pareçam melhores que as nossas.

Entro num desses condomínios fechados, onde vou visitar Alvin. Alvin é judeu e tem toneladas de dinheiro. Tem uma bela casa, que mais parece um esplêndido museu do que uma residência, e nela mora com sua mulher e com uma moça peruana – que acredito ser sua empregada. Não sei dizer, porque Alvin e sua mulher são liberais progressistas e nunca dizem "empregada". Uma moça peruana que faz a limpeza da casa, lembre-se, por favor, nunca é uma empregada, mas uma Amiga da Casa, Nossa Querida Amiga, ou até Igualzinha a um Membro da Família. Como os engenheiros do Hilton.

O que quero descobrir sobre esse judeu rico é como ele vê sua judeidade e o que significa, para ele, ser judeu. Eis o que ele diz:

– Eu me importo com o fato de ser judeu. Não estou satisfeito com a maneira de os israelenses tratarem os palestinos.

Diga-me, Alvin: o que mais o torna judeu, além de suas críticas a Israel?

– Sou judeu no coração.

Alvin, que de modo algum é uma pessoa religiosa, estende-se sobre essa afirmação, dizendo:

– Acho que os judeus não têm a mensagem de Jesus Cristo. Os judeus não têm essa mensagem. Os judeus não se concentram tanto em ajudar os outros quanto os não judeus.

Caravan, meu Dodge Grand Caravan, escuta isso do lado de fora e posso ouvi-lo cantar:

Drible o pai
Sapeque a filha.
Você fica em casa e bate uma
Eu vou à casa dela e cravo.

Saio para acalmar o Caravan e seguimos adiante. Até que chego a Coral Springs, onde me encontro com Miriam Hoffman, uma intelectual judia que, durante 25 anos, lecionou iídiche e várias outras disciplinas sobre temas judaicos na Universidade Columbia, em Nova York. Miriam, nascida em 1936, é uma das pessoas mais inteligentes que conheço. Meu primeiro contato com ela se deu uns vinte anos atrás, mas faz séculos que não a vejo. Hoje nos reencontramos.

– Minha impressão dos judeus que me cercam por aqui é que eles são ignorantes e primitivos – diz-me Miriam. – Venho de Nova York, nunca vi tanto primitivismo e ignorância entre os judeus. Em Nova York, nunca topei com judeus ignorantes. Conheci professores ignorantes, professores judeus...

Miriam conhece os judeus americanos, faz parte deles.

– Muitos judeus dos Estados Unidos são liberais – ela me diz. – Não sabem ao certo o que significa "liberal", na verdade. Gostar dos "negros" é liberal. Detestar os judeus também é liberal. Há alguma coisa errada conosco.

✧ ✧ ✧

Eis uma iguaria do *Haaretz* de hoje:

> A Sociedade Antropológica Americana aprovou na sexta-feira, por maioria esmagadora, a resolução de boicotar as instituições acadêmicas israelenses. Os doze mil membros da Sociedade, no mundo inteiro, serão agora solicitados a aprovar ou rejeitar a decisão, que foi aprovada pelos delegados da conferência anual da Sociedade, em Denver, no Colorado, por 1.040 a 136 votos.

Não importa o que decidirão os "membros da Sociedade no mundo inteiro". O importante aqui é isto: 1.040 a 136 membros da elite americana não têm nada melhor para fazer do que se meter com os judeus. Os americanos não aprendem a cozinhar com os europeus, mas aprendem com eles a odiar os judeus.

✧ ✧ ✧

Antes de deixar a Flórida, finalmente encontro a diversidade. Local: Ocean Drive, South Beach de Miami.

Mais ou menos da Rua Cinco até a Rua Quatorze, há um número interminável de restaurantes e bares prontos para atender turistas do mundo inteiro, seja qual for sua raça ou etnia, e prontos para aliviar suas carteiras. Deslizando sedutoramente pela rua há uma limusine compridíssima, que procura tentar os que comem e bebem com "entretenimento adulto com nudismo total", se eles quiserem, quando estiverem de barriga cheia e enquanto ainda sobrar alguma coisa em suas carteiras.

A Ocean Drive de South Beach é onde a diversidade é mais triunfal. Perto de mim há um branco idoso que grita com uma garotinha russa: "Você sabe que é melhor obedecer!". À minha frente há um cara preto que tenta me vender cocaína (e, se eu não quiser cocaína, ele garante que me arranja maconha com a mesma facilidade). À minha esquerda está uma garota latina, num biquíni que exibe seus seios e bunda, convidando todos os que se deslumbram com o tamanho dos seus tesouros a entrarem para comer, enquanto os observam. Alguns passos adiante, há um palco onde uma moça branca alta, de biquíni, posta-se com um espelho às suas costas, para que nenhum freguês cubano perca de vista o tamanho total de seu traseiro.

No entanto, logo descubro que a diversidade aqui não é inteiramente completa. A polícia, por exemplo, não tem nenhum representante nestas bandas.

Por quê? Não sei. Joe também não sabe, e está tentando fazer alguma coisa a esse respeito. Sentado num parque do outro lado da rua, a uns dois quarteirões de distância, Joe é um cubano-americano com uma história de sucesso.

Quase.

Nascido em Cuba, Joe cursou faculdade, foi negociante e, durante anos, criou uma família maravilhosa. Chegou até a comprar um estabelecimento comercial para a filha na parte norte de Miami Beach. Depois, começou a usar drogas – maconha, cocaína, heroína (nesta ordem) – e perdeu tudo. Passou anos cumprindo pena em prisões e agora é sem-teto, passando os dias onde o conheci: num parque bem pertinho da praia.

Tornou-se morador de rua em 1985 e, desde então, não viu seus filhos e não sabe que aparência têm seus netos. A filha não apareceu uma única vez para dizer alô. Classificado pelas autoridades locais como "infrator reincidente violento", também já foi detido numerosas vezes neste parque. E o que ele fez? "Deu uma surra em vendedores de *crack*" no parque. Nos velhos tempos, cumpriu pena por crimes ligados ao uso de drogas; agora, de vez em quando cumpre pena por bater em traficantes.

O tempo andou chuvoso nos últimos dias, e Joe estende suas roupas na grama para secar. As pessoas do lugar o conhecem e lhe dão comida diariamente. Essa é sua vida. Ele me faz lembrar as palavras imortais de Blanche DuBois em *Um bonde chamado desejo*, de Tennessee Williams: "Sempre confiei na bondade dos estranhos".

Joe me diz que não quer morar numa casa. Casa, para ele, é uma prisão em que ele se sente confinado. O parque é bom. Ele aponta para a praia às suas costas, chamando-a de "meu quintal", e diz que gosta daqui. Senta-se numa caixa e fica vendo as moças passarem. A vida poderia ser melhor? Isto aqui não é Nova York, aqui se pode olhar para as mulheres.

Há um banheiro público alguns passos atrás dele, e é lá que ele atende aos chamados da natureza. Quando chove, ele tem um lugar com telhado, um lugar de que faz segredo, para que ninguém o tire dele. Convidou Pinky, uma sem-teto loura, a também dormir lá, para protegê-la da chuva. Pinky é sem-teto há pouco tempo, ainda não conhece os macetes, mas Joe tem certeza de que ela não vai demorar a aprender.

A vida na rua é boa, a vida na rua é grátis.

Toda manhã, às 6h30min, Joe vai a uma mercearia próxima, onde leva o lixo para a caçamba e, por esse serviço, ganha o café da manhã de graça. O que mais pode um homem querer? Isso é a liberdade total, e Joe é feliz.

É o que diz. Joe é um homem religioso, católico, e acredita na vida após a morte.

Por mais quantos anos você vai ficar aqui?, pergunto.

– Espero que eu possa ir hoje para o céu – ele responde.

Você quer morrer?

– Quero. Um dia desses.

Talvez Henry o esteja esperando por lá. Ao ouvir isso, o Sr. Caravan chora. Eu gostaria de poder fazer alguma coisa para ajudá-lo, digo a Joe.

– Não se preocupe com isso. Se eu não posso cuidar de mim, ninguém mais pode.

Posso oferecer-lhe alguma coisa? Acho que ele murmura um "sim", mas não tenho certeza. Ele me olha e fica quieto feito um peixe. Dou-lhe uma nota de vinte dólares, só para ele ter alguma coisa na vida. Seus olhos brilham; ele não esperava por isso e fica absolutamente grato.

– Com isto eu posso comer por três dias! Muito obrigado. Deus o abençoe, cara.

Que homem bondoso é esse Joe.

Entro no Caravan e vou dirigindo. Direção: Aeroporto Internacional de Miami. Ao chegarmos, deixo o Caravan na locadora, para cuidar dos cubanos de Miami. Mas, quando me vou afastando, ele me olha mais uma vez e pergunta: cara, quem é você, de verdade? Alemão, judeu, saudita?

Obrigado por me lembrar, Caravan! Deixe-me ver se chegaram os resultados do DNA. Ah, sim, chegaram. Em meu iPhone!

Eis o que diz o laudo, Caravan. Escute: 94% judeu da Diáspora, 6% europeu oriental. Nem 1% saudita! Dá para acreditar?

Era o que eu achava, diz o Caravan. Você não me parecia saudita. O Caravan sabe das coisas. Já conduziu uma porção de gente em sua vida.

Sei que ele vai sentir minha falta. Somos parceiros. Estou voltando de avião para Nova York. Nada de Captiva nem Caravan, nem de Versa, Fiesta, Malibu nem Cruze. De volta ao metrô, com os outros 5.597.550 passageiros.

Portão 29

Mil pessoas vêm dizer "odeio você".

Já para o fim de minha viagem, há muitas coisas acontecendo nos Estados Unidos e pelo mundo afora. Tomemos, por exemplo, a cúpula da mudança climática em Paris. Conforme anunciado no *Washington Post*, "Negociadores de 196 países aprovaram no sábado um acordo balizador sobre a mudança climática, que visa reduzir drasticamente as emissões de gases do efeito estufa responsáveis por um perigoso aquecimento do planeta". É provável que Carter Stewart, de Montana, queira matá-los.

Segundo a *Newsweek*, "Mais da metade, ou 58% dos republicanos pesquisados, disseram aprovar os esforços dos Estados Unidos de trabalhar com outras nações para limitar o aquecimento global". Se eu formulasse minhas perguntas dessa maneira, é muito provável que obtivesse a mesma percentagem. Você mesmo pode experimentar: pergunte aos americanos se eles aprovariam esforços dos Estados Unidos de trabalhar com outras nações para limitar as dunas de areia globais, e você verá 59,7% dos estadunidenses aprovarem essa medida.

A revista *Time* escolheu Angela Merkel, a chanceler da Alemanha, como sua Pessoa do Ano. O pessoal da *Time* adora a Merkel, por ela ter aberto as portas da Alemanha para cerca de um milhão de refugiados. Não é impressionante?, perguntei a um banqueiro de investimentos americano.

– A revista *Time* adora os alemães; também escolheu Hitler como seu Homem do Ano – respondeu ele.

Outras notícias: um casal de muçulmanos, seguidor dos ensinamentos do Estado Islâmico (ISIS), invadiu uma festa num feriado em San Bernardino, na Califórnia, e atirou aleatoriamente em seus participantes. Quatorze mortos, 21 feridos.

O Donald, que surpresa, sugere que os Estados Unidos barrem a entrada de todos os muçulmanos em seu solo. Ao mesmo tempo, o Donald sugere que metade de Jerusalém seja dada aos palestinos e insinua que todos os judeus são negociantes.

Quanto a mim, agora que estou em Nova York, tenho sido convidado para inúmeras festas e eventos, mas digo não a todos – exceto um. A embaixadora americana na ONU, Samantha Power, vai discursar no Hotel Roosevelt, como parte de uma conferência organizada pelo jornal israelense *Haaretz* e por uma organização judaica dos Estados Unidos, o New Israel Fund (NIF), ambas instituições confessamente liberais progressistas.

Gostei de ouvir Samantha meses atrás, em Nova York, no tributo a Abe Foxman no Waldorf Astoria, e gostaria de ouvi-la de novo. Vou à conferência. Não estou sozinho. Cerca de mil pessoas, quase todas judias americanas liberais, comparecem.

Chego meio cedo para o discurso da Samantha, por isso fico fumando do lado de fora. Perto de mim há uma alta funcionária do NIF e conversamos um pouco. Ela me diz que cerca de 70% dos judeus americanos têm as mesmas opiniões que o NIF, e me diz também que há cinquenta oradores nesta conferência, sendo 49 liberais e um conservador.

O que aconteceu com os liberais? Estão progredindo, ao que parece, para a Idade da Pedra. Seja como for, isso realmente desperta minha atenção, e entro para ouvir alguns dos 49.

Que espetáculo! Aqui escuto uma mulher, de nome Suhad Babaa, falar de "meninos palestinos mortos em plena luz do dia por soldados israelenses" como um exemplo dos judeus brutais e sem lei. A plateia de judeus americanos liberais aplaude. Não me peça para explicar.

Amira Hass, colunista do *Haaretz*, diz a esses judeus americanos: "Qualquer pessoa que pretenda emigrar para Israel está prestes a cometer um crime". O Estado judaico, se você não souber, é um Estado criminoso.

Os judeus aplaudem.

Bridget Todd, uma mulher negra ligada ao movimento Black Lives Matter, divide o palco com Amira. O que está fazendo aqui? Não sei dizer, mas, decididamente, trata-se de uma ferramenta visual eficaz para ilustrar para os americanos o que os judeus têm feito no mundo inteiro: assassinar não brancos.

O que mais vejo aqui? Roger Waters está sentado na primeira fila do salão principal, sendo enaltecido por um sujeito do *Haaretz*, que lhe diz o quanto ficou satisfeito por ver um homem tão importante nesta conferência. Roger, cofundador de uma velha favorita inglesa, a banda de *rock* Pink Floyd, ainda está no ramo da música. Além da música, porém, também tem umas outras coisas na cabeça, como comparar Israel com a Alemanha nazista e se engajar num ativismo infindável contra Israel.

Os judeus daqui o adoram por isso. E aplaudem à mera menção de seu nome.

Esta conferência chama-se *Haaretz*Q, em que o "Q" significa questão ou pergunta, mas ninguém questiona nada. Todos aqui têm as respostas, todas as respostas. E falam. Os do grupo dos 49 dizem, por exemplo, que a Jewish Voice for Peace – cujos ativistas conheci quando estive em Washington e pelos quais fui informado de que sou um judeu gordo, nojento – é uma organização exemplar.

No cômputo geral, é uma coisa bizarra de se ver. Toda vez que alguém diz que os judeus são horríveis, que são criminosos e ladrões, mil judeus americanos aplaudem.

Quando conheci Abe Foxman, há mais de seis meses, ele conversou comigo sobre os judeus que se recusavam a produzir espetáculos ou filmes sobre Israel e outras questões judaicas. Mas isso é coisa do passado. Os judeus americanos liberais de hoje falam em alto e bom som de Israel e dos judeus: gostariam que ambos desaparecessem. O que há de "liberal" nisso? Não faço ideia. Acho que é o oposto de qualquer coisa liberal.

Um judeu austríaco, que hoje mora em Nova York e é atuante em causas liberais, diz que está adorando cada momento passado aqui. O que há para se comprazer? Todos os oradores dizem que os judeus são horrorosos, e o senhor está gostando?, pergunto.

– Sou masoquista – ele responde.

A acreditar no que as pessoas dizem aqui, o Estado judaico é feito de assassinos impiedosos e açougueiros sádicos. Sim, é simples assim: os judeus são açougueiros sádicos. Ponto final.

Não quero fazer julgamentos, mas, se isso é verdade, Adolf Hitler tinha razão, e é uma pena que não tenha terminado o trabalho.

Samantha: exatamente o que você veio fazer aqui?

Quando um governo participa da autodestruição de seus cidadãos – seja pela automatança dos negros, pela autoexecração dos judeus ou pelo autoestupro dos índios –, ele se torna cúmplice, automaticamente, da aniquilação deles.

Olá, Samantha, você está me ouvindo?

✧ ✧ ✧

Os Estados Unidos da América que encontro não são o país que eu queria encontrar. Trata-se de um país racista, cheio de ódio, e é fatal que seus cidadãos se destruam, sejam eles pretos e alguns hispânicos, sem nada melhor para fazer com seu tempo do que atirar na cabeça uns dos outros; sejam eles judeus, tomados por uma doença assustadoramente psicótica de autoexecração; sejam eles índios que desistiram de qualquer simulacro de espiritualidade, em troca de hectares de terra e cassinos; sejam eles todos os demais: brancos, os outros hispânicos, muçulmanos, mórmons e os demais que vivem com medo uns dos outros.

E quanto à diversidade?

Sim, a sociedade americana é variada, mas isso não significa que os americanos não sejam segregados; eles são. O "caldeirão cultural" dos Estados Unidos teve muito êxito em forçar os indivíduos a abrirem mão das culturas de seus ancestrais, mas em troca não lhes deu nada que valesse a pena. Mediante o processo de mergulhar seus cidadãos à força numa gigantesca panela fervente de diversidade, e de envergonhá-los caso não se orgulhem disso, a democracia americana conseguiu instilar medo na cabeça de seus cidadãos e criar, de fato, um fedor de segregação que alcança os pontos mais altos do céu.

Um efeito colateral desse processo, que somente psicólogos de altíssimo gabarito serão capazes de explicar, é o alto grau de patriotismo encontrado dentro das fronteiras deste país. Esses patriotas americanos, por uma estranha coincidência psicológica, se convencem de que são os únicos verdadeiros guardiães da cultura e da moral, e de que, portanto, é seu dever invadir e bombardear países estrangeiros que não sejam fiéis a seu senso de moral e de ética. Cientes disso ou não, eles se precipitam em cometer e empreender todas as ações fracassadas que já foram praticadas pelos europeus.

Um efeito revelador do caldeirão forçado de culturas é a maioria de americanos que têm medo de revelar a estranhos suas ideias políticas e religiosas. Na Terra dos Livres, os Valentes se calam.

Há um componente do caldeirão que costuma me intrigar: as pessoas que afirmam apaixonadamente que os Estados Unidos não são um "caldeirão cultural", e sim um "mosaico" de culturas, ou, como outros preferem chamá-los, uma sociedade "multicultural". No entanto, essas pessoas foram tão completamente derretidas que não são capazes, nem mesmo para salvar a própria vida, de identificar uma única parte de seu mosaico, ou uma só cultura das "multi" – não importa quantas vezes você lhes faça perguntas.

Não sou uma autoridade em mudança climática, como já disse, mas os Estados Unidos, vistos por uma perspectiva social, decididamente estão ficando mais aquecidos, derretendo-se em fogueiras ardentes criadas pelo próprio país.

Em alguns momentos, devo admitir, enquanto circulava e conhecia pessoas, tive a sensação de que o país é um imenso Ponky Shmonk, um jardim de infância também conhecido como Estados Unidos da América. Como crianças malcomportadas, os americanos vivem com medo de que alguém os "exponha", um dia, e conte a todo mundo o que eles realmente pensam. Mas o problema é que eles não são crianças; têm bombas enormes e gostam de lançá-las de vez em quando. Os Estados Unidos são também uma das economias mais fortes do mundo, às vezes a mais forte de todas, mas pode a humanidade confiar neste país?

Eu não confiaria.

Minhas observações, como é desnecessário dizer – mas digo, assim mesmo –, baseiam-se em minhas experiências e se aplicam à maioria dos americanos, mas não a todos. Nem "todos" os americanos, como qualquer outro grupo de pessoas, são iguais.

✧ ✧ ✧

Enquanto escrevo isto, o parlamento grego acaba de aprovar o reconhecimento da Palestina. Esqueça a austeridade econômica, as dificuldades financeiras e o sofrimento de seu próprio povo. Quem se importa com isso? O importante é a Palestina.

Sim.

O presidente Joachim Gauck, da Alemanha, faz seu discurso de Natal. Ao falar dos refugiados que a Alemanha acolheu em suas fronteiras este ano, ele se gaba de que "mostramos o que temos em nós".

Sim!

Aqui nos Estados Unidos, o *Wall Street Journal* informa que a Agência Nacional de Segurança (NSA) andou fazendo escutas clandestinas do primeiro-ministro israelense, de líderes judeus americanos e de alguns legisladores dos Estados Unidos. Por quê? Bem, primeiro, porque a NSA não tinha nada melhor para fazer este ano, e, segundo, porque o presidente Obama queria saber tudo que está acontecendo pelo mundo com seus adversários no acordo com o Irã.

Quando quero saber alguma coisa desse tipo, eu uso minha carteira de habilitação. O presidente Obama usa a NSA.

Isso é democracia, caso você não saiba que nome lhe dar. Uma compreensão mais profunda é esta: agora que o Departamento de Segurança Interna desligou o rentboy.com e que os Estados Unidos estão ficando cada vez mais seguros, está na hora de a NSA bisbilhotar os legisladores americanos e se certificar de que eles não estão travando conversas obscenas.

E então, com esta dúbia nota elevada, estamos chegando ao fim do ano. Pego um voo para a Grã-Bretanha, a velha mamãe dos Estados Unidos.

Epílogo

É comum os meios de comunicação americanos e europeus da corrente dominante divulgarem informações sobre os judeus e temas correlatos, como Israel, com muito mais frequência do que deveria justificar sua representação numérica. Não achei que eu fosse seguir o mesmo padrão, mas, para minha surpresa, quase todos os americanos que encontrei tinham opiniões formadas sobre os judeus e sobre o conflito árabe-israelense. Anotei o que vi e ouvi, e parte disso se encontra nas páginas precedentes; e, conforme o ano foi chegando ao fim, apresentei meus dados a uma reunião internacional de judeus em Birmingham, na Inglaterra. Também compartilhei com eles minhas outras descobertas (sobre pretos, índios etc.).

Depois que terminei minha fala, convidei os presentes a compartilharem suas ideias comigo.

Uma vez autorizados a falar, alguns participantes americanos e ingleses ficaram enfurecidos: como se atreve a criticar os grandiosos Estados Unidos? Como se atreve a dizer que há tanto racismo nos maravilhosos Estados Unidos? Como se atreve a dizer que muitos judeus americanos odeiam a si mesmos? Como se atreve a desancar os americanos nativos?

Para eles, os Estados Unidos e os americanos estão além das críticas, e palavras como as minhas não deveriam ser enunciadas num país tão grandioso quanto a Grã-Bretanha. Elas foram altas, foram hostis e levaram para o lado pessoal.

As emoções ficaram exacerbadas, muito exacerbadas. Fatos, datas e números não vinham ao caso. Trucidei as vacas sagradas deles, o que não poderia ser esquecido. E, para terem certeza de que eu havia entendido o recado, eles me "desconvidaram". No que lhes dizia respeito, o fruto podre era Israel – o que, a esta altura da conferência, eles tinham passado dias desancando de um lado para outro. Os Estados Unidos e o Reino Unido, ao contrário, são esplêndidos.

Vamos deixar que acreditem nisso.

Saí da conferência e fui para meu hotel, o Genting, em Birmingham. Tarde da noite, fui fumar um cigarro do lado de fora. Ninguém por perto. Mas, justo quando eu estava prestes a voltar andando para meu quarto, um casal branco, elegantemente vestido, aproximou-se de mim. Os dois me perguntaram o que eu estava fazendo em Birmingham, e eu lhes disse que viera participar de uma conferência judaica. A moça, uma loura alta, pegou seu *smartphone* e pediu para fazer uma *selfie* comigo. Eu era seu primeiro judeu, e ela queria ter um judeu no celular. Por mim, tudo bem.

O rapaz não quis uma *selfie*; queria informações.

– O senhor odeia os árabes, não é? – perguntou.

Não, respondi; não odeio.

– O senhor tem dinheiro, não é?

Na verdade, não.

– Judeu! – exclamou ele, elevando a voz como se gritasse com um cachorro. E então começou a me fazer cócegas. Convém fazer cócegas nos judeus, imagino.

Como resposta, puxei as orelhas dele, o que o surpreendeu:

– Judeu! – tornou a elevar a voz.

Não sou judeu, sou jornalista, eu lhe disse.

– De que jornal?

É um jornal alemão, talvez você não o conheça, mas é algo parecido com o *Guardian*.

– Então, o senhor é igual a nós!

Claro! Sou liberal como vocês!

– Quer dizer que não é judeu?

Não.

– Seu cabelo é louro. O senhor é ariano?

Pode apostar!

Voltei para meu quarto, deixando perplexo o elegante casal inglês. Chutado pelos judeus, submetido a cócegas por um britânico, voltei para os Estados Unidos no dia seguinte.

Do outro lado do Atlântico, na Europa que acabei de deixar, algumas comemorações do Ano-Novo deram errado. No centro de Colônia, na Alemanha, por exemplo, centenas de rapazes abusaram sexualmente de centenas de jovens alemãs, além de roubá-las. Quem eram os rapazes? É muito difícil saber, especialmente quando se tem o hábito de ler ou assistir à mídia alemã. Alguns meios de comunicação alemães, como o poderoso e respeitadíssimo ZDF, esperaram dias para divulgar qualquer desses crimes.

Por quê? Bem. Segundo informações internacionais, os autores dos abusos, pelo menos um grande número deles, eram refugiados. Mas não se pode dizer isso, porque realmente não é agradável, e as democracias se amarram em ser agradáveis. Não é?

Sim, sim. Você não sabia disso?

Estou em Nova York no momento, lendo o *New York Times*. Eis uma citação:

> A diretoria de pensões da Igreja Metodista Unida – uma das maiores igrejas protestantes dos Estados Unidos, com mais de sete milhões de membros – incluiu cinco bancos israelenses numa lista de companhias nas quais não investirá, por razões ligadas aos direitos humanos, como disse a diretoria numa declaração feita na terça-feira.

De repente, após décadas de lutas internas entre árabes e judeus, os metodistas americanos despertam de um sono profundo e se apercebem de que, oh, meu Deus, existem judeus no mundo.

O pastor Kory, que me declarou que os judeus irão "para o inferno", deve estar contente para danar.

Os americanos estão tentando ser europeus. Instruídos, inteligentes, justos. Como todos os europeus.

Em Iowa, onde ocorreu a primeira primária dos democratas, dias antes de eu deixar os Estados Unidos, Bernie Sanders quase derrotou Hillary Clinton. Esse judeu velho e maduro, quem haveria de acreditar, vem fazendo os mais jovens dentre os americanos se apaixonarem por ele. E, em consonância com a tradição judaica americana da autoabominação, ele faz o melhor que pode, é claro, para esconder sua judeidade – seja isso o que for.

Minha viagem, que me tomou mais tempo do que eu esperava, terminou. Na próxima semana, tomarei um avião para a Alemanha, onde estarei com o Povo Mais Bondoso da Europa atual.

Vou sentir saudade das pessoas que tive a honra de conhecer. Sentirei falta de Robin, sentirei falta de Frank, sentirei falta de Joe – e de muitos outros. E vou sentir saudade de vocês dois, Sr. Captiva e Sr. Caravan!

Tuvia Tenenbom
Cidade de Nova York, EUA

Sobre o autor

Tuvia Tenenbom, autor de três *best-sellers* sucessivos na lista da revista *Spiegel* e agraciado com o Prêmio de Jornalismo Honesto, concedido em 2016 pelo Jüdische Rundschau, é jornalista, dramaturgo e fundador do Teatro Judaico de Nova York. Estudou para seu doutorado em literatura inglesa na St. John's University, obteve seu mestrado em dramaturgia na CUNY-Brooklyn [Universidade Municipal de Nova York no Brooklyn], recebeu o grau de bacharel em matemática e ciência da computação no Touro College e concluiu seus estudos rabínicos em Jerusalém. Também estudou o cristianismo e o islamismo em Israel e em Nova York, além de jornalismo, representação, teatro e finanças (na Universidade de Nova York). Os artigos e ensaios de Tuvia foram publicados em renomados veículos de comunicação ocidentais, entre eles *Die Zeit*, *Focus* e *Die Welt*, da Alemanha; *Corriere dela Sera*, da Itália; *Yedioth Ahronoth*, *Makor Rishon* e *The Jerusalem Post*, de Israel; Fox News e *Forward*, nos Estados Unidos; e ele é colunista político do *Zeit Online*, da Alemanha. Entre seus livros anteriores incluem-se os campeões de vendas *Caça ao Judeu* e *Dormi no quarto de Hitler*.

1ª **edição** março de 2020 | **Fonte** Garamond Premier Pro
Papel Book Creamy 60 g/m² | **Impressão e acabamento** Graphium